All Voices from the Island

島嶼湧現的聲音

香港第一課

梁啟智 著

目次

第二部　制度之爭

第三部　往何處去

【結語】

【推薦序】

看見香港：沒有什麼是理所應當的

⊙張潔平

香港故事不易講。這些年，遇到每一個香港的書寫者、研究者，大約都會聽到這樣的說法。當然，每片土地都有自己複雜糾纏的歷史，講清楚都不容易。而香港的困難之處，更在於，將它視為他者，爭先恐後根據自己的需要，對它進行理所應當論斷的人，太多了，故事版本也太多了。

如同作家也斯在一九九五年出版的文集《香港文化》中所說：「每個人都在說，說一個不同的故事。到頭來，我們唯一可以肯定的，是那些不同的故事，不一定告訴我們關於香港的事，而是告訴了我們那個說故事的人，告訴了我們他站在什麼位置說話。」

這些不同位置，產生了許多不同版本的香港。

「荒島漁村——華人難民社會——亞洲四小龍經濟起飛——國際大都會」，這是最早來自英國人的經典版本香港故事，也最為世人熟知和接受。故事的重點是，相比起中國大陸經歷的戰爭、文革等種種政治動盪，強調香港在英國管治下繁榮穩定。

「勤勞勇敢的香港同胞，在百年歷史中反英抗殖，戰亂中承載華夏文化火種，八〇年代背靠祖國改革開放，華麗轉身經濟發展，血濃於水歡慶回歸，二十一世紀盡享中國崛起紅利。」這是中國版本的香港故事，也是絕大多數中國人所模糊認知的香港——直到二〇一九年，這個印象被以更深的誤讀所打破。

英國殖民者想以香港來合理化殖民統治，中華民族主義者則要以香港終結自身的百年屈辱史。兩個故事的交鋒，貫穿了八〇年代中英談判至一九九七香港回歸。而後，英國版本的敘事以集體回憶、文化懷舊的方式繼續流傳，中國版本則深入回歸後的建制工程，成為各類推動中港融合項目的敘事基礎。

在這兩者之外，香港自身主體性經歷主權移交而甦醒，由「高度自治」的承諾而伸展，隨著這種伸展，新的敘事線，也在年輕世代中慢慢發展出來——一個更從本土出發的香港故事。當香港人的主體性，在陰晴不定、警惕保守的大國身邊無處安放，並在日常經驗中頻頻接收到被粗暴壓制的感受時；香港故事的本土版本，也與在主流建制話語裡主導的中國版本，發生愈發激烈的衝突。

甚至可以說，這一個在九七之後逐漸長出的香港本土敘事，從一開始，就蘊含著與英國版本和中國版本的對抗，並在對抗中，分裂成為不同的方向，衍生出各種不同的香港本土故事版本。這種對抗的動力，另一方面，也逼迫人們往前追尋，所謂「自古以來」的香港，到底是什麼樣？所謂「獅子山精神」的刻板印象，到底遮掩了什麼樣真實的歷史脈絡？如果要建立一個從香港人視角出發的香港故事，怎樣持平地審視這一百年香港在全球化、冷戰與中國故事中的角色？

在中學歷史科幾乎不教本地歷史的香港，要在與強勢官方主流敘事的對抗中，重新審視自我，本就困難。如社會學者呂大樂說，九七之前，香港故事不易講，九七之後，千頭萬緒，不知從何說起。文學的隱喻比歷史好用。而在現實裡，香港失語，或是講不出自己故事的焦慮，一直都在。

更不必說，二〇一四年之後，香港的民主運動愈演愈烈，到了二〇一九年，在普選無望、新聞自由與司法獨立又均受到北京威脅的情況下，香港再爆發抗爭：由反對修訂逃犯條例開始的百萬人遊行，激化為蔓延全城的不合作運動，持續半年，超過五千人被捕，無數人受傷，至今未有停止。另一邊，北京則動員了全國的輿論宣傳機器，持續、強力推動對香港正在發生的事件、以及背後深層原因的歪曲、抹黑與誤導，也成功地令這樣一場在香港歷史中影響深遠的運動，以極為片面、扭曲、激化矛盾，甚至是引發仇恨的方式，被大陸民眾接收。至此，在香港故事的中國版本與本土版本之間，已經勢同水火，而真實的香港，在資訊戰的炮火中，變得愈來愈破碎，難以辨識。

我很喜歡美國作家帕爾默（Parker Palmer）所說："The human soul doesn't want to be advised or fixed or saved. It simply wants to be witnessed, exactly as it is."（人類的靈魂不想被建議、修補或是拯救，他們只希望能以現在的模樣被見證。）這裡的「human」換成「city」「community」也一樣。

曾處在社會邊緣、經歷壓迫與痛苦的人，知道看見的力量。被平等的看見，被看見者才能得自由。一個群體也是一樣，香港所真實經歷的，需要被看見。而被看見的基礎，是找到自我述說的基礎、方法與能量。

這是為什麼，這一本《香港第一課》如此重要。

這本書的作者梁啟智在香港中文大學任教，他花了八年時間，開一門認識香港的通識課，專門講給從大陸到香港念書的陸生聽。這本書，就是他八年在課堂上，與初來乍到的大陸學生的分享、對話中，積累、迭代出的十六萬餘字課堂筆記。課程的問題意識很清晰：如果你對香港一無所知，甚至，還帶著一些偏見，我該從哪裡開始跟你慢慢講，並讓你能明白，香港人的香港故事？

跟梁啟智一樣，我也在大學兼職教碩士班，我的班上絕大多數的同學，也是剛來香港不過月餘的大陸學生。跟梁啟智不同的是，我自己也來自中國大陸，大致知道中港兩地的溝通落差，知道那些落差多年積累的成因，和在各自社會的語境是如何發酵成厚厚的偏見。在我的課上，我也盡可能透過一個一個具體的事例，想讓他們穿過心裡的敵意與偏見，首先長出對香港的好奇心。看見一個人，一座城，在同理心之前，首先是好奇心，在好奇心之前，首先是盡可能破除已有的偏見，明白一切不是理所當然，承認自己其實茫然無知。

因為嘗試過這樣的溝通，所以明白，這本書的有效性正是在此：它不是一個需要你耐心進入的歷史論述，也不是一個以情動人、試圖激發你同理心的感人故事，而一個逐層破冰的溝通過程。梁啟智並沒有從鴉片戰爭一直寫到反送中運動，這樣去寫香港，而是首先從觀者心中會有的偏見入手，從三十六個直中要害、常常被問的問題入手，在回答中，慢慢展開香港歷史與社會政治的脈絡。

二〇一九年五月開始，他在創作平臺 matters.news 上開始連載自己的課程筆記，起了《香港第一課》這個名字。很快便引起了平臺大陸與臺灣讀者的興趣，幾個月下來，積累了百萬以上的點閱與傳播量。更有熱心讀者，把他的連載轉成簡體，搬運到微博，做為對經典問題的回應：「為什麼九七後的香港人更抗拒中國大陸？」「為什麼香港人在九七後才忽然熱衷爭取民主？」「為什麼香港人不集中力量發展經濟，而在認同問題上糾纏？」「為什麼外國政府常常對香港問題說三道四？」「為什麼行政長官選舉會被批評為假選舉？」「為什麼行政長官和特區政府總是民望低落？」「英國人留下來的制度為何九七後就行不通？」「為什麼香港一天到晚都有示威遊行？」「為什麼香港警察近年屢受批評？」「為什麼香港的抗爭近年愈來愈暴力激進？」「普選可以解決香港所有問題嗎？」「一國兩制還有將來嗎？」……

很多問題，沒有絕對的答案。回答完這些問題，也無法建立起一個完整的香港故事。但在二〇一九年，巨大的抗爭風暴正在改寫歷史的當下，或者我們可以先放下對激烈畫面的期待，放下對這座城市固有的想像、判斷，放下很多我們以為的理所當然，回到最基本的問題，去嘗試看見香港。

謝謝春山出版社與梁啟智，這系列筆記的成書出版，就站在看見的起點。

（本文作者為 Matters 創作平臺創辦人）

【臺灣版序】

既然歷史沒有如果

二〇一九年十一月，香港民意研究所做了這樣的一個調查：「《逃犯條例》修訂風波已經持續五個月，如果可以從頭開始的話，你會希望這場風波有發生還是沒有發生？」結果四分之三的受訪者選擇沒有發生。

也難怪。這場運動的成本，太大了。社會大眾的關注都放在運動之上，其他事情基本上都停下來。娛樂消遣行業受到全面打擊，外來訪客數目大幅下降，我們在大學的也擔心下個學年大概不會招到外地學生，估計很多自資（self-financing，自籌資金）課程都要倒閉。許多既有的社會底線被一一超越，示威者從掟（扔）磚變成掟汽油彈，警察從噴胡椒水變成開真槍。我自己晚上外出前多了一個習慣，就是看看手機的「哨兵群組」通報什麼地方有催淚彈要避開。當然，上述的各種麻煩，相對於因為這場運動而被捕、入獄，以致付上寶貴生命的年輕人來說，都微不足道。

我把這條民調題目放了在自己的臉書專頁，引來不少討論。和民調結果相反，很多網民都說寧願這場運動有發生。他們十分瞭解上述的各項影響和犧牲，但是他們也明白香港所面對的困難是結構性的，如此一場全民抗爭其實早晚都要爆發。既然如此，這場運動能以過去數個月的方式發生，把香港人團結起來，向世人發出對專制崛起的警剔，那麼有發生，似乎又比沒有發生要好。

想起來，「寧化飛灰，不作浮塵」正正是最後一任港督彭定康在九七離港時的臨別贈言。

對於為什麼說這場運動其實早晚都要發生，接下來的十六萬餘字可說是一種解說，在此不贅。但在解說前，我想先指出解說的重要。假如我們認知某些挑戰很有可能要來臨，那麼就算到時真的躲不過去，也最起碼可以通過認識來認真準備。

過去一段日子，每當我向臺灣媒體解釋香港的情況，都會被問到如何看「今日香港、明日臺灣」這句說話。嚴格來講這句話有很多問題，畢竟兩地歷史和制度上有一定差異。但現實上兩地確因同處中國與世界碰撞的前緣，因而唇齒相依。可惜，香港的實際情況在臺灣往往會被高度簡化。真實的香港，不是純粹的外來打壓和本土反抗；香港人對中國的想像，歷史上不斷在改變，不同年齡和階層的想法也不一樣。「一國兩制」在制度和執行上的問題，也不是三言兩語足以說清。

我希望這本書可以把香港問題各項重要的細節逐一闡釋。畢竟歷史沒有如果，我們不可能真的從頭選擇這場風波沒有發生；不過既然發生了，既然香港因此成為了世人的焦點，那就藉此機會把後面的脈絡說明白。

我們改變不了過去，但是我們還有未來。而無論香港變成怎樣，香港的故事也很有必要向香港以外的地方說清楚。畢竟，結構上，香港、臺灣，以至中國大陸本身，面對的實是同一個漩渦。

【簡體版序】

實事求是、尋根究柢

二〇一九年八月十二日，香港國際機場爆發大規模示威，機場管理局決定停止航班升降。當時我在上海浦東機場等待轉機回港。航班取消後，一眾旅客去了入境層等待提取行李，我旁邊剛好有兩名持中國護照的年輕旅客，他們有這樣的對話：「香港人還在鬧啊？已經鬧好久了吧。」「最好鬧大點，然後把他們全殺光。」

我聽着他們的對話，感到十分悲哀。為什麼他們覺得自己可以對一件他們恐怕所知甚少的事情，做出如此極端甚至可以說是違反人性的判斷？

理性上，我明白後面的原因：中國大陸和香港之間的信息（訊息）鴻溝太大，而且後面有強力的政治操作支撐。結果是，香港示威者所犯的錯誤被官方媒體無限放大，他們的處境和訴求卻被刻意刪除或扭曲。例如之後發生的機場毆打事件，就被官方媒體大書特書，但前文後理卻完全略去。事實是之前已發生了連續兩個月的警察濫用暴力、縱容黑幫打人，以及喬裝混入示威者的事件，這些前因在現場造成了示威者嚴重的恐慌情緒。事後，也有示威者檢討和道歉，並尋找共識防止同類事件再次發生，這些官媒都沒有提過。同樣得不到任何注意的，還有兩個多月來數以百計接連因為警察濫暴和黑幫襲擊而無辜受累的香港平民百姓。「反對暴力」是個很冠冕堂皇的口號，試問誰會反對？但當官媒只在政治上有利的時候說，面對政治上不利卻更為嚴重的暴行時卻不聞不問，再正義的立場，都會變成虛偽。

對抗中港之間的信息鴻溝，是《香港第一課》的初衷。此書緣於我在香港中文大學新聞與傳播學院任教的一門社會分析課，這門課的目的是教導學生展開問題，通過香港的案例明白寫新聞要實事求是和尋根究柢，不可人云亦云。沒想到在《香港第一課》連載期間，香港爆發近數十年來最大規模的抗爭運動，引來世界各地的關注。有很多來自中國大陸的讀者跟我說，此書讓他們第一次超越中港之間的信息鴻溝，有系統地認識香港各種議題的前因後果，還說要幫我把文稿傳開去。為答謝他們的支持，我特別把文稿從頭到尾修訂了一次，結集於此，方便傳閱。

事實重要，因為人是善於自我欺騙的動物。忽視事實，人就很容易受主觀意願影響，誤判之下做出錯誤的決定。香港今天面對的種種問題，不少都出於中國大陸當局對香港情勢的誤解，我希望這本書可以協助澄清。

我也希望通過討論這些誤解，帶出一系列更為重要的問題：如果現時中國大陸對香港的主流理解有嚴重偏差，背後是基於什麼理由？這些理由有沒有結構性的成因？這些結構性的成因會否同時使得中國大陸民眾對自身和對世界的理解也出現偏差？如果會，這些偏差會帶來些什麼後果？會否把過去數十年來十四億人民艱辛建立的一切白白斷送？

這一系列的問題，我沒有很好的答案，但我認識香港，我知道香港故事正如何被刻意曲解。通過回答一些關於香港的問題，我希望可以帶動更多人提出他們自己的質疑，尋找屬於他們的答案。

二〇一九年八月十七日，香港

【前言】

答問做為一種異議

這個寫作計畫的緣起，要說到八年前我獲香港中文大學新聞與傳播學院邀請，在他們的碩士班開課講香港社會與政治。學院的碩士班和香港其他修讀式的研究院課程一樣，來自中國大陸的學生很多。他們一方面未必有社會科學的背景，對香港的議題也一般不甚瞭解，於是學院便想到開一門公共事務分析課，並以香港為案例，培養他們當記者所需的社會思考意識。我立即同意了學院的邀請。與從中國大陸來香港念新聞的學生談香港，可是一件好差事。

中國宏大論述中的香港

儘管願意來香港念新聞的學生通常比較崇尚自由，但要和他們談香港也不容易。畢竟，中國大陸對香港有其官方敘事，對於從小在這套系統內認識香港的學生，來港後往往會遇上很多現實差距，每件事情都要逐一解拆。例如近年來香港人的中國認同屢創新低，自認中國人的年輕人曾跌到連一%都不到，這點來自中國大陸的學生大多沒有聽過。

中港之間的認知差異，近年更變本加厲。在當前中國的宏大論述當中，中國在晚清經歷了所謂「百年屈辱」，而改革開放後的中國就是近代中國最好的時代。這說法當然有一定基礎，但當社會中的各種事物都被放進這個框架來詮釋時，就會出現很多問題：過去中國曾經更為開放進步的面向，會被抹殺；當今中國尚未解決的問題，會被淡化。

香港在這個宏大論述之中當然無可倖免：英殖香港被視為中國過去不光彩的一頁，香港回歸就是中華民族復興的證明；當今香港尚會有人批評中國的話他就一定是執迷不悟，而且一定是受境外敵對勢力唆使。現在的香港，引用《環球時報》的說法，是年輕人被「放縱太久」和被「外國反中亂港勢力」煽動，我們應該認識和批判他們的「險惡用心」和「醜陋嘴臉」。

這些當然都是嚴重片面甚至失實的說法，事實比這些愛國措辭要複雜太多，但說這些話的人要的不是事實。借用近年的說法，中國大陸官方媒體所描述的香港，基本上都是「假新聞」，目的不是要真誠解釋香港在發生什麼事情，而只不過是為既有的政治立場鳴鼓開路。

最起碼，當官方論述的對象不是香港而換成其他中國政府沒有打算收回的「固有領土」，如中俄邊界爭議時，同一套路就會忽然消失。愛國在此只不過是政權的工具。

站在學術角度看香港

面對情感澎湃的國仇家恨，我總會在開學的第一課和學生說：當你進了這教室的門，你的第一身分是一名學者，不是香港人或中國人或什麼人。我歡迎你分享你的個人經歷，我們可從中互相學習；但一個觀點是否值得支持，我們只應看它在學究（學術）上是否站得住腳，更千萬不要因為結論不合脾胃便立即聯想到一定是對方動機不純。回想從前我在中國大陸做調研，常常被人問到我拿的是中國還是外國護照，好像知道一個人的國籍就可以判斷對方能否客觀似的，這當然不是一個理性討論問題的表現。判斷是非，從來和愛國與否無關，也不應和結論傾向哪一方相關。學術就是學術。

問身分認同，近年文化研究的學術共識是儘管它有一定的物質基礎（例如隔個山的社群說話口音通常有些分別），但選擇把哪一些文化連結放大，把哪一些的文化分野抹去，以便製造共同的向心力，就是社會使然的政治工程。這樣去理解，比談什麼「血濃於水」或「民族大義」更能解釋自二次大戰以來香港人身分認同和中國想像的離合。

問政府管治（governance），近年政治學認為，要明白一個地方的管治得失，除了要看組織制度與法規條文外，還要研究它們是在怎樣的時代背景之下訂立，又在怎樣的時代背景之下執行；而兩者之間的差異，又會如何使得相近的組織制度與法規條文帶來不一樣的社會影響。以此理解什麼是一國兩制和高度自治，比八股文地重複「香港自古以來就是中國的領土」，更有助釐清香港政治爭拗[1]的重點。

問經濟發展，近年社會學強調市場並不抽象地存在，而是嵌入在特定的社會環境當中，優勢和弱點不一定來自先天或個人因素，很多時候也受所處的權力關係所影響，有絕對權力者甚至可以製造壟斷，所以我們不能假設有買有賣就代表市場有效運轉。以此來理解香港的房屋、勞工，甚至醫療與教育等議題，比迷信實為新自由主義的「獅子山精神」，以為努力總有出頭天來得實際。

上述種種，在學術界已談不上是什麼創見，就算是大學一年級的學生也應該在通識課聽過。這些分析方法，也不止可應用於香港。如果學生畢業後有日被派到南美洲去報道（報導）新聞，用上同一套的社會思考意識，也應能更有深度地理解當地社會。我並不關心學生在這課程完結後對香港的政治立場有沒有改變，重點是他們學會認識社會議題需要的方法和態度，不要人云亦云。

當一個「專業的陌生人」

見到現象，不用馬上批判，更重要的是去追尋原因。從求學問出發，無論你如何看不起「左膠」、「笨土」或「小粉紅」（香港的左翼社運參與者、本土主義者和中國大陸民族主義者的網上標籤），也得先客觀地理解他們存在的社會基礎，是什麼促使他們出現。誠然，香港有些人抵制中國大陸的言行明顯地不理性，但這不代表我們就可以漠視導致這個現象背後的原因。如果我們因為情感上不喜歡某些行為，便將其動機也同時否定，那麼我們自身也不見得很理性。

強調討論香港議題得以學術考究為基礎，是因為我不希望我在這本書提供的回答會被用來助燃更多的中港矛盾。見過太多所謂的討論倒退成「你不是香港人，我比你清楚」或「你不在中國大陸長大，你不會明白」之類唯出身論的說法，太沒意思。從我的教學經驗來看，在香港長大的學生對香港各種情況的掌握程度，其實並不見得遠比中國大陸的學生更高。反過來說，中國有約十四億人口，即使在中國大陸長大的人，若要自稱熟知各處情況也未免過於自信，更別說各種信息審查和歪曲的影響。

為免被自以為是所矇騙，社會科學常常強調要學習當一個「專業的陌生人」，以超越日復一日的爭吵。把熟悉的變得陌生，對中港都有好處。很多香港人也許已經習慣或覺得理所當然的東西，其實需要更多解析。例如立法會議員終日吵吵鬧鬧，很多香港人自己都感到煩厭，但抽離去看，不難發現這些吵鬧背後的結構，或不理性背後的理性。

反過來，一些在中國大陸已成習慣或普遍覺得理所當然的事情，也可被香港這個特例顛覆。例如「香港人」這個概念從出現到今天短短數十年來，已轉了很多很多道彎，身在香港的人，不用熟讀學術經典都知道「國家」、「民族」和「政權」是三個相關卻不相等的概念。就算有日香港在地圖上消失，各種香港的疑問仍應留下，讓中國以及世界上的所有人持續思辨。

《香港第一課》的政治含義

雖然強調學究，但我也理解這個寫作計畫的政治含義。當今香港，講道理已是政治。當政府可以邀請一大群專家學者做數個月的土地諮詢，卻在諮詢期完結前推出一個各項參數設定和原諮詢不符的方案，無異於告訴世人他們從不在乎任何認真的思辨；而當政府接連無視認真的討論時，民間的回應也愈來愈變得為宣泄不滿多於為尋求認真答案。在此環境中，放慢腳步，把道理說清，已是異議。把目光從香港拉闊到全中國，過去數年隨着中國大陸政治環境改變和言論尺度收緊，對香港的負面宣傳成為了煽動民族情緒和鞏固政權管治的手段之一，那麼，把香港的不同面貌表達出來，也是異議。

正正基於這政治含義，我預期我在此提供的答案會受到很多挑戰。在學術世界，同一件事情有不同的理解不足為奇，知識就是在爭辯中成長的。如果你拿着我提的問題去找另一個學者，他或她說不定會給你另一系列的解答。我可以做的，是為我的每一篇解答（以及這篇序言）提供延伸閱讀，讓各位知道討論脈絡的源起，也可以按此進一步研討。

至於研討過後，我不尋求必然的共同結論，只望能對講道理有所追求。畢竟對於本來就不打算講道理的，我再寫十萬字也不可能說服。近年有些觀點聲稱為了中國的崛起，面對香港（或臺灣）時不用考慮當地人的感受，直接移平推倒重來就是，也就是所謂的「人滾地留」。這種說法基本上和納粹德國的東歐政策沒有分別，如果有人要持這種立場來討論問題的話，要處理的恐怕已不再是論證而是基本價值觀甚至是人性問題了。

回想二〇一四年的占領運動（又稱「雨傘運動」），我在占領爆發當天寫了一篇後來被稱為「占中十七問」的答客問，解釋那場運動爆發的政治背景。有市民將該文大量印刷拿到占領區派發，也有網民轉貼在網上廣泛流傳，協助其他地方的人理解占領運動的前因。出版過後，不少臺灣媒體特地來找我做專訪，文章也在中國大陸的網絡審查下流傳，還引來官方以「香港占中十問」回應。

占領運動雖已遠去，香港故事還未說完，對香港的扭曲誤讀還在繼續。接下來的十多萬字，可理解為當天辯解的一個延續。辯解，不僅僅是為了香港本身。以扭曲事實來服務政治，以情緒指控來愚弄大眾，在中國並不罕見。按其他題材以答問形式來提出異議的人，中國還有很多很多，他們的處境遠遠比我困難。接下來的答問，也算是向他們致敬。

延伸閱讀

高馬可（二〇一三）：《香港簡史——從殖民地至特別行政區》，香港：中華書局。

徐承恩（二〇一六）：《城邦舊事：十二本書看香港本土史》，香港：紅出版（青森文化）。

---

1 指爭論者皆堅持己見，互不相讓。

第一部　認同之爭

香港自古以來不就是中國領土嗎？

回答問題前，總得先解題。這條問題的出現，往往是以反問句而非疑問句的方式，發問者對此已有答案，並以此來質疑別人。「香港自古以來就是中國的領土」這句話常常被拿來支持一些具體的政治立場，例如說香港人不應反抗中央政府的決定，或稱以公投決定香港未來並不可行。

這種質疑有兩個問題。第一，世界不停改變，過去可做參考，卻不足以決定未來。第二，即使香港自古以來是中國領土，若考慮到歷朝歷代此地都處於被剝削與犧牲的角色，則不停強調這個「自古以來」的關聯，恐怕對強化香港人的中國認同無甚幫助。

讓我們先把定義釐清。《基本法》（《中華人民共和國香港特別行政區基本法》）序言首句說「香港自古以來就是中國的領土」，不過「香港」這個概念嚴格來說要到英殖時代才開始出現，較準確的說法是香港在內的華南沿岸歷來受中原政權所操控。說到「領土」，中國歷朝歷代的理解和今天的也很不一樣，過去國際邊界不明確和疆土概念模糊，當中「主權」的定義和屬性在中國和歐洲就有截然不同的歷史軌跡；由此出發，古時對「中國」的理解和今天也差距很遠。若要尊重歷史，也該認清楚中國自古以來每個朝代的版圖和上一個朝代的版圖都沒有必然的繼承關係，中國的範圍自古以來都在不斷變化。

即使我們認同「香港自古以來就是中國的領土」這句話，其現實意義仍可爭議：畢竟對於清朝在不平等條約下所喪失的領土，當前的中國政府並不是每一處都會拿出「自古以來」的說法去宣示權益，中俄邊界就是一例。中國政府會不會或在什麼時候會因為某處「自古以來就是中國的領土」，而選擇引申或不引申出一系列的政治立場，從來也相當流動，並不如其政治修辭說得那麼必然。

簡而言之，就算認同「香港自古以來就是中國的領土」這句話，也不能推論出香港於中國現時應有的政治關係，亦不能限制未來中港關係的各種可能。

呼之則來揮之則去的邊陲

話雖如此，如果我們把問題反轉過來，以邊緣的角度出發，視之為討論的開端而非終結，則不單可得出截然不同的解讀，更可幫助我們理解香港歷史和社會的複雜性。舉個例，我們可問一問這片現在叫作「香港」的地方，自古以來是在怎樣的意義下演繹其所謂中國領土的地位；中國自古以來是如何理解這個今天稱為「香港」的地方；而以此構成的關係又如何建立不同時代的中國對香港的理解或誤解。

我們不妨從蜑家人的歷史開始談這個故事。蜑家人是指華南沿岸的水上人，往往以江海為家，居無定所。中國傳統文化以土地為基礎，要到水上生活的人往往是因避亂、兵敗、被罰而遷往大海的，本來就是邊緣地帶的邊緣群體。千年以來，蜑家人一直過着被歧視、被流放、被徵召，然後被鎮壓的命運。蜑族人自漢代以來便被禁止在陸上建屋，不得與陸地居民通婚和出席考試，也不可以購買田土與官位。宋代的時候，朝廷曾招引蜑民為海軍，放寬私鹽。後來南宋經濟衰退，政府重新壟斷造鹽，蜑民反抗，引發了一一九七年的「大嶼山屠殺」，蜑民傷亡枕藉。

對中央來說，邊陲地帶往往扮演這種呼之則來，揮之則去的角色，只因其對中央的價值而存在，當地人本身的生活是無須關心的。再說一例：明代和清代都有過大規模的海禁，以保障中原政權，對沿岸邊緣地區則帶來毀滅性的打擊。例如清代的遷界令，當時朝廷為了削弱在臺灣的明鄭王朝，要求山東至廣東沿海居民內遷三十至五十里，房屋焚棄不得復界，百姓流離失所。

如果說香港「自古以來是中國的一部分」，它做為「一部分」的意義往往就體現於當一只為了中原政權的利益而可隨時犧牲的棋子。硬要反覆強調這種自古以來的關係，從歷史上看帶來的傷痛恐怕多於認同。很可惜，中國歷史的書寫對擴張過程中邊緣地帶的反抗和影響，往往會因為其中原視角的基礎而選擇性忽視，很多其他邊緣地帶的歷史書寫也面對同樣的問題。

中原本位筆下的蠻荒香港

在中原主導的心態下，住在這片後來稱之為「香港」的地方的人，又會怎樣被書寫呢？首先，他們不是人。從東晉開始，就有所謂「盧亭魚人」的民間傳說。盧亭是什麼？牠是一種半人半魚的生物，《嶺南叢述》當中聲稱「似人非人，獸形鴂舌，椎髻裸體，出沒波濤……能伏水三四日不死」，基本上就是怪物。在現代化前的中國出現這種民間傳說並不奇怪，但也多少反映了香港一帶相對中原來說的蠻荒邊緣位置，最起碼是個神祕莫測的地方，這可算是第一代中國大陸對香港的誤解。相對於今天說香港人歧視中國大陸，中原對邊緣的歧視歷史要久遠得多。顛覆一點地想，香港人原來是怪物的後裔。近年香港本土思潮興起，盧亭的傳說也再次流行起來，可說成是「你把我看成異類，我卻樂得被確定與你不同」的時空穿越反諷。有劇場作品甚至以盧亭為題，把魚頭人身的錯置體驗在今天重現人前。

中原對邊陲的輕視歷久不衰，即使在香港被英國占領後仍可找到這樣的說法。早期英殖香港的華文描述，以清朝思想家王韜所寫的為經典。王韜生於蘇州，曾在上海為傳教士做文字工作，還受洗成為基督徒，表面看起來應算是十分思想開明。到了一八六〇年，他捲入了太平天國的戰爭，輾轉來到香港避難，是最早在香港長期居留的南來文化人。

王韜剛到埗時對香港的印象並不好，書信中稱「至香港一隅，蕞爾絕島」、「竄跡粵港，萬非得已」，只是迫於無奈才逃亡至此。提到食物和天氣，他還說「腥聞撲鼻」，和「飛蟲細蚋經冬猶不死」，簡而言之就是個鬼地方。在他眼中，香港就是一個「化外之地」，而且在英殖下還受「化外之民」所統治，不能和歷史文化源遠流長的中原相比。在王韜早期的寫作中，明顯流露出傳統的華夷觀念，對在香港所見的一切心存敵視。

不過王韜的這些想法卻因他在香港長久生活，和一次長達兩年的歐遊之後有根本改變。他認為中國要全面向西方學習，而香港這個地處邊緣的地方，恰恰成為他能夠發表激進言論的地方。他在香港創辦華文報章，而且每天刊登政論，開風氣之先。

中國是主題，香港是特例

在王韜之後，還有很多來自中國大陸的思想家和政治家在香港發表他們對中國時政的看法。香港自一八四一年開埠以來，好像就不停在扮演一個顛覆者的角色，為中國示範不同的可能。在這本書不太可能總括香港和晚清維新及革命的關係，只簡單介紹兩個例子。第一個是康有為，他對香港的描述是這樣的：

> 薄游香港，覽西人宮室之瓌麗，道路之整潔，巡捕之嚴密，乃始知西人治國有法度，不得以古舊之夷狄視之。
>
> ——《康南海自編年譜》

康有為之外，當然不能不提在香港學習和成長的孫中山。他說過不少和香港相關的事情，其中以這一段特別聞名：

即從前人人問我，你在何處及如何得到革命思想，吾今直言答之：革命思想，係從香港得來。回憶卅年前，在香港讀書，工（功）課完後，每出外遊行，見得本港衛生與風俗，無一不好，比諸我敝邑香山，大不相同。……由此想到香港地方與內地之比較，因香港地方開埠不過七八十年，而內地已數千年，何以香港歸英國掌管，即佈置得如許妥當？

——一九二三年二月孫中山在香港大學演講

摘錄自羅香林著《國父在香港之歷史遺跡》

這些說法嚴格來說也是中國大陸對香港的誤解，當時香港社會也有諸多問題，只是被康有為、孫中山以及一眾文人隱去不提。他們對香港的描述有兩點基本相通。第一，他們重視的不是「香港自古以來就是中國領土」，而是強調香港和中國大陸的分別，特別是英殖之下把本來是中國地方的香港管理得井然有序。第二，他們談論香港的目的並非基於對香港特別有感情，而是要借香港來討論他們對中國政治的立場。香港在這兩段話中的功能是做例子，是他們說故事的工具而非故事的主體。

這點可以說是各種中國大陸對香港誤解的根本原由。把康有為和孫中山的說法，和傳統華夷觀念的說法做比較，當然可看到很明顯的分別，起碼香港的地位被大幅提高；但與此同時，「香港故事」之所以會出現的理由卻一脈相承：中國是主題，香港是特例。

誤解源於中央與邊陲互動

當然，個人的經歷不同，往往對描述的內容也有決定性的影響。胡適在一九三五年曾經寫過香港，內容是他來訪香港演講的見聞，當中還特別提到大埔的風景美麗。不過當他說到對香港的具體關懷，則還是回到英殖下的中文教育，還提倡香港的小學要徹底改用國語課本。比他早數年來香港的魯迅則沒那麼幸運，把前來香港視為「畏途」，因為他在來港的船上被港方關員（他稱為「掛英旗的同胞」）索取賄賂和受到不禮貌對待，更把他的書和行李打翻。魯迅繪聲繪色地描述他被關員留難的經歷，不過他到最後仍然不忘其中國視角，說「高等華人」和「一伙作倀的奴氣同胞」，正是中國許多地方的寫照。

從歷史看，如果說「香港自古以來就是中國的領土」，則香港所屬的華南沿岸從來都是以一個邊緣地區的位置，以及一個與中原文化相對應的地位來被理解的，並因而產生諸多誤解。香港所處的邊緣地位，正是此地「自古以來」的核心問題。對香港的理解或誤解，背後是一套中央與邊陲的互動，每當中央和邊陲的關係改變，官方對邊陲的描述也隨之而改變。

人類文明中選擇性描述和遺忘可謂比比皆是，中國大陸對香港的描述只是一例。因出發點不同而產生誤解，本屬正常。正如香港人認識中國大陸時，也往往會因為香港本身的歷史、環境、社會以及世界觀而變得具選擇性，甚至有所偏差。然而當兩者涉及不對等的權力關係，而擁有權力的一方基於誤解來處理這關係，並做出違反對方認知的決定時，就可帶來嚴重的矛盾和反彈。

細看今天的中港矛盾，不難發現它的其中一個主要成因就來自中華人民共和國對香港歷史的官方解讀，和香港人對自己的解讀之間存在嚴重落差。而當中國政府基於這些認識為香港做決定時，便往往會在香港社會帶來極大反響。對「香港自古以來就是中國的領土」這句話的不同理解，只是香港眾多同類問題之一。

延伸閱讀

潘毅、余麗文（二〇〇三）：〈導言：寫在書寫之前〉，潘毅、余麗文編：《書寫城市：香港的身分與文化》，香港：牛津大學出版社，頁 xiii-xx。

盧瑋鑾編（一九八三）：《香港的憂鬱——文人筆下的香港（1925-1941）》，香港：華風書局。

孔誥烽（一九九七）：〈千年的壓迫、千年的抵抗：殖民主義前後的大澳蛋族〉，羅永生編（一九九八）：《誰的城市：戰後香港的公民文化與政治論述》，香港：牛津大學出版社，頁一一三至一四〇。

中國政府錯解香港歷史了嗎？

中國政府對香港歷史的描述，和歷史上中國大陸對香港的各種描述一樣，往往是為訴說者的立場服務。不同時期的中國政府更會按其當時的形勢改變官方的香港描述，以達致所需的政治效果，就算弄得前後矛盾也在所不惜。

把時間軸拉到上世紀九〇年代，香港主權移交前的一段時間。這時期中國大陸前所未有地出現大量關於香港的官方宣傳，無論是文字或是影像的都數之不盡。表面上，這些官方宣傳是要向中國大陸民眾介紹香港的各方面，但和任何的官方宣傳一樣，背後也有其隱含的政治立場，以下介紹學者王宏志就紀錄片《香港滄桑》的分析為例。

《香港滄桑》的自相矛盾

《香港滄桑》是由中央電視臺製作的紀錄片，於一九九六年七月一日，也就是香港主權移交日之前一年首播，合共十二集，這裡集中談序章開頭十數分鐘的內容。這段片段首先強調香港從古代開始與中國大陸的連結，如考古文物推斷的文化交流。說到英殖時期開始，則強調香港人在英殖下所受的不公平對待和反抗，並以一九二〇年代的海員大罷工和省港大罷工為例。至於英殖對香港的正面影響則避重就輕，和康有為與孫中山採取的角度相反。這段內容和中國大陸同期的史學著作十分相似，可謂典型的愛國主義史學，以中國本位來訴說香港歷史，如強調香港問題源於帝國主義對中國的侵略，香港人民的利益和中國大陸人民的利益根本一致，而香港的反帝運動也是中國的反帝民族覺醒的一部分。

這些描述當然十分具選擇性，不過要說到最明顯的政治處理，就要說到上世紀二次大戰結束的一段。解說詞這樣說：

> 全中國人民包括香港同胞無不熱切盼望香港早日回到祖國的懷抱，國民黨政府曾經想以戰勝國的身分從日本占領軍手中收回香港，後因為蔣介石急於打內戰，向頑固堅持殖民

立場的英國政府妥協，香港問題的解決終成泡影……中國人只能眼巴巴的看着英國人又一次大踏步的回到了香港，英國的國旗再一次插在這塊中國人的土地上。

這段描述本身的問題，已有很多歷史學者談過。例如說二戰後的香港人希望回到中國，是明顯與事實不符。恰恰相反的是，香港做為殖民地的地位，吸收了二戰結束後過百萬害怕中國內戰的難民前來香港。至於說「蔣介石急於打內戰」而放棄香港，也是明顯扭曲歷史。

然而更值得關心的問題是，即使這段解說完全符合史實，此說法仍會產生嚴重的內在矛盾，無法自圓其說。在說罷二次大戰之後，片段就轉為介紹中共在國共內戰中得勝，解放軍來到香港邊界的深圳河，解說詞表明當時的解放軍絕對有能力從英軍手上奪取香港，只是基於中國整體的戰略部署而沒有這樣做，也就是所謂的「長期打算，充分利用」。

這說法對關心香港歷史的讀者來說，大多耳熟能詳，但將之和先前緊接有關二次大戰的解說放在一起，就明顯地突兀了。片段首先聲稱香港人在英殖之下受苦，希望回到中國；片段繼而對於國民政府沒有收回香港，表示責難；然而到了中共的時候，卻聲稱中共有能力收回香港，卻選擇不收回。把這三點放在一起，則必然產生以下三個難以解答的問題。

首先，如果國民政府沒有收回香港是應該被責難的，那麼中共有能力卻不收回香港，是否更應該被責難呢？再者，中共聲稱為了整體的戰略部署而不收回香港，是否代表了香港人在英殖之下所受的痛苦在中共眼中是次要的，只要有被利用的價值就不用計較，即是說港人的幸福在這段時間是為了全國整體的戰略部署而被犧牲？如是者，全國上下在歷史上對香港豈非有所虧欠？

國家本位的選擇性歷史詮釋

這些明顯的自相矛盾能夠被完全忽視，因為紀錄片的目的恰好也是要「充分利用」一九九七帶來的機會，而香港同樣是被利用的一方。紀錄片雖然以香港為題，但香港並不是主角。借用近年流行的說法，「中華民族的偉大復興」才是主角，香港只是這個主題的其中一頁，用來指出中國在共產黨的領導下終於「洗脫」了晚清以來受帝國主義壓迫的「百年屈辱」。因此，香港歷史當中與此主題相關的就會被大書特書，相反的就被隱去不提。

如是者，既然當權者要以中國為本位的立場來談論香港的歷史，那麼如果香港人有任何反抗英殖的行動，也要視之為中國民族革命的一部分來描述。這種愛國主義史學當然是偏頗的，最起碼沒有以地方人民的權益為解釋歷史的首要考慮，而這種偏頗也會妨礙客觀分析英殖香港的實際情況，例如華人社會內部以及統治者和被統治者之間的複雜關係。

例如，前面提到的海員大罷工和省港大罷工，有歷史學者就提出在港華商於過程中也有自己的利益盤算。當時的華商不只積極協助港英政府終止省港大罷工等的紛爭，更不時捐款支持英國一些與香港無關的重大事件，從愛爾蘭饑荒到南非波耳戰爭都有分參與。這些研究指出當時的中港互動和愛國主義史學的說法相去甚遠，有文化研究學者更以「勾結式殖民主義」來解釋香港殖民統治期間，華人頭領在中英間周旋回轉以致多重效忠的特質。

說到底，愛國主義史觀由於把國家做為唯一的分析單位，會錯過超越國家的力量，以及國家之內的差異。當然，這很可能就是愛國主義史觀推動者的目的：當眼前的所有問題都是境外勢力造成的，那麼境內既得利益者過去和現在犯過的錯誤，或社會現存的制度和結構性問題，都可被隱藏起來。

中國大陸對香港歷史的官方描述常有自相矛盾之處，類似的例子還有不少。不少中國大陸出版的香港歷史書都會反覆強調中國政府早就宣布不受有關香港的三個中英條約約束，有權決定在何時收回香港；與此同時，卻又會反覆提出中英《展拓香港界址專條》將於一九九七年六月三十日到期，英國是基於條約的壓力才與中國展開談判，更常使用「九七大限」的字眼來說明英方於談判中的劣勢。這些歷史書說到一九七〇年代香港前途未明時，會把信心危機和移民潮視為對英方的壓力，然而當時會出現這些問題，正正是因為香港人對中國政府十分不信任，也就是說這些描述其實恰恰說明「香港同胞熱切期待回歸祖國」的說法不符當時的事實。

說到中國大陸對香港主權移交的選擇性描述，最有選擇性的地方莫過於《中英聯合聲明》的簽署儀式。做為「香港回歸祖國」的基礎，這個儀式本來是應該被珍而重之並大書特書的。然而這儀式在中國大陸的官方描述中卻出現得不多。如果是圖片的話，通常會使用一張覆蓋整個會場的廣角鏡頭照片，差不多無法看清楚人臉，更別說他們在做什麼。無論是位於北京天安門旁的國家博物館，還是香港自己的歷史博物館，用的也是這一張照片。如果是影

香港歷史博物館中介紹《中英聯合聲明》簽署的圖片（梁啟智提供）

片的話，則會避過雙方簽字的一刻，而用上之後時任英國首相戴卓爾夫人（Margaret Hilda Thatcher，臺灣多稱她為柴契爾夫人）和時任中國中央軍委主席鄧小平祝酒的片段。在此安排下，代表中方簽署的官員是誰，就難以在這些描述中找到。其實當時代表中方簽署《中英聯合聲明》的，是時任中國國務院總理趙紫陽，然而由於趙紫陽於「八九民運」後被迫下臺，儘管他在這歷史時刻有至關重要的角色，到今天也被略去不提了。

中國大陸官方的選擇性歷史詮釋，當然不僅限於香港。無論是把平凡甚至不存在的事件英雄化，或把違反人性的暴行抹去不提的案例均俯拾皆是（「長春圍城戰」就是一例）。反過來說，選擇性地詮釋香港歷史的，也不止於中國大陸官方。英國官方對香港歷史的描述往往會以“Barren Rock”（荒島）做為開端，暗示香港開埠以來的成功都是英國人帶來的。實情是在英國人來到之前，香港一帶已有不少人居住；陸上有農民，海上有漁民、商旅，以至海盜等等，「荒島」一說是誇張了。

選擇性歷史詮釋的問題，在於會把偏見強化，只看到和自己期望一致的事情，有違既有立場的事例則視而不見或當作虛假。長此下去，認識就會變得和真實愈走愈遠，甚至連自己也被欺騙。這問題值得討論，是因為當基於主觀偏見的行為和客觀事實有所衝突時，其落差無論對己對人都會帶來很大的威脅。在香港，這些有選擇性的描述在香港特區成立早期帶來的問題不算明顯，到了後來中國政府對香港政治和社會的干預愈來愈多的時候，片面理解所帶來的政策不當和引發的衝突就變得愈漸激烈了。

延伸閱讀

王宏志（二〇〇〇）：《歷史的沉重：從香港看中國大陸的香港史論述》，香港：牛津大學出版社。
蔡榮芳（二〇〇一）：《香港人之香港史 1841-1945》，香港：牛津大學出版社。
張少強（二〇一一）：〈香港：地緣政治與香港研究〉，呂大樂等編《香港·生活·文化》，香港：牛津大學出版社。
羅永生（二〇一五）：《勾結共謀的殖民權力》，香港：牛津大學出版社。

中國大陸誤解香港帶來什麼後果？

誤解往往帶來矛盾和對立。不過在討論負面後果前，先說一些常常被忽略的，來自誤解的「正面後果」。

回歸初期的「借港諷中」

九七前後中國大陸對香港的官方宣傳大體上都是正面的，畢竟其目的就是要把主權移交書寫成一件民族復興的大喜事。有趣的是在九七後的十數年間，不少大陸傳媒利用了香港在中國大陸的正面公眾形象，和官方容許「唱好香港」的主調，借用香港新聞來批評中國大陸特別是官方的各種流弊。換言之，百年前康有為和孫中山的做法，九七後再次在大陸傳媒中上演。

這裡舉三個例子。第一個例子來自二〇一一年，時任民政事務局局長曾德成在立法會回覆議員的提問時，報告了香港政府每年舉辦酒會或宴會的開支。到了第二天，香港本地報章對此事的關注十分有限，一般短短不足二百五十字便說完。然而這條在香港毫不起眼的新聞，在中國大陸卻引發熱議，各地媒體分別以數千字的專題文章介紹。曾德成的回應本身十分簡短，但這些文章談的不僅是該次立法會的對答，還把香港整套日常公共開支的監管制度整理出來，範圍也不限於該次立法會提問所談及的大型宴會，連一般宴請，以至公務車輛和公務外訪開支也有論及。說到這兒，這些大陸媒體報道的用意已十分明顯：它們的題目不是香港，而是中國大陸的「三公經費」，也就是公費旅遊、公車消費和公款吃喝的問題，要借用香港的廉潔來諷刺中國大陸的腐敗。

這些報道對香港政府的各種制度，可以說是用崇拜的角度來書寫的。例如說到時任行政長官（又稱「特首」）曾蔭權的外訪經費時，就特別提到他曾經在休假時自己出錢買機票去美國，剛好遇上香港駐三藩市辦事處的活動，便順道擔當主禮嘉賓，但機票開支卻沒有報銷。不過，被大陸媒體描述成廉官的曾蔭權卻在卸任後因涉貪和涉嫌公職人員行為失當而纏上官司，雖然最終被判無罪，但把他遺漏申報利益的事實和這些歌頌式的報道放在一起，仍未免有點尷尬。

有些大陸媒體的報道在刊登的時候已經明顯和香港本地的輿論不同，而且效果相當奇特。在二〇一二年就有一宗大陸媒體和香港媒體立場顛倒的新聞。當時大陸媒體紛紛以「香港老太逼停港珠澳大橋」為題，大肆報導香港一名六十多歲的市民通過向高等法院申請司法覆核，推翻了港珠澳大橋的環境評估。在許多中國大陸的評論當中，這個老太太就像是一名人民英雄一樣，而這次判決一方面代表了香港一般市民擁有極高的法治意識，同時也顯示出法院的大公無私以及政府對法治精神的尊重。有些評論更進一步從側面批評中國大陸「崇拜GDP，迷戀形象工程、面子工程」，進而指出尊重公民的訴求才是避免「群體性事件」的治本之道。

這些評論把香港說得這麼美好，實情又如何呢？因為大橋被迫停工，當時政府估計工程費用會增加六十五億港元（後來工程因為不相關的技術原因延誤及超支）。香港本地的親中報章拿着這點大書特書，聲稱訴訟延誤了香港的發展機遇，還指控老太太是受民主派政黨教唆才會出面提出訴訟，實際操作與她無關。老太太自己則因為承受不了輿論壓力，多次表示後悔挑起了這場官司。這一系列的後續發展，和大陸傳媒所述的公民維權相距甚遠。

第三個例子來自二〇一二年五月，當時《南方都市報》刊登了一篇專文，內容介紹香港各大專院校學生會的運作。文章一開始以香港學生到中國大陸交流為引子，提到香港的大學學生會有能力把校長拉下臺，把大陸同學嚇了一跳。這段引言所指的，是二〇〇〇年香港大學校長鄭耀宗因為容許政治干預學術而被迫辭職的事件，專文也毫不含糊地介紹了這事件的來龍去脈。文章之後再介紹各學生會的校園抗爭歷史，並從制度上解釋為什麼它們有這些能力，從獨立註冊、獨立資金，到評議會和公投制度都解釋了一遍。文章更把這些學生會的做事方式延伸到香港社會對廉潔的追求，並指出香港很多著名的企業老闆、議員和學者都出身於各大學的學生會。文章到今天仍在網上流傳，衝擊了不少大陸學生的思維，有大陸學生幹部看罷文章後留言說：「感覺自己這個學生幹部白當了。」

跟上面兩個例子一樣，這篇專文對香港各大專院校學生會的描述也未免過於美化。例如多年來各大學學生會選舉的投票率其實十分低，選出來的也不一定能代表同學的聲音，很多時候都會聽到批評學生會過於理想化、過於激進或沒有水平的聲音。然而從目的出發的話，上述三個例子所存在的偏差都不重要，因為這些報道雖然說了很多關於香港的事情，主題卻不是香港，而是中國大陸，是大陸傳媒要借香港來指出大陸的問題。

「借港維穩」取代「借港諷中」

上述借香港來批評中國大陸的報道手法近年來已不常見，相信大陸整體的言論監控是其中一個原因。以刊登學生會專文的《南方都市報》為例，所屬的「南方報系」本來就被認為屬自由派，而近年來所受的政治打壓明顯愈來愈嚴重。當挪用香港做為政治符號的主導權由地方記者和傳媒轉移到中央統戰和宣傳機器手上，香港在大陸媒體當中的形象就出現了十分明顯的改變。

有調查發現，二〇一三年前後大陸媒體報道香港時所用的字詞明顯有所改變，之前以正面字詞比較常見，如「成功」、「第一」和「吸引」等，之後卻明顯地變得負面，如「激進」、「嚴重」和「矛盾」等。這轉變固然有客觀的背景，畢竟中港矛盾正是在這幾年間變得熾熱。梁振英於二〇一二年上任香港行政長官後推行挑動敵我矛盾的管治政治，更使中港民眾的關係急轉直下。以港獨議題為例，它在當年的香港本來並不是一個公眾熱切討論的話題，卻被梁振英刻意挑起抨擊，反而增加了社會的關注。相關的消息傳到中國大陸，也就形成香港負面新聞日益增加的基礎。

與此同時，有評論認為中國大陸的言論監控部門是樂意見到，甚至鼓勵大陸媒體對香港的報道趨向負面。最起碼，先前所述「借港諷中」的報道手法，在這個新的言論環境中就難以發揮影響。批評香港人的抗爭行為，更可側面鞏固中國大陸的維穩宣傳。這些有關香港的負面新聞好像是一劑預防針一樣，事先在大陸民眾心目中貶低香港人的形象，如是者，日後即使香港人的政治訴求如何激烈，也不會得到大陸民眾的同情，遑論會引發他們學習模仿。換句話說，「借港維穩」取代了「借港諷中」成為了報道香港新聞的新模式。例如上文提到的港珠澳大橋爭議，近年大陸傳媒就興起對此的跟進報道，但內容變成批判老太太濫用司法程序，大談香港法治制度如何不值得學習。

報道港聞的新模式在二〇一四年的「反占中」宣傳中走到巔峰。「占領中環」是香港民主運動當中少有事先張揚的大型抗爭行動，而到了二〇一四年年

民間團體澄清只著重推廣歷史，並非主張港獨。（圖片提供：立場新聞）

中，多數人已預期此行動將會發生。這時候，大陸媒體出現了大量「反占中」專題，以極為負面的角度報道，卻對行動背後的訴求不做解釋。這些負面報道的目的當然不是要向中國大陸的民眾介紹香港面對的政治困局，而是要藉機責難「群體性事件」的「禍害」。「占領中環」成為中國大陸維穩宣傳借題發揮的藉口，例如用來告誡民眾警剔外國勢力意圖在中國發動「顏色革命」，製造社會混亂。儘管實際上並無證據顯示該次運動是由任何外國勢力所促成或支持的。

港獨議題的出現，更成為中國大陸維穩宣傳一個「大顯身手」的機會。愛國主義教育是中共自「八九民運」後刻意經營維護政權的重要工具，港獨議題的迅速冒起，很大程度上是因為它可輕易被愛國主義吸納，成為宣傳演練的題目。在此脈絡下，香港人的民主訴求只要被套上港獨的帽子，在中國民眾眼中就會立即失去正當性，這些民主訴求就不會蔓延到中國大陸。港獨本身是否事實都並非要旨，重要的是這個題目可以被愛國主義教育所挪用，所以很多本來和港獨不相關的人和事都可以忽然變成港獨蔓延的證據。

例如，二〇一六年年末有市民發起穿着二次大戰時期英聯邦守軍的軍服在鬧市穿梭，紀念當年為港捐軀的士兵，這活動的圖片卻被大陸媒體扭曲為「『港獨』分子組『防衛軍』在香港街頭招搖過市」，儘管活動組織者強調他們和港獨毫無關係。這樣的假新聞在香港當然只會被視為笑話，但在中國大陸卻被廣泛轉載，引發不少大陸民眾氣憤難平。

偏見流行帶來的中港矛盾

拉闊一點來看，「香港」二字按中國大陸的政治需要成為被隨意挪用的符號，引發出各式各樣和香港本身不一定相符甚至相關的解讀，並不是一件新鮮的事情，甚至可以說是香港自開埠以來就要面對的現實。要指出這些挪用的不足，並不是要說這些解讀毫無價值。英殖香港成為晚清改良派和革命黨人的宣傳工具，也可理解為一件對當時的中國有益的事情。不過，近年中國大陸對內政治空間急速收縮，對外政治想像大幅改變，而中港關係又走向愈來愈密切的時候，偏見就可以帶來嚴重惡果。

書寫和故事本身的互動關係，常常會以瞎子摸象為比喻。幾個瞎子觸摸同一只大象，摸到象尾的以為是繩，摸到象頭的以為是石，這本來正常不過，也不至於要譴責當中任何一人誤解。可是如果有人堅持己見，批評其他人的認知為邪說，還禁止別人用其他的方式來認識身前物，就會無法知道大象的存在，最終可能死在象蹄之下。

近年來，中國大陸有關香港的宣傳，要不把所有中央對港政策都解讀為「獻禮」或「讓利」，要不就直接批評香港的政治局勢和市民的政治訴求。加上大陸言論控制信息不通，各種不實信息得以流傳，如誤指九七年金融風暴期間，港府的金融市場保衛戰是由中央政府出資。另一個經典案例，是大陸傳媒常把廣東省東江供水香港視為中央政府對香港的支持，其實深圳和東莞同樣要靠東江供水，但廣東省對香港收取的水價卻是深圳和東莞的五倍。二〇〇九年廣東出現旱災，香港政府曾提議減少供水以舒緩廣東旱情，卻被廣東省方面拒絕，足以說明廣東省視供水為商業交易，談不上刻意讓利。

由於中港關係的實際情況往往不能在大陸媒體審查下得到全面報道，類似上述對中港關係的錯誤認識在中國大陸可謂層出不窮，從食物、能源、投資到其他經濟領域數之不盡。不少大陸民眾基於這些錯誤觀念對香港出現「要不是中央照顧，香港早就完蛋了」的「恩主心態」，覺得香港是「被寵壞了的孩子」。而當他們帶着這種心理來到香港社會和香港人交往，自然產生巨大落差，矛盾被進一步激發。

民間社會的認識落差可怕，但政府的認識落差恐怕更叫人擔憂。中國法律學者強世功曾在中央人民政府駐香港特別行政區聯絡辦公室（中聯辦）做研究工作，後來出版《中國香港：文化與政治的視野》一書，講述他研究出來的香港近代史。此書被視為中國官方香港論述的理論依據。不過，書中內容卻被文化界的陳冠中批評為牽強武斷，而且充滿內部矛盾。

如果中國政府本身都是基於不準確的認識和理解來制訂其對港的政策，其決定必然會在香港引起反彈，中港矛盾愈演愈烈也是可以預期的結果。

與此同時，這些官方針對香港的反宣傳其實對中國大陸的老百姓來說也有壞處，其帶出的問題和反日或反美示威相當類似。當各式各樣的反對活動都被官方禁止，就只有「愛國無罪」，各種問題就很容易被官方簡化為「外國敵對勢力」的陰謀，政府自身的問題和責任就被輕輕帶過，老百姓日常生活的困難則繼續被忽視，而既得利益者通過轉移視線就可以躲在愛國主義的旗幟下進一步套取各種好處。

最後，得說明在認識落差這回事上面，香港人自己也好不到哪裡。不少香港人對中國的認識同樣是充滿偏見的，對香港自身的理解和認同也是建基於許許多多的迷思之上，而這些誤解也同樣反過來限制香港的發展。不過如同前文的討論，僅僅譴責這些誤解並不足夠，更重要的是去問為什麼這些誤解會流行起來，而阻礙其他理解出現的原因又是什麼。

延伸閱讀

強世功（二〇〇八）：《中國香港：文化與政治的視野》，香港：牛津大學出版社。

陳冠中（二〇一二）：《中國天朝主義與香港》，香港：牛津大學出版社。

駱穎佳（二〇一六）：〈驚異的空間政治：後社會主義國族論述對香港的異托邦想像〉，《邊緣上的香港：國族論述中的（後）殖民想像》，香港：印象文字。

網上資源

吳婧、林可欣、閭睿悅（二〇一六）：〈是誰吹散了「香港神話」？〉：端傳媒，二〇一六年四月十五日，https://theinitium.com/article/20160415-mainland-hkmyth/。

立場報道（二〇一七）：〈被左報批「港獨」組軍 Watershed HK：只重歷史不推任何政治意識形態〉：立場新聞，二〇一七年一月五日，https://thestandnews.com/politics/ 被左報批港獨組軍 -watershedhk- 只重歷史 - 不推任何政治意識形態。

「香港認同」是怎樣開始的？

香港認同的起點，在於香港人意識到自己雖然和中國大陸相關，卻又有所不同。

在中國大陸討論香港政治，很多時候都會聽到「因為中國和香港的社會文化同源，香港理應是中國一部分」的說法。到底兩個文化要有多大的差異，我們才能將其政治上的分或合視為合理，其實從來沒有客觀標準。畢竟，世上兩處文化相異卻同為一國，或兩處文化相近卻分為兩國的例子，數之不盡。美國獨立的時候，搞獨立運動的人和他們要脫離的英國皇室一樣都講英文，不見得有人會聲稱「既然說英文就要承認自己是英國人」。與此同時，現在的美國沒有法定語言，在紐約州考駕駛執照可以用十三種語言回答筆試，美國也不見得因此就面對分裂危機。很明顯，文化和身分認同的關係並非必然，與其強求定義，不如讓當地人述說自己的身分認同更為合適。一個地方的內在認同，來自當地人對自身的探索，香港人和香港認同也不例外。

要討論香港人書寫的香港故事，並不是因為來自香港本土的香港故事特別準確。正如自傳通常都帶有十分明顯的主觀判斷，香港人自己寫的香港故事難免都會隱含偏見。被傳誦的香港故事難免都會被主流觀點所壟斷，少數人的聲音例如少數族裔的故事通常都被忽視。不過在認識到這些限制的前提下，討論香港人身分認同仍然是理解香港眾多社會現象的重要線索。

有關身分認同的研究，往往會由人口政策、文化產品和政治背景說起。

人口結構轉變催生港人身分認同

人口的流動和人口結構的改變，對身分認同起着決定作用。不同年齡的人因為經歷過的社會事件不一樣，會產生不同的身分認同。香港做為一個移民社會，要訴說香港人的身分認同，也不得不先從人口說起。由二次大戰完結到一九八〇年代初中英就香港前途展開談判期間，香港的人口結構起了翻天覆地的變化，而這變化可謂直接決定了後來香港社會的精神面貌。

當香港於一九四一年被日軍占領的時候，人口有一百多萬。到了一九四五年二戰結束時，因為戰時不少人返鄉避難，香港人口只剩約六十萬人。然而到了一九四九年，人口總數卻暴增至二百二十萬。很明顯，這些新增人口不可能全都是在戰爭期間離港避難的香港居民，或戰後在港出生的嬰兒。

讓我們把目光放遠一點。正是在這四年間，中國大陸的內戰形勢逆轉，共產黨戰勝了國民黨。大批國民黨人、資本家、文人以至一般老百姓為了逃避共產黨而前來香港，組成了戰後香港人口的主要部分。回顧這段歷史，我們可以

按年齡和出生地點劃分的香港華人（2016 人口統計）

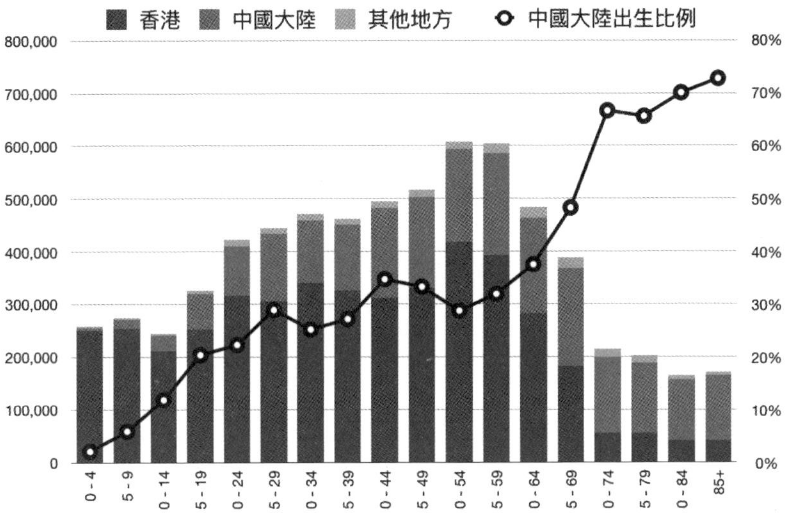

二戰後難民潮對香港人口結構有深遠影響（製圖：梁啟智）

說：所謂香港人，主要就是一群因為害怕共產黨而逃出中國大陸的人，及其後代。從這句話出發，很多香港人的特質和對中國大陸的態度，以至香港社會中的各種現象，都變得有跡可尋。

這些百萬計的南來避難者當中，有來自上海的資本家，他們帶着資本和企業精神來港，大大推動了戰後香港的工商業發展。香港特區第一任行政長官董建華，本身就是在上海出生，剛好正是在一九四九年，也就是他十二歲的時候隨父親董浩雲來港。董浩雲在上海的時候創立了中國航運公司，來港後又創立了東方海外，繼續國際航運事業。除了航運業，早期香港最先發展起來的還有紡織業，著名企業有江蘇唐炳源來港設立的南海紡織，後來又有上海查濟民創辦的中國染廠和浙江陳廷驊的南豐紡織。當時的紡織業可謂都是上海華商的天下。

此外，避難者當中還有不少文人，如毛澤東在〈丟掉幻想，準備鬥爭〉一文中點名批判的中國史學大師錢穆。他和當代哲學家唐君毅及其他南來文人在香港創辦了新亞書院，而新亞書院後來成為了香港中文大學的創校成員書院之一。香港中文大學的另外兩所創校成員書院，即聯合書院和崇基學院，同樣與中國大陸有密切淵源。它們源自於從中國大陸高等院校南遷至港的師生，如上海的聖約翰大學和金陵女子大學等。

再說下去，還有數之不盡的故事，當中不少已成民間傳奇。例如詠春拳的發揚人葉問，便據稱是在一九四九年時因曾經參加國民黨中統組織，擔心被清查而來到香港的。他在香港深水埗的會館授拳，在此把其武術心得發揚光大，而他的其中一名徒弟，正是後來風靡全球的傳奇巨星李小龍。

至於一般逃難來港的平民百姓，他們一開始也未必想到會在香港成就什麼事業，當中不少人更有可能是希望當中國大陸的局勢轉為穩定後，便會回流大陸。港英政府一開始也是抱有這種想法，因此對中國大陸的移民採取較容忍的態度。然而當時的中共政權並沒有為中國社會帶來穩定。相反，一系列的政治運動、「大躍進」和隨之而來的大饑荒，及後還有文化大革命的文鬥武鬥，不單使得逃難來港的移民失去回流的可能，而且還令更多人想盡辦法從中國大陸前來香港，離開動盪不安的環境。到了一九七〇年代初，香港人口已增加至四百萬。

面對龐大的人口壓力和國際政治環境的轉變，港英政府也開始正視中國大陸移民的問題，並加強了對移民的管制。自一九七四年起，港英政府實施了「抵壘政策」，中國非法入境者若在偷渡香港後能抵達市區（以界限街為界），便可在港居留。這個政策到了一九八〇年結束，改為實施「即捕即解政策」，非法入境者一經發現便會被遣返大陸。

與此同時，法例又規定市民要隨身攜帶身分證以備警察截查，身分證也成為了尋找工作和獲得政府服務的必要條件。按學者谷淑美的分析，港英政府這個收緊移民管制的過程，讓「香港人」和「中國人」在法理上出現分野，也為是否身為「香港人」帶來了實際上的意義。政府這個本來為了加強社會管理的政策，恰恰為香港身分認同的出現製造了客觀條件。

麥理浩——香港認同的奠基者

要說到政府功能擴展和港人身分認同冒起的關係，則必須討論自一九六〇年代末開始，港英政府所促成的建設和管治改革。

自香港開埠以來，港英政府都視香港為英商謀利的窗口，並沒有太大意欲全面改造華人社會。當時政府的職能也十分有限，以免在財政上對宗主國或納稅的企業和菁英階層構成負擔。戰後大量來自中國大陸的移民湧入，使香港處於國共敵對的夾縫之中，對港英政府的管治構成很大壓力。香港在一九五〇年代就發生了多次暴動，其中一九五六年的「雙十暴動」，導火線就是有政府職員拆除懸掛在徙置區大廈外牆、慶祝中華民國國慶的大型「雙十」徽牌，結果引發香港史上最血腥，被捕、定罪和死亡人數最高的一次社會衝突。到了一九六七年，文化大革命的極端思想蔓延至港，又引發了「六七暴動」，並成為香港近代史的分水嶺事件。

一九六六年十二月，澳門發生嚴重警民衝突，最終導致澳葡政府的管治威信喪失，親中社團全面主導澳門社會。受澳門的事件激發，香港的左派分子也開始推動激烈抗爭，事件由工廠勞資糾紛開始，升級為反對港英政府的全面鬥爭。當時，左派社團成立「港九各界同胞反對港英迫害鬥爭委員會」（簡稱「鬥委會」），發動群眾到港督府示威，揮動《毛澤東語錄》，並且在民間發動罷工罷市。

到了一九六七年七月，衝突不斷升級，左派製造土製炸彈襲擊警察，暴動期間發現共八千多個懷疑炸彈以及一千多個真炸彈，造成無辜死傷。有左派學校的學生在學校實驗室製作炸彈時被意外炸斷左

工商日報
北角清華街暴徒逞兇
炸死小姊弟
當場肚破腸流死狀甚恐怖
警方人員說從來未見過如此慘狀
死者黃綺靈
死者黃兆勳

《工商日報》報導「六七暴動」期間親共暴徒所放炸彈殺害無辜兒童（網路資源）

手；當時香港商業電臺主持林彬經常在節目批評諷刺鬥委會，引來左派激進分子在他上班途中截停他的汽車，並把他活活燒死。到了一九六七年十二月，時任中國總理周恩來下令左派停止製造真假炸彈，暴力浪潮才告平息。

「六七暴動」對香港社會影響深遠。當時許多人本來正正是為了逃避共產黨才來到香港的，左派社團卻把文化大革命的混亂帶來香港，激發群眾不滿。被指發動暴動的港九工會聯合會（現稱「香港工會聯合會」，簡稱「工聯會」）的會員人數大幅下降，親中報章的發行量大不如前，中共在港的不少地下組織也因而曝光。暴力抗爭帶來的死傷，也開啟了往後數十年港人對非暴力抗爭的執着，直到近年才有所改變。對於港英政府來說，暴動則讓他們意識到其管治模式要做出重大調整。他們發現當香港社會無法維持穩定，則其經濟功能也不能發揮，甚至會提供機會讓共產黨干預甚至接管香港。

在這背景下，再加上英國內部左翼政治抬頭，以及英國要為未來的中英前途談判作準備，於一九七一年來港就任總督的麥理浩（Crawford Murray MacLehose）於是帶來了一系列大刀闊斧的改革，主動促進香港的經濟發展和社會穩定。針對社會不平等，他引入《勞資關係條例》、改革公共援助制度，又確立收費低廉的公共醫療制度。面對貪汙橫行，他成立了廉政公署（ＩＣＡＣ），徹底改變了當時在各政府部門盛行的腐敗作風。為了讓年輕人有出路，他落實了九年免費教育，成立了香港理工學院。城市發展方面，他開始了十年建屋計畫、居者有其屋計畫，並興建新市鎮、地鐵和海底隧道，而且把九廣鐵路電氣化。與此同時，喜愛大自然的麥理浩又在極短時間內大筆一揮，把香港的四成土地列為郊野公園，以做康樂、保育及保護水源的用途，為擠迫的香港留下一片綠。至於麥理浩自己最銘記於心的政績，倒不是任何城市建設，而是由他創立至今仍舊每年舉辦的「香港藝術節」。

可以見到，今天許多香港人引以為傲的城市建設、管治制度和生活品質，都是麥理浩年代帶來的。現在問及中年或以上的香港人，不少都會認為麥理浩才是香港發展的奠基者。對於港英政府來說，一個繁榮穩定的香港也有利他們維持管治，甚至成為日後和中國談判香港前途的籌碼。一九七〇年代香港的急速發展，為「香港人」的自身認同帶來了物質和精神上的基礎。

「第一批本土香港人」誕生

以人口學來理解社會轉變的一大特色，是很多現象都可以通過簡單的數學得出分析的基礎。當一大批的移民在一九五〇年代來到香港並生兒育女，形成戰後的嬰兒潮，那麼到了二十年後的一九七〇年代，就會有一大批從一九五〇年代起在香港土生土長的年輕人成年，並投身社會。南來移民看到他們的孩子在香港長大，漸漸意識到他們大概不會返回中國大陸，香港才是他們的家。事實上，他們應該十分慶幸他們前來香港的決定，讓他們逃過了中共建國首三十年的各種災難，如「反右運動」和「大躍進」帶來的大饑荒等。

按社會學者呂大樂在《四代香港人》的說法，那些在一九七〇年代投身社會的「第一批本土香港人」，擁有上一代人給予的空間，又沒有上一代人的包袱，可以做各式各樣的嘗試，天高海闊任意闖。

這些年輕人有的走進基層，搞起新一代的社會運動，例如協助低下階層爭取權益、要求把中文列為法定語言，還有反貪汙的抗議運動。對這些在香港成長的新一代來說，香港從來都是他們的家，他們對社會改革的呼聲理直氣壯。即使沒有涉足政治的大多數年輕人，也受惠於香港經濟的急速擴張，中產階級慢慢形成。香港首個大型私人屋苑美孚新邨，也在一九六〇年代末至一九七〇年代落成。相信通過自身努力和把握機會，便可以向上流動改善生活環境，成為許多人願意相信的社會共識，也把香港和正處於計畫經濟和文化大革命的中國大陸區分開來。身為香港人，成為一件值得自豪的事情。有別於中國大陸的香港認同，由此而起。

延伸閱讀

呂大樂（二〇一二）：《那似曾相識的七十年代》，香港：中華書局。

谷淑美（二〇〇九）：〈從移民政策的歷史軌跡看香港身分認同的構成（一九五〇—八〇）〉，馬家輝等編《本土論述二〇〇九：香港的市民抗爭與殖民地秩序》，漫遊者文化。

周永新（二〇一九）：《香港人的身分認同和價值觀》，香港：中華書局。

Lau, Siu-Kai (1982). *Society and Politics in Hong Kong*. Hong Kong: The Chinese University Press.

「香港認同」和「中國認同」是否對立？

香港認同和中國認同本來不一定互相排斥。在香港有史以來的絕大多數時間中，香港認同和中國認同有着微妙的共生關係。香港認同既和中國認同相關，又刻意有所區隔。這種「既中國又非中國」的態度，在不同時代和環境各有演繹。

首先，所謂中國認同在香港人眼中可以有甚為不同的理解：它可以是指古典中國的文化歷史傳統，也可以是指政治上對共產黨或國民黨的效忠，亦可以是指社會主義中國以至改革開放後中國的生活經驗，三者既可相依亦可相距，按不同時代和人群而異。例如不少香港人會一方面以繼承中華傳統文化為榮，同時認為無論共產黨或國民黨都不能代表中國。事實上，早在民國初年，港英政府意識到中國的政治混亂可能會影響到香港的穩定，於是刻意在香港的教育制度當中多講中國傳統思想文化，以在香港社會建立一套超越當代中國政治的中國認同，而這點在二次大戰後國共鬥爭熾熱的歲月變得更為重要。

從難民心態走向「舢舨想像」

至於對香港本身的認同，上文提及到了一九七〇年代末，香港已和原來的難民社會有明顯分別。難民社會的特徵是有一大批人被迫遷移至此，而到達後因為人地生疏，往往經歷社會地位向下流。為了討生活，這些人大多不介意重新開始，由低做起，把向上流動的渴望放在下一代身上。這不是說他們就沒有不滿，也不懂得抗爭。事實上，香港歷史上最暴力的抗爭正是在難民時代發生的，如前文提到的「雙十暴動」。然而對於大多數人來說，他們談不上對香港有太多的歸屬感，只為仍然存活而慶幸。不過當這個社群穩定下來後，新家園的建立就催生了新的認同。

這種「一起重新開始」的認同感，在一九七〇年代末到八〇年代初的流行文化中特別普遍，例如一九八一年首播的無線電視劇集《前路》，就以主角從中國大陸逃到香港，在香港掙扎求存的故事為題材。該電視劇的主題曲〈東方之珠〉由著名華人歌手甄妮主唱，當中副歌一段「若以此小島終身作避世鄉／群力願群策／東方之珠更亮更光」可謂時代寫照。

同期類似的作品還有一九七九年首播的無線電視劇集《網中人》和《抉擇》，故事大綱都是新移民在港重新起步的故事。當中《抉擇》的同名主題曲（由林子祥主唱），可謂描述移民落地生根心態轉變的經典。

幾多往時夢　幾許心惆悵
別了昔日家　萬里而去　心潮千百丈
收起往時夢　拋開心惆悵
任那海和山　助我尋遍　天涯各處鄉

闖一番新世界　挺身發奮圖強
要將我根和苗　再種新土壤
就算受挫折也當平常　發揮抉擇力量
再起我新門牆　似那家鄉樣（勝我舊家鄉）

這首歌的填詞人是香港流行文化的一代鬼才黃霑。按他生前所述，這首歌是他逾千首作品之中最喜歡的一首，甚至比後來被譽為香港非正式代表歌曲的〈獅子山下〉更喜歡。黃霑原名黃湛森，一九四九年，年僅八歲的他隨父親從廣州逃到香港。對他來說，前來香港的這個「抉擇」改變了他的一生。而他的成就和貢獻，都是「發揮抉擇力量」所帶來的。這首歌只有短短一百字，已說明他身為移民對香港的感情和盼望。其中副歌的最後一句，第一次唱的時候是「似那家鄉樣」，對故鄉仍有思念之情，但到了歌曲完結時，這句卻變成「勝我舊家鄉」，說明新的認同感已通過在香港過新的生活而建立起來。

值得注意的是，這些以「重新起步」為題的文化產品當中，往往會用到「天涯」和「小島」等的詞語來描述香港，並把這些詞語演繹為正面描述。這種取態（態度），可稱之為一個從難民心態走向「舢舨想像」的改變。

舢舨是華南常見的平底木船，通常沿岸航行，禁不起大風浪。「舢舨想像」是指那些一同逃到香港的難民及其後代開始意識到，他們分享着同一種經歷：香港是他們離開中國政治風暴的一艘救生艇，他們能夠在香港這個比當時中國大陸相對安全的地方掙扎求存，要好好互相幫助，以求同舟共濟。如在〈獅子山下〉一曲當中，就有「同舟人／誓相隨／無畏更無懼」和「同處海角天邊／攜手踏平崎嶇」兩句打動人心的名句。在此，香港在中國的邊緣位置成為一件香港人賴以為生、甚至是可引以為榮的事情。在臨近一九九七年的時候，香港話劇團、香港中樂團及香港舞蹈團聯手創作一齣以回顧香港歷史為題的音樂劇《城寨風情》，當中的主題曲也有一句「山窮將山擴／獅山有金光／水盡碧海之濱建天堂」，同樣讚頌香港的邊緣位置為香港人留下一條生路。

褒港貶中，親情未了

這種邊陲與中原相對應的比較，更明顯反映了香港人身分認同的誕生和香港人對中國大陸的看法，兩者不能分割。正當香港在一九七〇年代快速現代化的同時，中國大陸卻陷入文革混亂，更經常有武鬥的死者被「五花大綁」掉落珠江，屍體隨潮水沖到香港沿岸，向香港人提醒中國大陸的混亂和香港的相對穩定之別。到了文革結束，中國大陸的民眾終於有機會接觸外面的世界，香港和中國大陸的社會差距已經拉得很遠。前文提到的電視劇《網中人》，當中由廖偉雄飾演的中國大陸新移民「程燦」，其土氣形象便象徵了香港和中國大陸的差別，「阿燦」也成為不少香港人對中國大陸移民帶有貶義的稱謂。

流行文化對建立香港身分認同可謂功不可沒。一九六〇年代啟播的無線電視是當時香港重要的大眾娛樂，及後多間電視臺常以電視劇做為互相競爭收視的主力，上述的電視劇成為香港人日常生活的一部分。當香港大多數人都在看同一套電視劇，唱同一首粵語流行曲，一種自成一格的認同感便由此而來。學者馬傑偉認為六、七十年代的流行文化「吸收了西方的成分，改造了中國文化的特性，連結了本地的經歷，並凝聚成一種獨特的港式生活」。

說回香港流行文化中的中港差異，類似的描述可謂歷久不衰，例如在一九八九年初上映的電影《合家歡》，主角許冠文飾演一名香港基層家庭的大陸親戚，因為不諳港人文化而處處闖禍，例如以為男廁尿兜的自動沖水是供人洗手之用。不過，儘管這個時期的各種流行文化產品時常以嘲笑大陸移民為題，同時卻不否認香港與中國大陸的感情連結，通常最後都以大團圓結局告終。在《合家歡》當中，許冠文本來被香港家人利用騙取保險賠償，最終他們良心發現，明白親情更為重要。

刻意拔高香港同時貶低中國大陸的二元結構，可說是香港認同一直以來的重要元素。來到一九八〇年代初，中英就香港前途問題展開談判，香港社會人心惶惶。正當香港認同要建立起來的時候，港人旋即就要面對重回中國管治的前途問題，加上當時的中國只是剛剛走出文革陰影，普羅大眾難免對前途失去信心。如何排解這個信心危機，以及解決香港認同與中國管治之間的衝突，就成為當時社會的一大課題。直接一點說，當香港人無從選擇自己的未來，便只好改變自己的心態，一方面嘗試保持和凸顯香港的獨特性，一方面想像香港和中國的恰當關係。

前面提到的填詞人黃霑也看到這個問題，而他的答案就是〈這是我家〉一曲。一九八六年，英女皇伊利沙伯二世（Queen Elizabeth II，臺灣稱為女王伊麗莎白二世）訪問香港，當時距離《中英聯合聲明》簽署完成只有一年多的時間，其訪港有明顯的象徵意義，就是要表達英國政府對處於過渡期的香港仍然會承擔責任。到了訪港行程的最後一天，香港政府在紅磡體育館舉辦了香港青年菁英大匯演，壓軸演出的歌曲就是黃霑填詞的〈這是我家〉。

儘管這首歌是在英女皇訪港的大匯演中演出，但畢竟英女皇不懂得廣州話，這首歌的獻唱對象明顯不是她。這首歌的對象是電視面前數以百萬計的香港市民，而歌詞的內容正是要定義「香港認同」。首先，歌曲是以中國作曲家王洛賓等搜集的民曲（如〈青春舞曲〉和〈康定情歌〉）為基礎重新編曲，再以廣州話譜上新詞，本身就反映了香港社會的華人文化基礎。歌詞方面，大多以香港當時的快速發展為主題，如「地鐵飛奔到觀塘」和「東區快車湧去走廊」，也回應了香港當時與韓國、臺灣和新加坡合稱「亞洲四小龍」的地位。

以「民族世界岸」與「不一樣的中國人」自居

不過黃霑並沒有把歌詞停留在物質生活的描述，而將之提升到精神層次，歌頌香港人勤奮向上的精神。在此，他利用了前文提到主流印象中的中港二元結構，用歌詞營造一個自由和充滿活力的香港，暗地與當時凡事講政治立場、讓人感到刻板落後的中國大陸相對應。他甚至毫不忌諱地在歌詞中放入「維園自由唱」的說法，把維園做為香港言論和表達自由地標的角色點出。

不過此曲最激進的地方，還要說到副歌一段：

這是我家　是我的鄉
是民族世界岸
是我的心　是我的窗
是東方的新路向

歡歡喜過日　開開心渴望

中西客　香港客　攜手合唱

——引自〈這是我家〉

短短四十九字，黃霑重新定義了香港的世界定位。首先，香港不再只是香港人的家，更是香港人的鄉，這和過去難民社會中常見的中國鄉土追思心態有明顯差異。與此同時，香港卻又是「民族世界岸」和「東方的新路向」，當中所指的固然是中華民族。在英女皇面前，一大群香港人高唱自己能夠如何貢獻中華民族，本來應該是一件很奇怪的事情。然而在這特定的時空背景，卻明顯有助穩定民心。此時的香港人既認為香港和中國大陸有別，卻同時不否認兩者之間的情感紐帶。如是者，一方面把中國大陸定義為封閉落後，另一方面把香港定義為打破這個封閉落後的窗口，香港人自持的先進性就不用害怕因為連接中國大陸而消失，反而可以成為港人的優勢，進一步強化香港認同。

自視香港為引導中國大陸走向世界的領航者，在今天的目光看來未免狂妄自大。然而回到一九八〇年代的中國大陸，這想法卻不是那麼的不切實際。首先，當時的中國大陸無論從經濟和社會發展方面，確實都遠比香港落後，中國大陸的改革開放亟需來自香港的資金和信息網絡，香港的確扮演了連接中國和世界的橋梁角色。與此同時，香港的流行文化如電影、電視劇和流行歌曲，在中國大陸還未建立起自己的偶像系統之前也是大賣特賣。如果把「文化」二字的定義擴展到管理制度，當時的中國大陸企業更興起標榜「港式管理」，與過往國有企業不重視以客為尊的服務態度區分開來。

更重要的是，當時的中國大陸確實希望走向世界。一九八〇年代中期的中國大陸，可謂近代中國最為開放的時代，各種思潮從世界各地湧入，而中國大陸對這些外來的想法都抱持開放的態度。當時流行說「與國際接軌」，這句話本身就意味着官方承認了國際標準的存在，而且是中國大陸要學習的對象。這和今天的中國大陸強調的「四個自信」，即「中國特色社會主義道路自信、理論自信、制度自信、文化自信」天差地別。中央電視臺在一九八八年播出的紀錄片《河殤》，更是大力批判中華傳統文化故步自封，認為中國的未來在於擁抱「藍色海洋」文明，轟動當時社會，引發大眾熱議。當時中國大陸言論空間之廣闊，社會對不同未來的想像和探求，都予人充滿希望的感覺。

在這一系列的時代背景之下，黃霑把香港說成是「民族世界岸」，就不是那麼純粹的自大、空想和自我安慰。他所代表的想法是，既然主權移交是無可避免的，那麼香港人的最佳選擇除了離開香港，就是用盡各種手段把中國大陸變得更像香港。這樣下來，說不定到了一九九七年的時候，無論是文化、經濟或社會習慣各方面，都會是香港收回中國而不是中國收回香港。

總的來說，回到七、八十年代香港認同剛成形的時候，香港人並沒有全盤否定中國認同，而是更大程度上是以「不一樣的中國人」自居。然而當相對開放的政治環境消失，香港認同以及其與中國認同的關係也無可避免出現了改變。

延伸閱讀

馬傑偉（一九九六）：《電視與文化認同》，香港：突破出版社。

張美君（一九九七）：〈回歸之旅：八十年代以來香港流行曲中的家國情〉，陳清僑編《情感的實踐：香港流行歌詞研究》，香港：牛津大學出版社，頁四五至七四。

網上資源

〈東方之珠〉，一九八一年，甄妮主唱，鄭國江填詞：https://youtu.be/JshDn96b0vI

〈抉擇〉，一九七九年，林子祥主唱，黃霑填詞：https://youtu.be/FwP9jNpQ2rg

〈獅子山下〉，一九七九年，羅文主唱，黃霑填詞：https://youtu.be/edrmgTqw5G0

〈這是我家〉，一九八六年，群星合唱，黃霑填詞：https://youtu.be/wu3AXf_J2Mg

香港人當年是否害怕九七？

香港人害怕九七，但害怕的表達方式有很多種。表現得很快樂，也可以是為了埋藏心中的害怕。在一九八九年至一九九七年期間，香港人的身分認同出現了很多轉折，在極短時間內經歷了錯愕、拒絕、逃避，但在臨近九七的一兩年，卻反過來對未來表現出可謂不切實際的樂觀情緒。香港人在極短時間內表現得如此反覆，現在回頭來看，並不代表香港人的身分認同本質上有很大改變，而是這個身分認同本身就相當複雜，看似自相矛盾的情感實為同一個銅幣的兩面。

「八九民運」對港人的提醒

一九八九年的北京民主運動，無論對中國大陸或是對香港來說都是一件分水嶺事件。北京民運的來龍去脈以及各方應該承擔的責任，已有很多專著論及，在此不贅。歷時近兩個月的運動以血腥鎮壓告終，對於中國大陸來說固然代表了一九八〇年代以來的開放風氣被打斷，及後更因為中共處處提防而難以重現。對於香港來說，則因着香港社會於「八九民運」當中的全城參與，中國政府對港政策大幅調整，形成往後中港之間「收緊、反抗、打壓」的循環格局。

香港社會於「八九民運」當中的全城參與，可體現在很多不同層面。當時的電視新聞為了報道北京的消息，每天傍晚半小時的新聞時段基本上都是報道北京的消息，以及香港各界的反應。其他的新聞都沒有時間報道，連同體育消息一起推延到晚上十一時的晚間新聞才播出。香港社會對民運的支持可謂完全一面倒，除了百萬人上街大遊行和在馬場舉行連續十二小時的「民主歌聲獻中華」之外，尚有很多今天意想不到的人物和團體表達支持，例如色情刊物《龍虎豹》也發動義賣支持北京學生。北京宣布戒嚴翌日，親中報章《文匯報》於社論刊出「痛心疾首」四個大字，作「開天窗」式抗議。同期報章又常有各界刊登廣告表示支持北京學生，要求官方撤銷戒嚴和解除新聞封鎖，當中包括商界領袖如李嘉誠、何鴻燊、鄭裕彤、李兆基、郭炳江等，又有政界領袖如曾鈺成、唐英年、梁愛詩、田北俊和梁錦松，還有後來當上香港行政長官的梁振英。

到了民運後期，香港各界成立了「香港市民支援愛國民主運動聯合會」（支聯會）來組織支持民運的行動，這個組織後來成為了每年六四燭光悼念集會的主辦者。支聯會的名字包括「愛國」和「民主」，以這兩個詞語來總結當時香港人對北京民運的關注和支持，可謂十分準確。

首先，雖然「八九民運」以民主為題，但當時的香港並不見得十分民主，香港人普遍的民主認知其實十分有限或抽象。一九八〇年代的香港雖然已有爭取將來普選的民主運動，但當時立法局（立法會前身）尚未設有直選議席，僅有的民主選舉只限於區議會和市政局，而且投票率也不高。如果說當時的香港人要把民主帶到中國，未免有點說不過去。

然而把「民主」和「愛國」放在一起，對當時的參與者來說就彷佛合理得多。面對「九七大限」尚餘八年，「要做一個怎樣的中國人」是香港人必須回答的問題。讓香港變得和中國大陸沒有分別固然不能接受，如果要中港融合的話也應該是中國大陸變得更像香港，而不是相反。前文提到〈這是我家〉帶出香港可以通過橋梁角色來在中國之內保持獨特身分，香港人對民運的支持便成了這個角色的一種體現：支援北京學生（無論是精神上還是資源上）其實是一種港式愛國行為，代表了香港人要以一種獨特身分來置身中國和貢獻中國。當時民運中就出現了大量的愛國措辭，遊行集會當中也常聽到〈龍的傳人〉等愛國歌曲。與此同時，當時大多數的香港人也相信中國政體必須走向民主化，也相信中國民主化對保護未來一國兩制下的香港獨特性肯定有利。

可以想像，在全港市民包括權貴階層和親中陣營都支持「八九民運」的背景下，當北京武力鎮壓的消息傳來香港的時候，帶來的震撼肯定巨大無比。而在鎮壓當晚，也看到香港人在當時整個中國想像當中的特殊地位，不同的現場紀錄都訴說同一個情況：北京市民冒險保護現場的香港學生和記者，甚至不惜以血肉之軀在槍林彈雨下作掩護，好讓他們能安全離開，把鎮壓的消息帶出中國。香港在中國的邊緣位置，對當時的北京市民來說是至關重要和務必珍惜的。

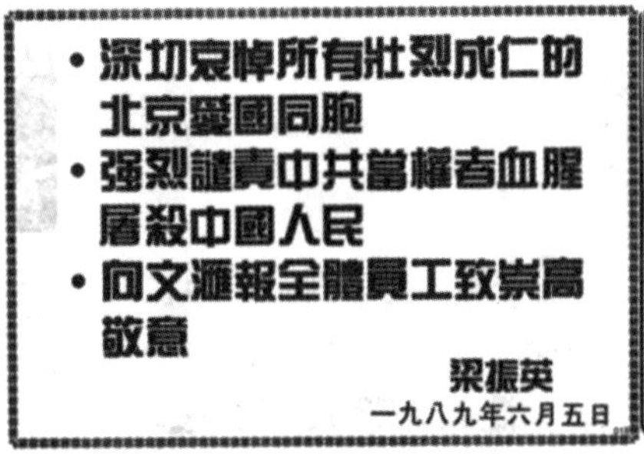

香港報章刊登聲援「八九民運」的廣告（圖片轉載自支聯會《八九中國民運報章廣告專輯》）

往後兩三年的時間，整個香港社會都被悲憤所壓抑，同時對不久之後便要來臨的「九七大限」無比恐懼。畢竟，對於很多香港人來說，他們或他們的父母前來香港，就是為了脫離中國大陸的政治動盪；「八九民運」卻提醒他們，即將在九七接管香港的那個政府和當年他們所脫離的，其實是同一個中國政府。

後八九香港的搞笑、影射和移民潮

正正在這個時候，香港出現了大量以搞笑為主題的文化產品。例如今天已是一代諧星的曾志偉和林敏聰，就在一九九〇年和一九九一年於亞洲電視製作了搞笑節目《開心主流派》，而同期無線電視則以《笑星救地球》迎戰，帶動「無厘頭文化」。香港棟篤笑（Stand-up comedy，即單人脫口秀）始祖黃子華，也在一九九〇年舉辦首場棟篤笑演出。至於香港喜劇殿堂級代表周星馳，其早期代表作品如《賭聖》和《逃學威龍》的上映時間，同樣是一九九〇年和一九九一年。在這段時間，香港人太需要笑，因為香港人太想哭。

搞笑的方法可以有很多種，而這段時間的文化產品中，不少的搞笑情節都和中港關係相關，特別是對中國政治的各種諷刺，成為了香港人抒發不滿和恐懼的重要方式。一九九〇年上映的電影《表姐，你好嘢！》可謂當時政治諷刺的經典之作，片中由鄭裕玲飾演的中國女公安來到香港協助香港警察查案，因為不懂得香港的法治和人權制度而弄出許多衝突和笑話。此外，一九九四年上映的的電影《國產凌凌漆》，也把中國大陸各種貪汙腐敗用作搞笑橋段。《國》的故事描述周星馳飾演的中國特務前來香港調查恐龍化石被盜案，然而發現他的上司才是幕後黑手。其中一幕周星馳幾乎被行刑隊槍決，卻能靠一百元人民幣收買小隊脫身，此橋段後來常被港人借用評論中國政治。

說到電影中的中國想像，同期電影中經常出現來自中國大陸的特異功能人士，如《賭聖》和《賭俠》系列中的左頌星／周星祖和大軍，以及《表姐，妳好嘢！》中的阿勝。這和同期中國大陸流行的超能力風潮（如張寶勝）相對應，也符合了當時香港人對中國感到神祕和變幻莫測的印象。與此同時，又有大量描述中國大陸悍匪的電影上映，如《省港旗兵》系列，背景既和當時相當猖獗的跨境犯罪搶劫有關，也反映出香港社會感到來自中國大陸各方面的威脅。此系列到了第四集時，更直接挪用「八九民運」做為劇情主軸。

除了以搞笑或直接描述外，當年還有不少影視產品以各種隱喻方式回應歷史巨變。一九九〇年電影《倩女幽魂II：人間道》，就被認為是香港影視界回應「八九民運」的經典，監製徐克後來坦言片中角色都有影射中國領導人、民運學生和香港人。而片中由黃霑作曲和填詞、張學友主唱的主題曲〈人間道〉，更明言「少年怒／天地鬼哭神號」和「大地舊日江山／怎麼會變血海滔滔／故園路／怎麼盡是不歸路／驚問世間／怎麼盡是無道」，後來黃霑也公開承認此曲實以八九民運為題。此曲後來於「八九民運」三十週年（二〇一九年）前夕，在中國大陸忽然被禁。

面對難以改變的現實，說笑話或以影射來紓解恐懼，很大程度上只是精神逃避。要從現實上逃避中國管治，只有移民一途。從一九九〇年到一九九四年期間，有超過三十萬香港人移民外地，當中大多數以英國、加拿大、澳洲和美國為目的地。這些移民在當地建立起新的香港人社區，如溫哥華就有「Van Kong」一說。當時香港人移民海外的普遍程度，使得移民成為了電視劇集中情侶分手的最合理解釋。移民現象也成為了社會批判的一個窗口，例如李克勤的歌曲〈後會有期〉雖然表面上是一首情歌，然而當中的歌詞「誰在這邊趕上機／誰在那邊講道理／害怕等最後限期像處死」，卻明顯是在控訴當時有從政者一方面高呼愛國愛港，另一方面卻安排家人取得外國護照的矛盾行為。

順帶一提，有意見認為這段移民潮為香港的中上層製造了一個奇怪的斷層：職場上最有能力的老前輩紛紛離開香港，中層人員儘管歷練不足卻因而有機會快速晉升，然後這一代人霸占管理層三十年之久，引發社會世代流動不暢。這些意見認為這一代人的快速晉升鞏固了他們對香港充滿機會的盲目崇拜，對他們來說，若有人失敗，就只可能是個人問題；不過，由於這一代人的能力其實並不如他們自以為的那麼高，才引致後來香港各方面的逐漸敗壞。這種說法從學究（學術）上來說未免過於簡化，但類似說法既然能夠流行起來，也反映出社會對移民潮和世代矛盾的一種理解。

當然，並不是所有香港人都有能力移民，可以離開的往往都以中產專業為主。這個階級分野也受到官方政策的強化。當時曾有本地政治代表向英國政府要求向全港五百多萬市民提供「居英權」，一方面顯示英國對香港前途有信心，另一方面也給予擔心前途的香港人一條最後出路。礙於擔心香港人都會湧往英國定居，最終英國政府只提供了五萬個名額，容許擁有特殊專業技能的專業人士、企業家商人、紀律部隊公務員，以及從事敏感工作職位（例如警察政治部）的人申請。面對中產專業紛紛離開香港，當時社會也流行說：「有錢有辦法，無錢《基本法》」，諷刺港人只是在沒有選擇的情況下接受主權移交。

後八九中共接手香港的新難題

對於中國大陸的當權者來說，香港市民對「八九民運」的支持則帶來另一個難題。「八九民運」本來到了中後段有無以為繼的趨勢，卻在來自北京以外的支持下繼續發展下去，當中來自香港的精神支持和實際物資有顯著影響。僅是「民主歌聲獻中華」的活動，就籌得一千三百萬港元的捐款。香港專上學生聯會直接送了數十個色彩鮮艷的野營帳篷到天安門廣場，也讓廣場上的人精神一振。到了鎮壓以後，以香港為基地的「黃雀行動」又協助營救了數以百計的民運領袖離開中國。

這些實際的影響，使當權者擔心香港將會變成「反共基地」。畢竟，當年孫中山推翻滿清就是從香港開始，香港自開埠以來其存在就是對中央集權的一個挑戰。江澤民於一九八九年六四鎮壓後不久，就提到「井水不犯河水，河水不犯井水」的說法，意謂香港人不應干涉中國大陸政治。以後中國政府處理香港民主化的問題時，也必先考慮到與中共管治的相互影響。而當時正在草擬當中的香港《基本法》，不少條文的定稿方案也比原先的諮詢稿有明顯的收緊，特別是與選舉方式和國家安全相關的條文。

中國政府對香港民主化的擔憂，很快就放上政治議程。面對六四鎮壓，英國做為一個民主國家，也要處理如何向選民交代要將香港交予中國統治。英國政府的答案，是要加速香港的民主化，盡可能在一九九七年前為香港建立一個民主制度，以防未來北京可能對一國兩制所做的干擾。畢竟，《中英聯合聲明》已規定了「港人治港」，港英政府認為以此為基礎擴充香港的民主化，既能對香港人和國際社會交代，也不應被視為背叛對北京的承諾。與此同時，香港人本身也要求加速香港的民主化，做為主權移交後香港自主的保障，也就是所謂的「民主抗共」。

港英政府具體的民主化措施，體現在一九九二年就任香港總督的彭定康所提出的政治改革方案。全國人民代表大會（全國人大）已於一九九〇年決定了香港特區第一屆立法會的組成方法，並列明香港最後一屆立法局議員可留任成為第一屆特區立法會議員，也就是所謂的順利過渡和「直通車」。方法規定六十個議席當中，有三十席由功能團體（Functional constituency，即職業、企業與特殊利益代表制）選舉產生，而一九九一年的立法局只有二十一個議席由功能團體選舉產生，所以一九九五年的選舉要新增九個功能團體席位。

本來功能團體席位通常由商界領袖所主導，彭定康卻想到把所有選民按職業分為九組（當時稱為「新九組」[1]），讓所有選民都能夠成為功能組別選民，變相把這九席等同直選。這做法大幅提高了立法局的代表性，但從中方的角度出發，卻等於是港英政府強行改變了第一屆立法會的組成方法。如是者，中英兩國的政改爭拗就此展開，英方說「三符合」（符合《中英聯合聲明》等協議），中方則說「三違反」，兩邊互罵無日無之。

與此同時，中英雙方又就香港的新機場計畫展開爭拗。香港的國際機場原設於九龍城，隨城市發展已被建築物包圍，無法擴建，大大限制了香港的國際連結，必須另建新機場。港英政府在六四鎮壓後為顯示對香港未來的信心，推出香港史上最大規模的基礎建設發展計畫，除了新機場外還有機場高速公路和鐵路線、全球最長的公路鐵路兩用大橋，以及鐵路沿線的城市發展，合稱之為「玫瑰園計畫」。中方對此卻十分擔心，懷疑港英政府刻意要在一九九七年之前把政府的儲備全數花光，於是兩國又就機場計畫展開談判。

政改爭拗最後以「另起爐灶」結束，中方不承認英方提出的一九九五年選舉方案，另行成立「臨時立法會」於一九九七年接手立法局，一九九五年選出的立法局議員不能自動成為特區的第一屆立法會議員。新機場協議經多番修訂，最終位於赤鱲角的新機場在一九九八年啟用，港英政府也為特區留下三千億港元儲備，遠比協議規定的二百五十億港元為多。不過，在這些關係到香港前途的談判當中，香港人無從參與，香港記者往往只能在多次閉門會議的前後探取風聲，透過兩國代表的片言隻語來捕風捉影。對此，不少香港人對無法掌握自己的未來感到愈來愈不滿。

從中英談判和一九八四年《中英聯合聲明》的草議開始，香港人就被排除在決定香港命運的過程當中。香港革新會在一九八二年的民意調查就顯示，有七成市民希望香港在一九九七年後維持為英國殖民地，一成半的市民支持改由聯合國託管香港，只有四％的市民支持被中國收回並受中國管治。一九八三年時又有簽名運動，多達六十三萬個簽名支持維持現狀。這些數據和中國官方傳媒經常宣稱的「香港同胞熱切期望回到祖國懷抱」的說法，可謂差天共地（天地差別）。

本來「一國兩制」的設立是為了釋除香港人對中國管治的疑慮，但談判過程卻沒有港方的參與，中方堅持只和英方直接對話。當時香港輿論有所謂「三腳凳」的說法，即談判過程要有中、英、港三方的參與才能穩健。然而鄧小平在一九八四年會見香港的議員代表時，明確表明：「所謂三腳凳，沒有三腳，只有兩腳」。再看同期香港觀察社的民調，九五％市民認為香港人應該有分決定香港前途，其中擁有專上教育程度者更是一〇〇％認同，可見訴求之廣和落差之大。

香港社會有「夾縫冤屈」？

一九九〇年代初新一波的中英爭拗，再次突顯了香港人對自身前途的無力感。而經歷過「八九民運」的洗禮，不少港人對於政治參與變得更為進取，認為要讓香港人自己發聲，也有所謂「夾縫論」的出現，主張香港人不應再被動地為「英國殖民主義者或中國權威主義」

所戲弄（見周蕾《寫在家國以外》）。類似的訴求在流行文化中也有出現，如樂團 Beyond 在〈爸爸媽媽〉一曲當中，就把中英兩國爭拗理解為父母爭吵，然而香港這個孩子其實已經長大，可以決定自己的前途：

爸爸要爭論昨日是誰錯　媽媽她心裡一把火
乖乖已長大莫問是誰錯　只想你一句講清楚

過渡期裡　戰鬥未曾過去
我被遺棄　太過令人費解

爸爸他說媽媽真失敗　今天真正主角是我嗎
爸爸請你歸家休息吧　今天真正主角是我嗎

到了學術界，「夾縫論」的出現卻引來不少批評。有學者雖然認同其表達的不滿，卻同時認為背後的分析很容易把香港本質化，不利於香港社會反省自身的不足。例如當香港人要高舉資本主義來對抗當時中國大陸的社會主義時，便會忽視了香港經濟制度中的一些弱點，如對勞工保障的不足。學者孔誥烽當時就直指「夾縫想像」的問題在於「構作（／強化）了一個資本主義、中西混雜兼容並包、安定繁榮、有民主、有自由、有法治、有人權的『香港』自我；同時也構作了一個心胸狹窄、驕傲自大、社會主義的『中原文化』他者」，卻絕口不提「近年港商大舉北上，大陸的勞工、天然資源、市場甚至女性全成為他們的剝削對象」，未免與香港人的夾縫冤屈描述格格不入。因此，相對於把香港的問題簡化為中英兩國欺負香港，應該說是海外、國內以及本地的權貴階層利用轉變的時機大撈一筆，受害的實是各處的低下階層。

不過，這些討論很大程度上只停留在學術界當中。實際上愈靠近九七，主流社會中的悲觀情緒便很快被另一種近乎盲目樂觀的表現所蓋過。這不是說當時的香港人不再憂慮，反而更像是在沒有其他出路的前提下，選擇幻想明天必定會更好，做最後的自我陶醉。

延伸閱讀

史文鴻（一九九三）：〈近年港產片中大陸人的典型化問題〉，史文鴻、吳俊雄編《香港普及文化研究》，香港：三聯書店。
孔誥烽（一九九七）：〈初探北進殖民主義：從梁鳳儀現象看香港夾縫論〉，陳清僑編《文化想像與意識形態：當代香港文化政治論評》，香港：牛津大學出版社。
吳俊雄（二〇〇二）：〈尋找香港本土意識〉，吳俊雄、張志偉編《閱讀香港普及文化》，香港：牛津大學出版社。

網上資源

「六四鎮壓特別新聞報道」，香港無線電視：https://youtu.be/C3no_C6v2yI
〈後會有期〉，一九九一年，李克勤主唱，Pace Lumba 填詞：https://youtu.be/dRgnbwT_EDY
〈爸爸媽媽〉，一九九三年，Beyond 主唱，黃貫中填詞：https://youtu.be/Dhxe-m0PBuw

---

1 新九組係指：一、漁農、礦產、能源及建造界；二、紡織及製衣界；三、製造界；四、進出口界；五、批發及零售界；六、酒店及飲食界；七、運輸及通訊界；八、金融、保險、地產及商業服務界；九、公共、社會及個人服務界。

香港人當年有否喜迎九七？

回到一九九七年七月一日凌晨零時零刻，當時香港人的普遍心態是期待多於不安。舊立法局雖然有議員因為無法順利過渡到立法會而抗議（見上一節），但有更多的市民在道路兩旁歡迎解放軍入城。離開六四鎮壓後的全城愁雲慘霧只不過是短短八年，香港人在這極短的時間內要接受中國管治的現實，當中的社會心理糾結十分值得分析。

民族主義替代民主愛國

上文提到香港人在「八九民運」當中的參與，在當時的環境下可理解為一種「愛國」的嘗試。隨着時間距離一九九七年愈來愈近，整個社會也再次重新學習回答「要做一個怎樣的中國人」的問題。當中央政府拒絕「民主愛國」這條進路時，不少香港人便轉用別的方法，特別是政治上相對安全的方法。

這個轉變在演藝界特別明顯。香港演藝界在支持「八九民運」方面可謂擔當了中堅角色，除了「民主歌聲獻中華」外，還創作了歌曲〈為自由〉，絕大多數的當紅歌星都有參與演唱。兩年後，同一群歌星加上同一個指揮，又一同走進錄音室合唱了另一首和中國大陸相關的歌曲，不過這次的理由換成了華東水災。該首歌曲的名字是〈滔滔千里心〉，歌詞充滿「血永遠是濃／永教我激動」等民族主義措辭。

事源一九九一年中國華東發生嚴重水災，數以百萬計的災民無家可歸。香港的演藝界很快便動員起來，除了灌錄主題曲〈滔滔千里心〉之外，又拍攝籌款電影《豪門夜宴》，由大量香港紅星義務演出，即使每人出場時間只有十數秒也義不容辭。短短十天時間，香港各界籌款捐助中國大陸的總額達四．七億港元。

兩年後，香港演藝界更在北京人民大會堂舉辦「減災扶貧創明天」義演，為中國大陸偏遠地區的發展籌款。相對於「八九民運」，這些行動同樣能夠讓當時的香港人表達與中國的聯繫，政治上卻安全得多，甚至可以與官方建立友好關係。另一個可以對照分析的事件，是一九九六年的民間保衛釣魚臺運動。當時港澳臺民間聯手，合力突破日本海上保安廳的防線登上釣魚臺，並插上五星紅旗、青天白日滿地紅旗，以及香港市民的簽名直幡。這次事件的背後雖然同樣顯示了九七前香港人對中國人身分的尋覓，也同樣有人動員香港演藝界支持，但因為政治上較為敏感，演藝界當時的反應就明顯地不甚熱衷。

演藝界的轉變代表了整個香港社會在一九九〇年代面對的一個巨大轉變。鄧小平於一九九二年南巡，重申支持改革開放，及後中國大陸引進大量海外直接投資，每年的平均額為三百五十三億美元（一九九二年至二〇〇〇年期間），而在一九八九年至一九九一年間，此數僅為三十七億美元。當時引入的大多數投資都是來自香港的資金，目標在珠三角一帶。以廣深高速公路為例，就由香港合和公司投資建設，至今仍被稱為「中國最賺錢的高速公路」。更常見的港商投資模式，則是把本來設於香港的輕工業生產遷到珠三角，例如成衣和塑膠等勞工密集的生產，以求利用中國大陸廉價的勞動力來降低成本。香港本身的主體經濟則轉型為這些工業生產提供金融、銷售和物流服務，也就有所謂「前店後廠」的說法。

北進殖民主義與香港菁英收編

去工業化的過程為香港社會底層帶來不少震盪，藍領工人就要面對轉業困難的問題，但對於社會上層來說則是瞬間暴富的大好機會。在這個大環境之下，中國大陸不再是讓香港人感到焦慮不安的壓迫者，而是一個龐大而有待開發的淘金天堂。香港人擁有的資金、管理經驗和海外聯繫，正是改革開放初期中國大陸所最需要的。畢竟，這時候歐美國家的資金尚未大規模進入中國大陸，香港資本扮演起先行者的角色。

在此，香港一直以來「從邊陲改變中國」的地位得到另一次的轉世再生，愛國、愛港和愛資本成為共識；既然賺錢是香港人的強項，到中國大陸投資就是香港人一種理直氣壯地成為中國人的方式。在這種「資本就是愛國」的熱潮下，瘋狂得就連香港男士到東莞尋求性服務也會自認是愛國行為，還會戲稱自己是「救國炮兵團」。

當時香港的社會和文化研究學者把這個現象總結為「北進殖民主義」。面對主權移交，香港人不單只不用擔心身分認同被弱化，反而能變得前所未見地強大，因為香港身分認同和中國身分認同不再矛盾，整個中國都會成為香港人的舞臺。中國大陸成為解決香港各種問題的出路，例如當樓價急升使得香港人置業有困難，就有發展商在珠三角廣建別墅，然後以「有（香港）身分證就可以做業主」的口號在香港促銷。相對於上文自卑自憐的「中英夾縫論」，「北進殖民主義」的出現沒有構成身分認同衝突，反而兩者更是互相呼應，為香港人的認同糾結提供安身之所。畢竟，自卑和自大從來都是一體兩面的，無論在什麼地方都一樣。

對於這種「另類愛國」，當時的中國政府樂於接納歡迎。中國政府要面對的，除了是要引進外資持續改革開放之外，也要處理主權移交後的香港管治問題。之前英國對香港實行間接管治，在不開放管治權的前提下，主要靠籠絡本地菁英以維持社會穩定，以求一方面在表面上容許本地人參與，另一方面又不用失去實質的決定權。中國政府理解英國在港的這套管治模式，並在一九九七之後將之據為己用，而港商在一九九〇年代於中國大陸的投資熱潮，正為中國政府收編這些本地菁英提供了大好機會。

回到中英就香港前途談判期間，不少本地菁英對香港前途十分擔憂，不單舉家移民領取外國護照，企業也預備遷冊[1]分散投資。當中國政府眼見這些菁英到了一九九〇年代有意到中國大陸「淘金」，便樂意提供各種投資機會和優惠，以換取他們在政治上的忠誠，讓他們成為在香港的政治代理人。如是者，這些本地菁英紛紛改變政治認同，政治圈中也有所謂「老愛國不如新愛國，新愛國不如忽然愛國」之說。而正如港英政府懂得在香港設立各種委任制度，以所謂「行政吸納政治」的模式把本地菁英納入建制之內（見〈英國人留下來的制度為何九七後就行不通？〉），中國政府也依樣畫葫蘆設立了各種職位，如「預委會」、「籌委會」、「港事顧問」和「區事顧問」等等，收編香港社會各界代表。

香港人的自我膨脹

要看香港社會的極速轉向，可參考一九九〇年代中期的兩齣廣告片。當時行動電話在香港剛開始普及，不同行動電訊商都會大灑金錢在電視臺的黃金時間賣廣告。這些廣告按現在的說法可稱為微電影，一般用三分鐘或以上交代一個完整的故事，邀請巨星在往往是海外的實景拍攝，而行動電話則以置入行銷的方式呈現。其中最經典的作品，要數和記電訊在一九九四年推出的廣告《天地情緣》。片中主角黎明原是一個極權國家中的情報人員，並結識了獨裁總統身邊的私人祕書。後來黎明發現總統某些他不能接受的祕密，決定現身揭發再投身革命黨，最終被祕密警察抓到。流動電話在廣告中的意義，在於幫助主角和革命黨人聯繫。廣告播出時距離「八九民運」和東歐變天只有五年，把推翻極權視為英雄故事在廣告商眼中並不是一個問題，更能引起觀眾共鳴。

到了一九九六年，另一個行動電訊商數碼通推出了一齣截然不同的廣告。片中主角周潤發是一名遊走中港之間的政商界人士，在中國各地都受到熱烈歡迎，當地領導無不感激他帶來的投資和管理經驗。由於他公務繁忙，冷落了家中的妻子和女兒，行動電話成為了他尋回家人關懷的方式。

只不過短短兩年時間，廣告中的英雄人物從挑戰極權的革命黨人變成中港推崇的政商名人。嚴格來說，兩者都是在介入國家管治，只是一個推崇自由，另一個利用資本，兩者之別很大程度上代表了一九九〇年代中港關係的轉變。值得一提的是，兩齣廣告中都出現了北京人民大會堂，在第一齣廣告中是獨裁總統發表演說的地方，而在第二齣廣告中則輪到香港人周潤發在臺上向全國人民宣告：「在我們共同的努力下，中國和全世界將會邁進更繁榮的二十一世紀。」

香港人的自我膨脹，當然也在其他流行文化中反映出來。其中最有代表性的，應是陳百祥的〈我至叻〉一曲。陳百祥是著名香港藝人，以「阿叻」（意謂聰明厲害）自稱，而此曲則輕而易舉地把他喜歡自吹自擂的形象拉闊到整個香港在一九九七年前的狀態。此曲明顯以「唱好一九九七」為題材，並且大書特書各種香港人主觀自詡的優勝之處，如「靈活易適應／勤力手快又眼明／識睇時勢兼淡定／買屋買車仲有錢淨」（靈活和容易適應時局改變

／勤力、工作迅速而且眼光銳利／懂得看清時勢而且能保持冷靜／買房買車還有錢剩餘）。而對於香港處於中國和世界之間的位置，則比〈這是我家〉更毫無保留，赤裸裸地放大為「WEAR銀WEAR過境／閒閒地識講中英／起樓起橋快夾精／鬼佬睇到都眼擘擘」（抓錢抓到境外／隨便一個人都能與中西文化互通／建屋建橋快速而且品質優良／外國人看見也感到難以置信）。至於對未來的想像，則既然是「上面咁多金掘／怕你手軟唔去執」（中國大陸發財機會處處／只怕你連拾的氣力都沒有），當然毫無疑問高呼「唔駛問阿盲公炳／福星高照好前程」（不用求神問卦／明天一定會更好）。後來有傳媒報道指出，當年創作此曲原來是受建制陣營委託，目的正正是要「唱好香港」。

如此自誇的說法，今天看來明顯是幼稚和無知的，但當時的香港人卻相當受用，陳百祥憑僅此一曲便可以在紅磡體育館開演唱會。不少學者更指出，這些九七前香港人有選擇性的歷史回憶和未來展望，本身隱含許多價值判斷，甚至阻礙社會自我反省。學者馬傑偉在分析九七前以總結香港歷史為題的匯豐銀行廣告時，就指出廣告中隱含強烈的個人主義，歌頌「香港地，靠自己」，雖然很切合香港人自以為香港的市場經濟較中國大陸的計畫經濟優勝的想法，卻同時把香港的所謂市場制度過於美化，把本身各種制度上的不公平隱藏起來。

九七前，香港主流社會中那些毫無羞愧之心的自我陶醉並沒有被任何力量禁止，社會各界到了一九九七年都沉浸在「明天會更好」的樂觀氣氛當中，對未來的懷疑很容易被各種或真或假的利好消息所蓋過。對於英國政府來說，為了顯示他們把香港以最佳的狀態交到中方手中，做到了「光榮撤退」，自然不介意能把香港說得有多好就多好。對於中國政府來說，「香港回歸」是中華民族復興的頭等大事，代表中共領導下的國家強大，有利建構執政認受性（legitimacy，正當性），同樣也不介意能把香港說得有多好就多好。至於香港人自己，也盲目相信中共基於面子問題，不可能讓香港變得比以前差。就在這全面利好的氣氛之下，香港來到一九九七年七月一日，香港特別行政區成立的一天。

延伸閱讀

「北進想像」專題小組（一九九七）：〈北進想像：香港後殖民論述再定位〉，陳清僑編《文化想像與意識形態：當代香港文化政治論評》，香港：牛津大學出版社。

馬傑偉（一九九九）：《香港記憶》，香港：次文化堂。

線上資源

〈滔滔千里心〉，一九九一年，群星合唱，周禮茂填詞：https://youtu.be/IpWZzKTis0k

《天地情緣》，一九九四年，和記傳訊：https://youtu.be/3rYq7CEzl6A

數碼通廣告，一九九六年：https://youtu.be/o733CiFz-kk

〈我至叻〉，一九九四年，陳百祥主唱，小丙填詞：https://youtu.be/KxjZpfhgj1k

---

1 遷冊是指一家公司將原本的公司注冊地地位注銷，再到另一個司法管轄區重新注冊。

為什麼九七後的香港人更抗拒中國大陸？

嚴格來說，香港人沒有在九七後立即變得更抗拒中國大陸，甚至曾有一段時間變得頗為接受。香港大學從一九九〇年代開始追蹤香港市民「對北京中央政府的信任程度」，二十多年來的數據有明顯起伏。在一九九〇年代的初期，香港社會仍然處於「八九民運」後的陰霾當中，對中央政府不信任的市民遠遠多於信任，數據淨值一直徘徊在負三十點。到了一九九七年末，數據回到大約零點，即信任和不信任的一樣多。數據達到最高點的時間是二〇〇八年初，四川地震至北京奧運前的一段時間。不過數據自此急速下跌，到了二〇一二年後又回復到負數範圍。

冰封三尺非一日之寒，香港社會在九七後對中國大陸的抗拒，和九七前的各種轉折一樣，背後同樣經歷了相當漫長的歷程。香港人對中國大陸的抗拒，可分遠因和近因去理解。近因在於中國政府近年對香港的政治操控變得明顯和直接，同時中港兩地社會交往所產生的問題又未能得到有效解決。這兩點在後面會進一步解釋。然而在說近因之前，得先說明一個更廣闊的背景：中港兩地於九七後經歷了截然不同的社會發展軌跡，在價值方面形成巨大差異。價值觀落差做為遠因未必會即時引爆衝突，但結合近因卻能製造更大的抗拒。

九七金融風暴衝擊香港神話

前文提到香港人在九七前沉醉於「明天會更好」的神話，但這夢境在特區成立的第二天便受到挑戰。泰國於一九九七年七月二日宣布放棄固定匯率制，泰銖兌美元在一天之內暴跌了一七%。一時之間，海外投資者紛紛警覺一九九〇年代被吹捧的「亞洲經濟奇蹟」可能言過其實，忽視了許多東亞國家一直以來的結構性問題，於是大舉撤回投資，造成金融市場緊張。國際炒家看準機會，隨即狙擊東南亞各國的貨幣謀利，並在十月移師香港，直指香港的聯繫匯率制度。國際炒家同時在匯市和股市沽空（放空），因為他們知道當利息水平因為港元匯率受壓而拉高，股票市場便會大跌，他們便可通過沽空期指獲利。這樣的雙邊操控相當成功，銀行同業隔夜拆息[1]曾被扯高至駭人的三百厘，完全擊倒了香港股市，恆生指數由一九九七年中的接近一萬七千點，跌到一年後的不足七千點。

來到一九九八年八月，港府決定動用外匯儲備介入股市干預，國際炒家賣多少香港政府就買多少，並在八月二十八日的期指結算日創下當時史上最高的七百九十億港元成交紀錄，被稱為是與「國際大鱷」[2]的「世紀大戰」。最後香港政府動用了一千二百億港元儲備而險勝，成功守住股市和匯率，逼使國際炒家離開亞太地區，也減輕了人民幣貶值的壓力。然而經此一役，香港經濟已元氣大傷，對利息水平十分敏感的樓市首

香港人在一九九七年至二〇〇八年期間曾信任北京政府（製圖：梁啟智）

當其衝，然後是零售行業受打擊，失業人口於兩年內從不足八萬人升至超過二十萬，香港至七、八十年代以來的快速經濟發展迎來一次史無前例的挑戰。

回到金融危機發生之前，香港經濟本來已有不少隱憂。九七前市面對未來充滿樂觀氣氛，盲目的信心反映在樓市當中，市民對樓價上升的期望變成了一個自我實現的預言，加速了樓市炒賣。與此同時，由於中方擔心港英政府於九七前賤賣土地，《中英聯合聲明》限制過渡期間每年香港土地供應不得多於五十公頃，然而這時期香港經濟快速增長，土地供應完全不能滿足需求。

如是者，追蹤住宅樓價的中原城市指數由一九九六年一月的五十七點上升至一九九七年七月的一百點，短短十八個月便上升了七成多。炒賣樓宇成為極速致富的手段，甚至引來黑幫染指，每當有新建住宅樓宇開賣，便會引來大批江湖人士到銷售處外排隊拿籌號（take-a-number），因為僅是認購籌號本身已經有炒賣價值。為求識別，不同幫派更會穿上不同顏色的風衣以做記認，變成一時都市奇觀。

當金融風暴帶來樓市泡沫爆破，很多香港人赫然發現自從輕工業往中國大陸遷移後，香港早已出現產業空洞的問題，只是港人過去忙於炒賣而沒有注意到。首任特區行政長官董建華本來也想處理這個問題，並希望重構香港的經濟發展，當中以數碼港的建設最為人熟悉和熱議。不過數碼港還未落成，美國的科網泡沫已經爆破。從一九九七年開始，香港經濟一直每況愈下，經歷亞洲金融危機、科網泡沫破裂，還有美國九一一恐襲後引起的全球經濟震盪，港人失業率在二〇〇三年曾經迫近八％，遠遠高於一九九〇年代平均為二％的水平。

二〇〇三年，香港輝煌告終？

然而當社會氣氛跌至前所未見的低點時，最可怕的挑戰才開始上演：非典型肺炎（SARS；Severe Acute Respiratory Syndrome）在二〇〇三年三月開始在社區爆發，世界衛生組織向香港發出旅遊警告，機場航班紛紛取消，正常經濟活動被迫中斷。在疫情爆發後，每天的新聞都會公布新增的染病人數，醫護人員和懷疑染病的市民都被隔離居住，市民人心惶惶。到了疫情結束，香港合共有二百九十九名市民因非典型肺炎死亡，當中包括多名醫護人員，成為香港數十年未見的嚴重災難。

更不幸的是，對抗疫情期間特區政府無法給予市民信心，反應未能符合公眾期望。例如儘管醫院管理局已在三月底通知衛生署疫情在社區蔓延，衛生福利及食物局局長卻仍然向公眾表示疫情沒有擴散，並堅持學校不用停課。結果民間發動自救，家長自發拒絕讓子女上學後，政府才被迫宣告停課。面對政府回應混亂，時任行政長官董建華在疫情結束後曾被質疑為何沒有處分相關官員，他卻反過來批評對方膚淺，引發市民更大的不滿。

主權移交後香港政府的種種失誤，無疑令九七前達到自吹自擂高峰的香港人感到落差太大。原來被捧為最專業、最有效率的香港政府，不單無法扭轉九七以來的經濟衰退，更在危機爆發時顯得手忙腳亂。到了二〇〇三年，中原城市指數跌至最低的三十一點，也就是說樓價只有一九九七年時的三分之一。有些人在九七前購入物業，之後因失業而無法償還貸款，樓市大跌下又無法通過出售物業抵債，因而陷入「負資產」的困局。在這段時間，新聞常見有人抵受不住壓力而燒炭自殺，就連炭包也開始附上「珍惜生命」的字句和防止自殺熱線的電話號碼。

二〇〇三年是香港人難以忘懷的一年。在這一年內，一代巨星張國榮和梅艷芳，以及著名填詞人林振強逝世，彷彿代表香港極盛輝煌的時代終於要告一段落。

非典型肺炎後的香港已經不起更多的震盪，可惜董建華卻選擇在這個時候推動《基本法》第二十三條的立法，也就是就叛國、分裂國家、煽動叛亂、顛覆中央人民政府及竊取國家機密等和國家安全相關的行為立法。面對經濟一蹶不振、失業率高企，和剛剛經歷一場重大疫症，社會普遍希望休養生息，而二十三條立法卻偏偏是一個極具爭議的議題，絕不適宜由一個民意低落和認受性存疑的政府強推。

按立法程序，條例原訂在七月初於立法會表決，民間人權陣線則於七月一日特區成立紀念日舉辦「七一遊行」，結果遠超預期地有超過五十萬人上街，成為特區成立以來最大規模的群眾示威，黑壓壓的人群完全占滿維多利亞公園和中環之間的主要街道。面對龐大的民意壓力，原來親政府的政黨也宣告改變立場，最終政府無法在立法會取得足夠票數通過條例，便唯有無限期押後提交審議。

後物質價值觀的醞釀

二十三條立法的爭議，無論對香港政府的管治、民間社會的抗爭，以致中央政府的對港政策，都是一件分水嶺事件。而對於香港身分認同本身，二十三條立法同樣帶來了微妙的改變。特區成立首六年造成的眾多失誤，無疑把香港人本來自以為是的眾多神話打破。可是與此同時，一種更實在、由下以上，且強調即使窮卻不能沒有自尊的民間精神，卻慢慢醞釀。

有研究指出，近年香港人特別是年輕人之間愈來愈追求後物質價值。九七前的香港紙醉金迷，主權移交以來社會各方面卻受到前所未見的挑戰，巨大的落差衝擊了許多過去視之為理所當然的社會價值，如過去主流社會認同和鼓吹的「香港社會遍布機會」和「努力和靈活變通就會發達」等說法。這種價值觀轉變，再加上中港關係的改變，香港社會自二〇〇三年以來出現了一系列的轉化，逐漸發展成所謂的「本土思潮」，把香港身分認同帶入一個新階段，為日後的中港矛盾埋下了種子。

傳統的需求階梯理論（Maslow's hierarchy of need，即馬斯洛需要層級）認為，人在追求物質安定後，才會追求非物質的目標，如自我實現和自我表達。放在公共政策來說，傾向物質主義者會強調經濟發展和城市建設，而傾向後物質主義者會較強調個人自由、環境保護和文化保育等。近年卻有研究顯示，當社會停滯不前，年輕人分享不到發展成果時，也會走向追求非物質價值。類似的趨勢似乎也在香港可見，當主權移交後經濟持續低迷，年輕人開始質疑主流價值，感到既然物質追求遙不可及，不如追尋精神上的滿足。相對於傳統的「發財立品」，現在變成「發不了財，但求有品」。

當香港社會經歷眾多大起大跌，大富大貴的橫財夢漸被視為虛無之際，中國大陸同時卻發生了極為不同的變化。香港經濟走到谷底的同時，中國大陸則於二〇〇一年底加入世界貿易組織。自此，中國經濟除了以往低端勞動密集的出口加工業之外，也出現了國企和民企「走出去」的現象。中國不再只是外國投資的接收者，也開始帶着改革開放以來賺得的資本到世界各地投資。中國大陸社會如日中天的自信，與千帆過盡的香港產生巨大落差，形成新一波的身分認同之爭。

要說明香港年輕人的後物質思潮，可以二〇一七年遼寧艦訪港做為案例。遼寧艦做為中國第一艘的航空母艦，對很多在中國大陸的人來說是國家發展的榮譽。而在中華民族偉大復興的宏大論述當中，晚清時期各種「喪權辱國」的挫敗正是由失去海權開始，遼寧艦的建造更有其象徵意義。然而當遼寧艦來到香港，民間的反應卻遠遠不如中國大陸熱烈。

背後的原因，除了是解放軍在香港仍然會讓人想起六四鎮壓之外，就是香港社會本身對軍隊做為國家強大象徵這回事沒有多大

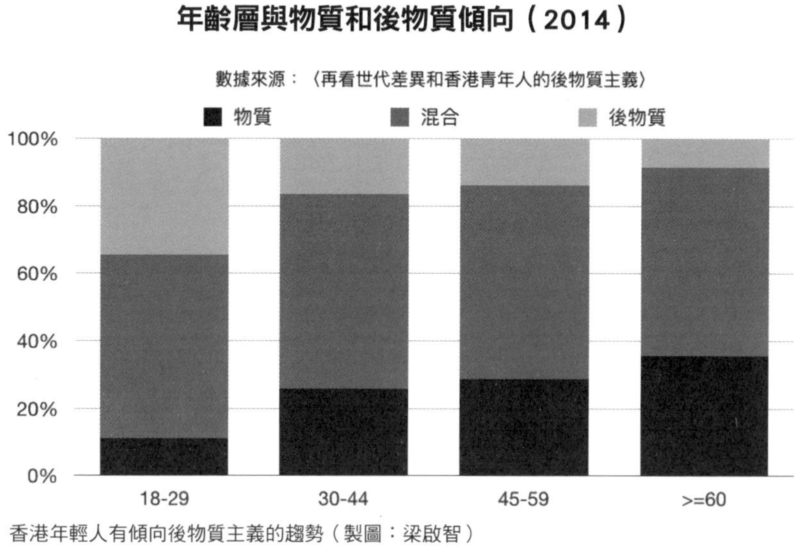

數據來源：〈再看世代差異和香港青年人的後物質主義〉

香港年輕人有傾向後物質主義的趨勢（製圖：梁啟智）

感覺。二〇一六年香港中文大學傳播與民意調查中心的調查就顯示，只有二二．八%的受訪者對解放軍感到自豪，遠低於維港夜景的七一．〇%和萬里長城的五四．五%。以「船堅炮利」來量度一個國家或民族的興旺，本來就是一件很前現代的事情。放在全球治理的框架下思考，相對於成為軍事強權，一個政權是否值得尊重更在於其對普世價值的追求和對人文精神的貢獻。如是者，當遼寧艦駛進維多利亞港的時候，有些香港人關注的並不是甲板上的戰機裝備，而是噴出的黑煙是否代表燃油不符環保規定，會否汙染空氣影響健康。

後現代香港碰上（前）現代中國

因為兩地所處的發展階段不一樣，中國大陸輿論有時難免會錯解香港人的反應。站在中國大陸的立場出發，很容易會以為香港近年出現對中國認同的反抗是出於兩地經濟地位對調，過去香港人習慣看不起中國大陸，現在受不了新的秩序而已。放在後物質價值的討論當中，可見地位對調論如果不是錯誤解讀的話，起碼也是明顯地過度簡化。中國大陸近年的高速發展，二十年前已經在香港出現過；中國大陸社會在此形勢之下的自豪感，正如前文所述，香港社會也曾經有過，而且更已反省其缺失。面對中國大陸，與其說香港人眼紅或自卑，不如說是看到過去自己在高速增長期所犯過的錯誤。

從歷史去看，中國大陸的經濟發展未必能為許多香港人帶來認同感，在於中國大陸經濟建設本身的起點很低，而這過去的落後其實是建基於一些本來可以避免的政治動盪，香港的發展早於中國大陸，正正由於香港避過了這些政治動盪。在中國大陸沒有全面反省這些政治動盪，也沒有糾正當年容許這些政治動盪發生的政治體制之前，慶祝這其實是遲來的經濟發展，對很多香港人來說無論在邏輯或情感上也難以說得過去。

香港的經驗也說明高速發展是特定時空的產物，總會有完結的一天，到時候社會中的潛在重要矛盾就會浮現。因此每當有中國大陸的意見領袖認為香港社會應放下矛盾集中精力發展經濟時，不少

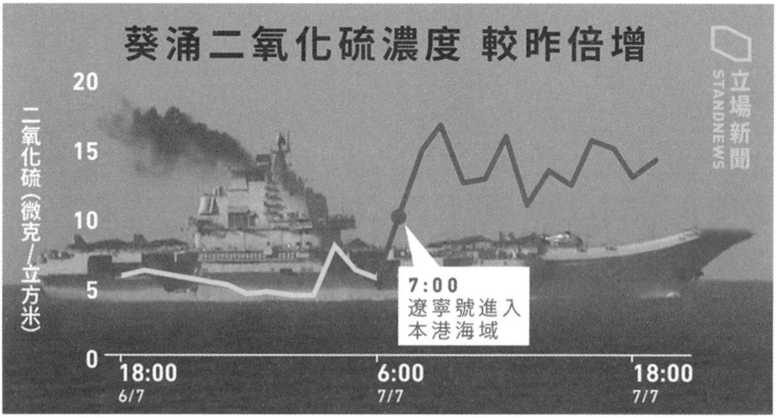

香港輿論關注遼寧艦帶來空氣汙染（圖片提供：立場新聞）

香港人都會覺得可笑：香港社會早就脫離了可以通過發展經濟來紓解社會矛盾的時期，此等建議如果不是出於無知，恐怕就是為既得利益服務。

香港社會已邁向後現代，中國官員的話語及其承載的價值卻仍然停留在現代甚至是前現代（例如信奉弱肉強食叢林法則、二元敵我矛盾的冷戰思維，和「發展是硬道理」代表的發展主義）；當抱着這些過時思想的官員要逆向教訓邁向後現代的社會未能「與時俱進」，引起強烈反彈是自然不過。這些價值觀上的明顯落差，和隨之而產生的政策失調，成為九七後香港人反而更反抗中國大陸的深層原因。而當這深層原因配上中港近年在政治和生活上的直接衝突，兩地關係隨即急劇逆轉。

延伸閱讀

李立峯（二〇一六）：〈再看世代差異和香港青年人的後物質主義〉，張少強、陳嘉銘、梁啟智編《香港社會文化系列》。

張少強，崔志暉（二〇一五）：《香港後工業年代的生活故事》，香港：三聯書店。

陳冠中（二〇〇六）：〈我這一代香港人——成就與失誤〉，《我這一代香港人》，香港：牛津大學出版社。

網上資源

立場報道（二〇一七）：〈葵涌二氧化硫倍升　環保署：正常波幅非偏高〉：立場新聞，二〇一七年七月七日，https://thestandnews.com/politics/ 遼寧號污染—葵涌二氧化硫倍升—環保署—正常波幅非偏高/

1　銀行之間互相暫時借款的利率，數字愈高代表資金愈短缺。

2　指國際金融投資家，例如喬治．索羅斯（George Soros）。

為什麼香港人不集中力量發展經濟，而在認同問題上糾纏？

香港於九七後的經濟，從總量來說仍有明顯增長。自一九九七年至二〇一七年期間，香港的人均生產總值（人均ＧＤＰ）從二萬七千美元增加至四萬六千美元，十分可觀（同期中國的數據則由不足八百美元增加至近九千美元）。然而這些經濟增長在香港社會中討論得不多，亦未能疏解近年興起的身分認同問題；香港人也不會拿來四處炫耀，因為香港人發現了「集中力量發展經濟」的虛無。

從「發達至上」到「財散人安樂」

由於中國大陸和香港在九七後經歷了不同的經濟發展歷程，連帶對經濟發展的社會意義的理解也出現巨大落差。經歷過九七後多年的經濟危機，以及隨之而來的貧富差距擴大和階級流動性減低，社會上特別是年輕人之間不再視經濟發展為首要和唯一的目標，後物質價值的追求變得同樣或更為重要。在這個前提下，集中力量發展經濟的說法變得不再吸引，甚至激發更多人提出認同問題。

這個轉變最開始體現在城市發展和保育議題當中。回到八、九〇

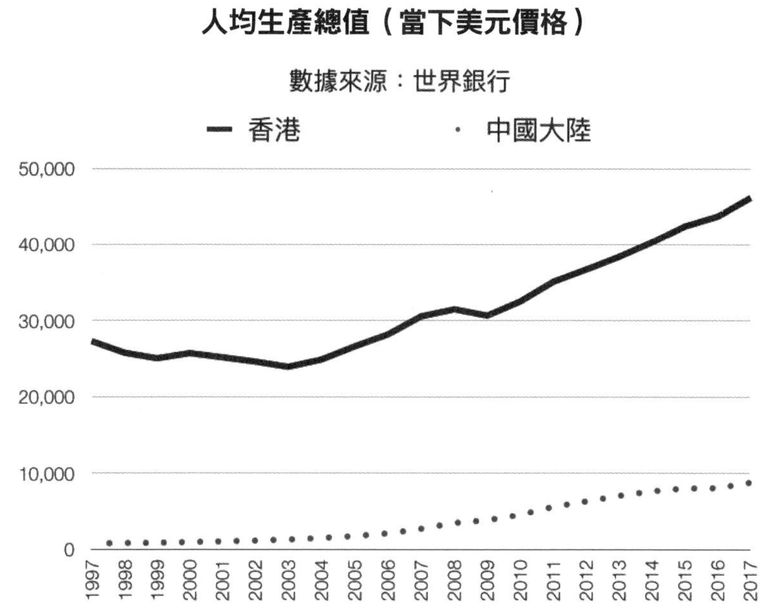

香港經濟近年增長迅速（製圖：梁啟智）

年代，主流論述往往會把城市發展等同於社會發展，正如〈這是我家〉也會把鐵路和高速公路寫入歌詞，視城市建設為自我認同的來源。然而到了二〇〇三年以後的香港，當發展不再是硬道理，愈來愈多針對城市發展的抗爭出現，抗爭者開始強調一系列在他們眼中比城市發展更為重要的價值，甚至認為過急的城市發展對營造社會認同有害。

被拆毀後的「喜帖街」（圖片提供：梁啟智）

首個案例是灣仔利東街的重建計畫。市區重建局於二〇〇四年起展開重建利東街計畫，引發部分居民和商舖不滿。對照過去因重建拆遷而起的爭端，利東街的抗爭有三點不同。首先，受影響者強調他們的訴求不在於賠償金額，不是為了要求更多的賠償而做「釘子戶」。

第二，他們強調「社區網絡」的意義。利東街又名「喜帖街／囍帖街」，是印刷行業特別是結婚喜帖印刷店聚集的地方，而且商戶之間會互相介紹生意；當地居民也慣於互相幫助，鄰里共生。他們指出無論政府賠償多少，一旦把他們在空間上打散，便等於毀滅他們賴以為生的人際關係。第三，他們自發提出另類發展方案，既容許做局部重建，同時把街道生活的核心區域保留下來，希望達致雙贏。

雖然利東街的抗爭以失敗告終，原址新建的商場和高尚住宅也於二〇一五年開幕，但這次抗爭卻把一些重要的概念帶入主流社會，例如公眾參與和社會影響，以及對地方情感的追求，打破了城市建設在公眾心目中過去一面倒的正面形象。自此之後，又有天星碼頭和皇后碼頭拆卸的抗爭，兩次事件都圍繞與市民生活相關的歷史建築，於是社會中又興起了集體回

二〇〇六年，保護天星碼頭運動（圖片提供：梁啟智）

憶的說法。其中在皇后碼頭的抗爭當中，抗爭者自稱為「本土行動」，把城市發展抗爭提升到爭取自主的層次。值得注意的是，這個訴求當時被政府和大多主流媒體所忽視，抗爭往往被定義為年輕人（特別是「八〇後」）的發聲嘗試。

不過，不再純粹以經濟建設衡量社會發展的心態，已漸漸在香港社會中潛移默化。以歌星楊千嬅的歌曲〈民間傳奇〉為例，其歌詞就以公主流落民間的故事來借喻後經濟衰退的香港，表明要「告別童話／再造神話」，因為「骨氣煉成花瓣／比霓虹燦爛」，相信「煙花放盡／千金散盡／不減這故事動人」，暗示要在香港過去「發達至上」的法則外，尋找另一種的自豪感來源。而以香港情懷為主題的《麥兜》系列電影，也反覆多次以「失落過去的榮耀」為題材，如二〇〇四年的《麥兜菠蘿油王子》就以王子復國為比喻。到了二〇一二年的《麥兜噹噹伴我心》，則更以「風吹雞蛋殼」為片尾曲的名字。「風吹雞蛋殼」是廣州話的歇後語，下句是「財散人安樂」，意謂錢財上的損失並不可惜，甚至值得欣慰。

邊緣化是福是禍？

年輕人的感受特別明顯。自二〇〇三年以來香港經濟逐步復甦，但年輕人卻分享不到成果，大學畢業生的工資水平幾無增長，樓價卻以倍數上升。對於他們來說，未來的經濟發展是虛幻的，眼前日常生活的品質才是現實的。當政府宣傳的未來經濟發展和他們在乎的日常生活品質有衝突時，他們大多不會相信政府推銷的願景，甚至會選擇對抗。

第一場與中國相關的經濟發展與生活品質的矛盾，在二〇〇九年的廣深港高速鐵路（高鐵）爭議中出現。高鐵計畫源於二〇〇〇年前後香港政府提出連接廣州和香港的「區域快線」構思，唯粵港兩地因走線和技術選擇一直未達共識，加上香港政府當時忙於處理兩間本地鐵路公司的合併而未有進展。二〇〇四年起中國大陸大力投資全國高鐵系統，原來的「區域快線」構思也被納入其中，香港政府隨即加速規劃，並在二〇〇九年末向立法會申請撥款。

對高鐵的質疑，起初來自新界一條名為菜園村的鄉村。由於高鐵計畫在該處設立車廠和救援設施，需要徵地拆遷。田園生活和高速鐵路代表了兩種截然不同的發展觀，兩者在公眾輿論當中構成明顯的對比。而經歷利東街以及天星和皇后碼頭抗爭後，菜園村的抗爭也演化成對另類方案的追求，並聚集了一批專業人士反覆研究政府方案的利弊。他們對政府的方案提出很多質疑，例如預測客量大多數是來往香港和深圳，和政府宣傳的接通全國網絡的說法不符，而香港本來已有眾多便捷方式來往深圳，高鐵不一定有競爭力等。

相對於後來出現的本土思潮，反對中港融合的訴求在反高鐵運動中的角色不算突出，反對者的質疑主要圍繞造價、走線和對沿線居民的影響。不過把高鐵爭議放在香港人身分認同的轉變中思考，仍然很有價值，因為在這案例中，香港菁英階層的中國想像首次和民間社會出現了明確分歧。

香港政府、親政府輿論和商界對高鐵的支持，一般建基於「邊緣化論」之上。所謂「邊緣化論」是相對於先前八、九〇年代「門戶論」的另一種空間想像。在「門戶論」當中，香港是中國大陸和世界之間的中介人，發揮連接和促進交流的角色。然而隨着中國大陸的改革開放走到新的階段，來自世界的企業已開始跳過香港直接走進中國大陸，而中國大陸的企業也能直接走到世界各地投資，香港的角色似乎已變得「多餘」，也就是所謂的「邊緣化」。

「邊緣化論」和高鐵爭議之間的關係，在於計畫支持者認為中國大陸經濟快速發展，香港經濟要得到快速增長就要和中國大陸連結，所以香港和中國大陸之間要興建一條跑得很快的高鐵，而此興建速度本身也要加快，不能再被立法會的辯論所延後。嚴格來說，前面那句話當中的四個「快」在邏輯上沒有必然關係，當時也有輿論提出質疑，但政府卻當作是不證自明的道理來推廣。

然而和過去數十年來香港的各種主流中國想像不一樣，「邊緣化論」沒有在當時社會中形成廣泛共識。八、九〇年代，當香港社會恐懼中國大陸的時候，是整個社會一同恐懼；當香港社會視中國大陸為金礦時，也是整個社會一同想像「掘金」。可是來到「邊緣化論」，統治階級和社會大眾之間，以至社會大眾內部也出現明顯分歧。社會開始有輿論反問香港一直以來賴以生存、值得香港人自豪的地位是什麼，甚至指出對中國有所貢獻的地方，都在於其邊緣特質。如果邊緣才是香港的比較優勢，面對「邊緣化論」時則不應感到惶恐，而應思考如何把香港的邊緣特質應用到新的環境當中。

中港經濟融合帶來的衝突

這個「如何利用邊緣位置」的討論最後沒有發生，因為統治階級提出「邊緣化論」的目的恐怕不是真的要探討香港的發展定位，而是要向中共表達其忠誠，以獲得相關的經濟利

抗爭中的新界石崗菜園村（圖片提供：梁啟智）

益。如前文所述，中共在一九九〇年代開始積極通過中國大陸的發展機會來收編香港本地資本家，讓他們成為其在港的政治代理人。高鐵爭議成為他們表達政治忠誠的機會，所以親政府輿論和商界的支持都會圍繞於宏大論述，不願進入具體成本效益（如實際列車班次和客量預測）的討論，以求站穩道德高地。

不過，他們這樣做卻產生一個很實在的代價：自高鐵爭議開始，社會輿論出現了對統治階級的潛在懷疑，每當他們提出中港融合可以為香港帶來好處的時候，都會被質疑只是為自己的利益說話。特別是當一般香港人都感受不到那些好處，甚至是先感受到壞處的時候，矛盾就更為明顯。

以近年中國大陸來港旅客是否過多的爭議為例，親政府輿論和商界就常常集中宣傳遊客來港帶來的經濟貢獻，但這種說法不但無法減輕市民的不滿，反而增加更多的矛盾。在許多人眼中，所謂的經濟貢獻最明顯的體現是購物區的租金增加，得益的是地產商，而一般人卻因為租金上升造成的店舖單一化而受害。香港中文大學的調查顯示，即使受訪者在回應前被提醒「如果收緊自由行政策，會對本地的零售、旅遊及相關行業造成負面影響」，仍然有高達八七．三％的人表示支持收緊「自由行」政策，可見香港人並非不理解經濟利害所在，而是考慮過後仍然對現況不滿。

歷史建築保育爭議和高鐵爭議，可說是香港社會中後物質價值和經濟發展至上主義的首回爭端。香港政府和統治階級無法再以經濟發展來確立民眾支持，反而引發更多的反彈。而當政府的經濟發展是以中港融合為先決條件時，隨之而來的認同衝突也就火速擴散。

延伸閱讀

梁啟智（二〇一二）：〈高鐵爭議中的邊緣化和融合想像〉，張少強、梁啟智、陳嘉銘編《香港．論述．傳媒》，香港：牛津大學出版社。

葉蔭聰（二〇一〇）：〈當「文物保育」變成活化〉，許寶強編《重寫我城的歷史故事》，香港：牛津大學出版社。

網上資源

《風吹雞蛋殼》─麥兜．噹噹伴我心，二〇一二年：https://youtu.be/JjWfv_-nLMQ

本土主義和中港矛盾為何在近年急速冒起？

本土主義和中港矛盾近年來急速冒起，但「本土主義」所包含的範圍甚廣，不易說清。即使把討論限於相對排拒中國大陸的群體，仍有相當多不同甚至互相矛盾的立場。以移民政策為例，削減單程證[1]數目、收緊申請單程證資格、修改《基本法》的居留權條文，以至剝奪已經取得居留權人士的身分，就是四種差距甚遠的倡議，而各自的後果各異。而正如其他的政治立場一樣，本土主義支持者的立場也可以相當流動，一時的說法往往不足作準。

不過，總的來說，本土主義的支持者往往會認為香港社會對香港自主受威脅的警覺性不足，認為要加強保護香港社會、文化、政治和經濟等各方面，免受外界特別是中國大陸的控制。

從二〇一一年開始，中港關係出現了兩個明顯轉向。首先，各式各樣從日常生活衝突引起的中港矛盾在社會爆發。緊接而來的，是部分香港人對中國大陸所有事物採取全面抗拒的態度，無論任何和中國大陸相關的消息均做負面理解。儘管香港身分認同在過去一直都以與中國認同做對照來建立，但還是會保持一定的情感紐帶，例如把反對中共管治和欣賞文化傳承區分開，也有所謂的「愛國不等於愛黨」。然而新一輪的中港矛盾卻不單止針對中共管治，部分港人更往往把一般中國大陸的平民百姓也連帶一起敵視。由於這改變涉及大量的情感指控，背後的客觀環境因素往往不易說清。

「雙非」——中港生活矛盾的開端

首個通過日常生活凸顯的中港矛盾，來自「雙非政策」所延伸出來的一系列問題。按《基本法》規定，在香港出生而父母其中一方是中國公民的嬰兒，不論父母是否香港永久性居民，一律自動成為香港永久性居民。而「雙非」的意思，就是父母雙方都不是香港永久性居民的嬰兒。自從香港開放個人遊，不少大陸居民以生育旅遊的方式來港產子，有些是為了逃避計畫生育，有些則希望為孩子取得香港戶籍和領取特區護照的資格。「雙非」嬰兒的數目，從二〇〇一年六百二十名，大幅增加二〇一一年的三萬五千七百三十六名，占當時所有香港新生嬰兒的三七%。

本來「雙非」問題是可以控制的，只要政府要求醫院拒絕「雙非」孕婦的分娩預約，並在入境口岸拒絕沒有預約的孕婦入境，便可解決問題。事實上，香港在二〇一三年起實施了上述政策，「雙非」嬰兒的數目大幅回落到本來每年數百名的水平。不過，在該政策實施之前，香港政府曾經對「雙非」的立場十分正面，甚至認為可以幫助解決香港人口老化的問題。這個看法受到輿論的強烈批評，畢竟「雙非」嬰兒日後不一定在香港定居，卻隨時可以來港獲得永久性居民的待遇，政府日後無論是教育或各類社會保障均無從規劃需求。當時的香港政府立場，就被認為出賣了本地人的利益。

相對來說，「八九民運」後香港人對失去自由和人權的憂慮，還是比較遙遠和抽象。不過當「雙非」嬰兒潮來到的時候，各種大陸人和本地人之間的衝突卻變得即時和不能迴避。醫院因為在規劃中沒有預設分娩數字飆升，於是就出現本地人和大陸人爭奪醫院床位的問題；之後輪到學校因為規劃沒有預設學童數字飆升，又出現本地人和大陸人爭奪學位的現象。而對於「雙非」兒童的家長，他們自己沒有香港的居留權，只好舉家在深圳居住，然後讓孩子每天天還未亮便趕過境上學，對家長和孩子來說同樣是折騰。一個沒經過深思熟慮的人口政策，為各方都帶來沉重的負擔。

進一步入侵日常的自由行

面對社會各界的聲討，梁振英就任行政長官後隨即改變政策，實施「零雙非」。不過中港矛盾沒有因而停止，反而在其他的議題上愈演愈烈，當中以「自由行」議題最為嚴重。「自由行」的正式名稱是「港澳個人遊」，自二〇〇三年開始實施，容許中國大陸居民透過簡單的個人遊簽注[2]前往香港。在此政策之下，大陸訪港旅客高速增長，由二〇〇二年的六百八十三萬人次大幅度增加至二〇一三年的四千零七十五萬人次，為香港市民的生活帶來巨大改變，不少評論認為

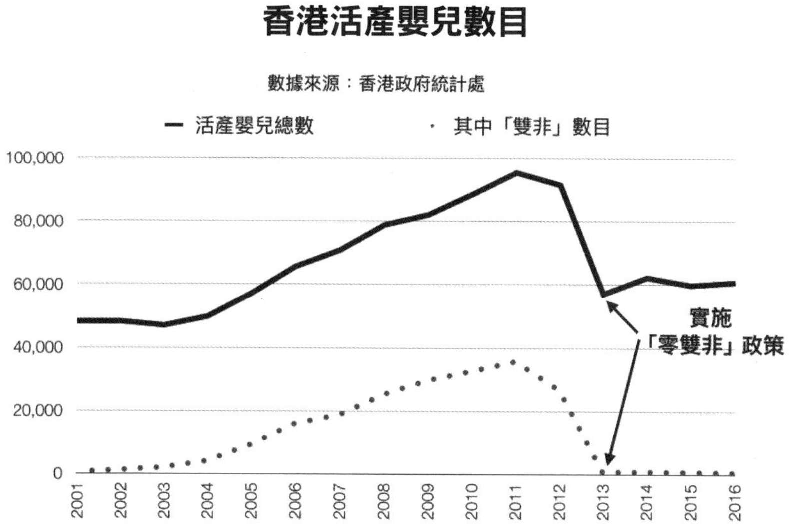

「雙非」政策一度嚴重扭曲香港的人口構成（製圖：梁啟智）

其社會成本已遠超過其益處。旅客和本地人之間的衝突，更把中港矛盾變成日常生活的一部分。

政策的原意，是要促進香港的旅遊業，進而振興香港經濟。然而當旅客愈來愈多的時候，香港社會發現個人遊帶來的利益和成本分配並不平均，利益往往由一少撮人把持，而成本則由社會整體分擔。例如大陸旅客來港購物，通常會集中於一些講求品質的商品，例如珠寶、首飾和藥物。於是乎，珠寶店和藥店便成為暴利行業，可以付得起高昂的租金壟斷遊客區的商舖，同一品牌的珠寶店可以在旺角同時設有接近二十間的分店。調查顯示於二〇〇四年至二〇一三年間，香港的化妝品店增加了十五倍。相對來說，售賣日用品的商店因為無法負擔同樣的租金，便唯有紛紛撤出旺區。

當商舖單一化的趨勢來到一些本來不是旅遊區的地方，便會嚴重干擾市民的日常生活。例如沙田新城市廣場原為區內六十多萬居民最主要的購物中心，但由於位處連接邊境的鐵路線上，便成為大陸旅客的購物熱點，令原有店舖例如診所、書報攤等紛紛被迫遷走。對於很多沙田居民來說，能夠從個人遊中得益的是商場業主，而他們則失去了一個本來屬於社區、服務社區的消閒空間。

另一案例則為位於新界西北部的屯門區和元朗區。這兩處由於遠離市區，居民以低下階層為主。然而隨着西部口岸開通，屯門和元朗的地理位置對於深圳居民來說變得相當便捷。有開發商特設接駁專車，從口岸接送遊客到旗下商場購物，好讓他們可以賺取更高租金。和沙田的居民一樣，屯門和元朗的居民同樣不習慣自己生活的地方忽然變成遊客熱點，即使在居住區附近，也要和拉着行李箱的旅客爭路。

沙田、屯門和元朗的案例，凸顯了新增的來港旅客其實已不能稱之為遊客，因為他們的主要目的並非旅遊觀光，而是滿足其日常購買需求。這個改變的起因，來自香港政府一度開放深圳居民可無限次數來港，於是不少深圳居民把來港購物變成一種職業，透過帶貨過關來協助深圳的進口商逃避關稅，也就是所謂的「水貨客」。調查顯示到了二〇一七年，五八％的大陸旅客屬即日往返，並非傳統意義下的遊客。有組織的「水貨客」會集中搶購某些大陸熱門的日用產品，例如

北區一些街道變成「水貨客」的集散地（圖片提供：立場新聞）

個別品牌的嬰兒奶粉，以致這些產品經常在市面斷貨，使本地消費者感到受威脅。

社會問題演變成政治敵我矛盾

更不幸的是，正如前文所述，中國政府近年刻意改變大陸傳媒有關香港的論述，向民眾灌輸錯誤觀念，也影響到一些大陸旅客在港的行為。當個別大陸旅客表達出「恩主心態」，即把市場交易視為一方對另一方的恩賜，而這些表現又被傳媒捕捉廣傳，便很容易牽動很多香港人的反感情緒。他們認為自己沒有享受到中港融合的好處，日常生活卻因大陸旅客的出現而大受影響，而這些旅客還要表現出居高臨下的態度，令他們在情緒上很容易便把所有大陸人都視為在香港作亂的土豪。

例如在二〇一五年至二〇一六年期間，香港出現了一些針對大陸旅客的「光復行動」，示威者不論對方是真的大陸旅客還是「水貨客」，只要見到拉着行李箱和說普通話的便會圍着來辱罵甚至毀壞對方的行李箱。這些直接和激烈的回應方式，並非一時之間忽然出現，而是一個逐步走向激進的過程。示威者早於二〇一二年底便組織反「水貨客」活動，包括要求鐵路職員嚴格執行運送行李數量的規定，後來發展至圍堵集中向大陸旅客售賣貨品的專門店，再變成直接針對大陸旅客。這些做法固然粗疏，臺灣遊客之間就常流傳被誤認為中國大陸遊客而受歧視的故事。肢體上的直接攻擊，更有違香港社會過去對和平理性抗爭的追求。換個角度來說，這些激烈抗爭正正代表了中港矛盾已在日常生活都中植根。

現實生活尚且如此，在網上世界則更為放肆。在個別的網上群組和新聞媒體的留言欄中，網民對中國各方面的批評可以沒有底線。例如每當中國出現天災人禍，留言者必然歡呼雀躍，因為在他們的眼中「沒有一個中國人是無辜的」。如果有來自中國大陸的人在香港遇上任何麻煩，無論是交通意外或是被騙，均一律不值得任何同情，因為這些人都是「殖民者」，都是潛在的敵人。在一些人眼中，中港關係是一種戰爭關係，今天的香港在中國面前就和中日戰爭期間中國在日本面前一樣，是被強行剝奪了自身的價值和尊嚴。在這種邏輯下，對中國的任何人或事表示同情都是背叛香港。

這些說法無助化解僵局，很大程度上和大陸網上憤青罵「小日本」等的情緒發洩類似；不過若要解決問題，僅僅譴責仇恨言論並不足夠，也要追問這些中港矛盾從何而來，特別是中港政治關係的角色。舉個例，世界各地都出現過遊客過多的問題，當地政府都會想辦法應對。然而在香港的特殊政治環境當中，卻會有不少遊走中港之間的權貴會聲稱應該包容旅客過多帶來的任何問題，藉此表達其對中國政府的忠誠。當客觀的社會問題被理解為政治上的敵我矛盾，尋求解決之道就變得更為困難，民間怨憤亦會變得更為激烈。

延伸閱讀

陳智傑（二〇一六）：〈身分認同與建構他者：香港生活經驗中的中港關係〉，張少強、陳嘉銘、梁啟智編《香港社會文化系列》。

羅永生（二〇一四）：〈香港本土意識的前世今生〉，《思想》第二十六期。

網上資源

立場報道（二〇一五）：〈活在水貨店與藥房的夾縫中〉：立場新聞，二〇一五年二月六日，https://thestandnews.com/society/ 上水貨客 -5- 活在水貨店與藥房的夾縫中 /。

1　前往港澳通行證的簡稱，是中華人民共和國出入境管理局發給有香港或澳門親屬的中國內地居民前往香港或澳門定居的證件。由於在申領此證的同時需放棄內地的身分，故又稱單程證。

2　簽注是登記在往來港澳通行證背面的訊息，是中國居民每次往返港澳需要的「出入境許可」。

香港人都是中國人，為何還要討論身分認同？

首先，香港人並非全都是中國人。香港是一個國際城市，即使不是中華人民共和國國民的外國人也可以成為香港永久性居民。無論是主觀認同或是客觀定義上，成為中國人也不是成為香港人的必須條件。

香港居民和中國公民是兩個交叉但互不從屬的類別。在香港的中國公民，固然不一定都是香港居民（如大陸遊客），即使是居民也不一定是永久性居民（如持學生或工作簽證）。與此同時，身為中國公民也不是成為香港居民或香港永久性居民的必要前設。香港有數十萬的外籍人口居留甚至定居，例如不少南亞少數族裔就是連續幾代人都在香港生活，卻沒有入籍成為中國公民，拿的仍然是南亞各國的護照。

這兒還未談到香港有數十萬計擁有外國護照的回流人士。按中國《國籍法》，他們已因取得外國國籍和在外國定居而失去中國國籍，但他們仍然是香港永久性居民。只要他們重新定居香港，均可以享有各種永久性居民的待遇，也可以在各級選舉當中投票。即使《基本法》第六十七條也尊重這個客觀現實，容許一定比例的非中國公民和持外國居留權人士成為立法會議員。

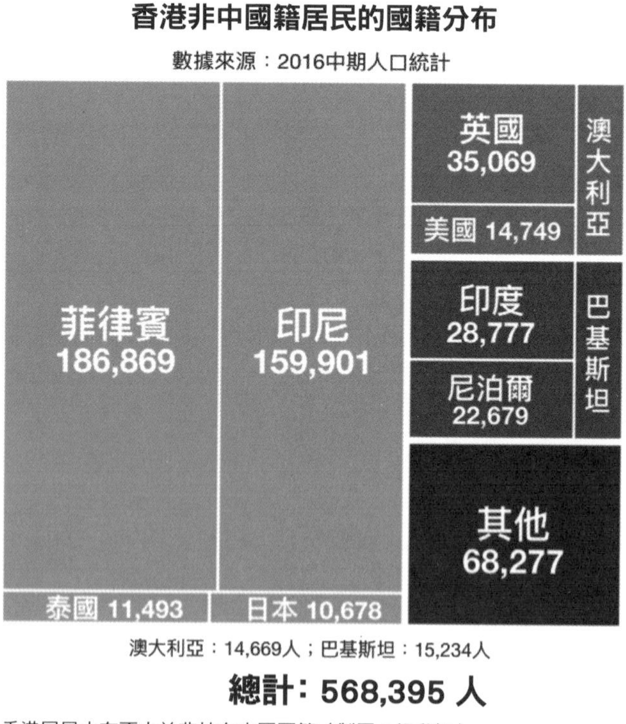

香港居民中有不少並非持有中國國籍（製圖：梁啟智）

說起《基本法》，條文列明不論永久性居民或非永久性居民都是香港居民。誰是非永久性居民呢？數以十萬計來自菲律賓和印尼等國的外籍家務工就是一例。他們不少人在香港服務多年，和香港人一起生活，通過照顧香港人的家庭讓香港人都可以安心外出工作，撐起香港的經濟。廣義來說，他們也是香港人。這個討論十分重要，因為香港是一個國際城市，任何假定香港人都是中國人的說法一旦成為公共政策，就會構成嚴重的執行問題。例如政府最多只可鼓勵香港人多瞭解中國國情，卻不可能要求所有香港人都要學習愛國，因為那些外國回流的華裔和在港定居的少數族裔一定會反問，政府是否要他們背叛加拿大或者巴基斯坦？

同文同種就是中國人？

我們也可從國籍問題點出坊間不少對國民身分的誤解。儘管國籍可通過血緣關係獲得，但兩者本身不一定對等，所以和國籍相關的一系列政治權責期望，例如對國家以至政權的效忠，也不應基於血緣簡單推斷。國籍本身歸根究柢是一個社會產物，既按當時、當地的社會定義，也可按個人情況取得或撤銷。因此，任何以「同文同種」的說法做為基礎，假定某個體或社群必然要接受某些政治權責期望，無論是對國家或政權的效忠，本身也是十分不嚴謹的。

事實上，中華人民共和國是個多民族國家，漢族只是其中一員。有香港政治人物曾經說過新年收紅包就該自認中國人，正正是犯了此等謬誤。畢竟，中華人民共和國境內有不少沒有封（包）紅包甚至沒有過農曆新年傳統的民族；相反，東亞各國各民族和眾多海外華人都有封紅包的習慣，但他們都不是中華人民共和國國民。

國籍尚且如此，個人認同則更為複雜。說起來，孫中山搞革命的時候還拿過美國屬地護照，曾經一度持有雙重國籍，但據稱只是為了方便行走江湖，恐怕他對美國的身分認同十分有限。反過來說，許多香港人本來沒有選擇要有中國國籍，而是後來被賦予的。他們覺不覺得自己是中國人，又或覺得自己是怎樣的中國人，當然也是可以討論的。

按香港大學的民意調查所得，香港人的中國身分認同在九七後本來是上升的。調查顯示在一九九七年八月，共有一九%的受訪者認為自己是中國人；到了二〇〇八年六月，也就是汶川地震發生後和北京奧運開始前的時間，比例上升至三九%，上升超過一倍。按香港中文大學亞太研究所的調查，受訪的逾千名香港市民當中，超過八成都說自己已捐款支持汶川賑災，很難說是對中國完全抗拒的表現。

不過，數據從此調頭（轉向）向下跌，抗拒情緒特別在年輕人之間十分普遍。很多過去沒有被質疑的「愛國」表現，都受到各種挑戰和重新檢視。例如港府出資一百億港元的各個四川重建項目當中，援建綿陽的中學在未得港方同意下被私自拆除變成豪華商場，就在香港引起公眾譁然。到了二〇一三年的雅安地震，港府再向立法會申請撥款賑災，就招來社會輿論反對。到了二〇一七年年底，整體認同自己是中國人的只有一五％，而十八至二十九歲的受訪者當中更只有〇・三％認為自己是中國人。

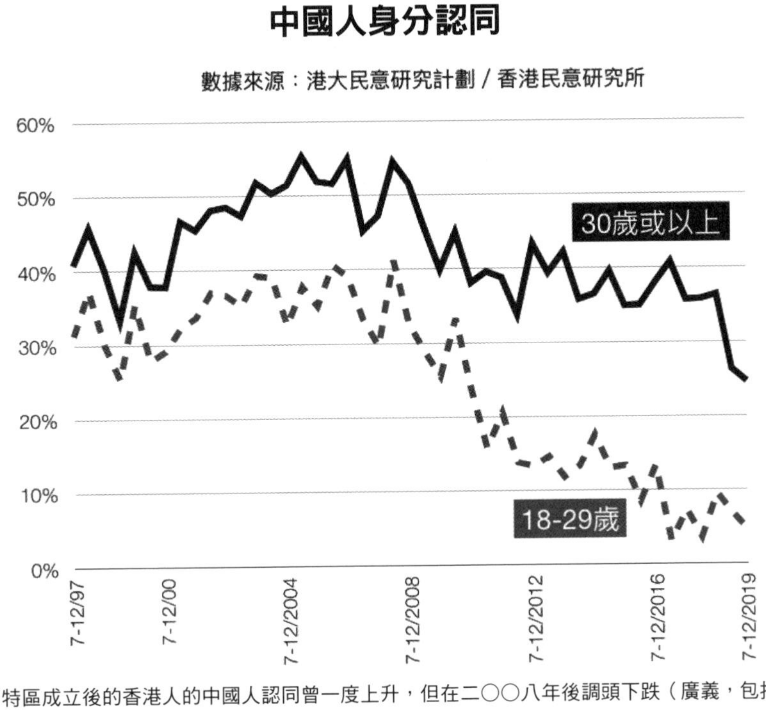

數據來源：港大民意研究計劃／香港民意研究所

特區成立後的香港人的中國人認同曾一度上升，但在二〇〇八年後調頭下跌（廣義，包括「香港的中國人」）。（製圖：梁啟智）

中國人身分的豐富想像消失

這些改變和前文提到香港在九七前後經歷的社會變遷有密切關係。對於九七前成長的香港人，中國往往以三種形式出現。第一，是他們自己或上一代的故鄉。他們很可能有回鄉探親的經歷，曾經挑著裝滿舊衣和雜糧的「紅白藍大膠袋」，長途跋涉地去接濟一九八〇年代初仍活在貧困之中的同鄉親戚。第二，是教科書中的古典中國。普遍香港學生都會通過中學教育學會最基本的中國文學和中國歷史，能夠背誦《出師表》和《兵車行》等的文言作品，並從李白所寫的詩詞中猜想「長江天際流」的景致。第三，是改革開放早期香港人北上設廠、消費以至尋歡的冒險樂園。曾幾何時，深圳別名就是「心震」，既代表混亂也代表機會。都市傳說聲稱在深圳酒店一覺醒來會發現腎臟已被割掉，夜店大火死傷無數則是現實新聞；然而這些危險卻無阻香港人繼續互相交換在深圳吃海鮮、買盜版影碟，甚至「包二奶」的情報。

這三個中國當然都是片面的，卻都是九七前香港人的重要情感標記。在這些想像當中，香港人可以是某種意義下的中國人，儘管這個「中國人」的身分明顯和中華人民共和國國民有所區別。

換言之，在九七前的香港，即使沒有受過政治學訓練的香港人也會明白「國家」、「政權」與「民族」是三個概念，三者的異同是可以坐下來慢慢談的。然而這些區別和討論空間在九七後卻逐漸消失。在國家認同的號召下，要做中國人就要做中華人民共和國國民，也就要接受中共政權。事實上，中國政府時刻都在干預香港的高度自治（見〈香港真的實行高度自治嗎？〉），而這也成為許多香港管治問題無法解決的根本原由。在這樣的政治環境下，繼續把中國認同寄託於壯麗山河或文化情懷當中，已顯得愈來愈蒼白無力。特別是九七後成長的新一代，他們還未有機會如上一代那樣培養中國想像，也沒有經歷過九七前對未來的恐懼和期待，就要面對中共政權主導香港政治的客觀事實，所以反抗情緒比九七前成長的一代反而來得更直接：如果當中國人就等於接受被中共統治，那麼他們寧願不做中國人。

九七前後的分別也打破了另一個中國大陸對於香港身分認同的錯誤理解。在中國大陸的主流論述中，香港人對中國認同的抗拒是因為受英國殖民統治太久，被英殖教育所蒙蔽，對中國大陸認識不足，所以要通過再教育來學習如何做好一個中國人。事實上，在英國殖民統治下成長的香港人對中國認同並不反感，抗拒的是中共政權；在九七後長大沒有受過英殖教育的年輕人，反而對中國認同更為反感。此外，由新民黨[1]委託香港教育大學香港研究學院於二〇一七年進行的調查顯示，年輕人對中國大陸認識不淺，例如有約九五%受訪者曾到中國大陸，八五%能閱讀簡體字，四六%每月多次或每天使用中國大陸網站，可見他們對中國認同的抗拒不能單純以認識不足來解釋。

雖然九七後香港已成為中華人民共和國的一部分，但不代表香港人的身分認同就會再無爭議。討論身分認同，可以幫助我們認清社會變遷。而當政府制訂公共政策時不理會這些爭議，或對爭議的現況或原由有錯誤判斷，更會造成不必要的社會矛盾。

延伸閱讀

張勇，陳玉田（二〇〇二）：《香港居民的國籍問題》，三聯書店。

馬傑偉（二〇〇八）：〈從「現代香港」到「民主香港」的漫長過程〉，本土論述編輯委員會、新力量網絡編《本土論述 2008》，香港：上書局。

1　香港建制派政黨，黨主席為葉劉淑儀。

為什麼會有香港人反對國民教育？

因為國民教育從一開始就搞錯了香港出現身分認同之爭的實際原由。談到過去數年來中港兩地政府對中港矛盾上的政策回應未能對症下藥，反而製造了更多的問題，設立德育及國民教育科（國教科）的爭議可謂其中一個經典案例。社會輿論對在中小學課程中討論國家議題甚至國民身分本來並沒有一面倒反對，但當社會發現政府建議設立的國教科具體內容不符合香港的實際情況，所激起的反彈隨即一發不可收拾。

當推動身分認同成為政策目標

過去港英政府從來沒有開宗明義地強求香港人在文化身分上變成英國人，香港人身分認同的改變雖然和各種政策相關，政府卻通常傾向潛移默化。香港人喜歡看英國的足球聯賽就是一例。然而自特區成立以來，身分認同本身成為了政府政策的明確目標，因香港身分的不同理解而產生的衝突因而提升。在特區年代，各種加強中國認同的公共政策不停推陳出新，政府視之為理所當然的任務。身分認同在民間議論的層面尚可容許一定程度的模糊和不同解讀，然而變成政府施政後，卻往往不得不面對想像和現實之間的落差，社會矛盾因而擴大。

舉個例，在中國大陸的愛國主義教育當中，「中華民族」做為一個文化虛銜，和「中華人民共和國國民」做為一個法理定義之間的落差，很容易會被忽視。如果我們願意客觀地從學術出發，本來不難看出兩者之間的邏輯分野：中華民族是中國境內各民族的總稱，換言之是政治概念先於民族概念。例如，中國境內的俄羅斯人會被稱為中國俄羅斯族，但在中國境外的則純粹只是俄羅斯人，儘管兩者文化生活習慣可以完全一樣。因此，如果我們反過來說因為某一群人是中華民族，例如說臺灣和中國大陸都是「同文同種」，因而推斷他們所住的地方應然是中國國境，並以此做為國家政策的基礎時，這是嚴重的邏輯顛倒。

類似謬誤在中國大陸的國族主義宣傳當中可謂俯拾皆是，只因言論限制而很少會被公開質疑。愛國歌曲〈龍的傳人〉當中「黑眼睛黑頭髮黃皮膚」的說法，把認同感建基於生物表徵，其實是赤裸裸的種族主義，也和中國憲法中反對「大漢族主義」的要求相違背。值得注意的是，愛國主義教育在中國大陸本來就有明確的政治背景。有學者指中國政府在「八九民運」後大幅加強愛國主義教育，是因為理解到在改革開放的過程中，過去的革命意識形態已漸失效，所以要通過製造新的論述來鞏固政權認受性。

中國大陸的愛國教育對國族問題的處理往往蒙混過關，但香港本身文化多元、面向世界，而且政府施政一向講求嚴謹慎密，所以以身分認同為目標的公共政策就很容易處處碰釘。二〇一二年政府強推的國教科，具體的課程內容設計就正正跌入這個誤區。表面上，這場反國教科運動很容易會被誤認為純綷是香港人對中國認同的反抗。事實上，運動的出現卻是因為政策所建基於的身分想像，和它所處的客觀現實之間，有不能排解的差距。

公民教育與國民教育

特區政府之所以要推行國民教育，是因為中國政府把前文提到的各種中港矛盾理解為

「人心未回歸」的表現，是香港人對中國認識不足所致，並認為只要香港人認識到香港和中國命運相連，認同中國的發展道路，各種中港矛盾自然能有效疏導。二〇〇七年，時任國家主席胡錦濤訪問香港，提出「要重視對青少年進行國民教育」。往後數年，時任行政長官曾蔭權每年都在《施政報告》中提出要加強國民教育，並於二〇一〇年提出設立「德育及國民教育科」，於二〇一二年六月推出課程指引，並要求於九月新學年起成為中小學的必修科。

在香港推行國民教育，必先面對法理上「香港居民」的定義和中國認同之間沒有必然關係。如前文所述，香港居民和中國公民這兩個概念交叉但互不從屬（見〈香港人都是中國人，為何還要討論身分認同？〉），例如香港有很多不是中國公民的香港永久性居民（如沒有歸化入籍的南亞少數族裔）。不少中國大陸的輿論在批評香港政治時，往往怪責香港人沒有自視為中國人。即使時任中聯辦（中央人民政府駐香港特別行政區聯絡辦公室）宣傳文體部部長郝鐵川談及國教科時，也表示既然香港已是中國的一部分，「香港人不是中國人，請問是哪國人？」他身為負責香港事務的中國官員，對香港的現實竟然如此不掌握，難怪中國政府的各種政策出現嚴重失誤。

之所以要強調香港人和中國人法理上的區分，是因為香港是一個法治社會，政府把認同議題當作公共政策推行，必然會受到法理上的諸多挑戰。當特區政府提出國民教育的時候，其中一個最先被關注的爭議點，正正是少數族裔的處境。當《基本法》明確指出非中國公民可以成為香港永久性居民，特區政府卻在教育政策中提倡香港人有愛國的義務，兩者之間便有明顯衝突。要求香港永久性居民當中的非中國公民多理解中國事務並無不妥，但要求他們對中國表現出愛國情操便明顯地不合理了。

查看官方的課程指引，不難發現當中對認同問題採取原生本質主義，通篇充斥「中華民族血濃於水」、「同根同心」、「祖國同胞」等的用詞，實質上違反了中國憲法對中國做為多民族國家的定性。這些強調「血脈相連」的想像，其實是一種赤裸裸的種族主義。現代社會強調身分認同是社會建構使然，利用生物學的措辭把身分角色強加於人，從近代史的經驗來看十分危險。

不少輿論指出，香港的中小學教育當中本來已有公民教育的元素，即學習個人在社會和政治參與時的權利和義務，例如學習政

「反國教」遊行標語（圖片提供：梁啟智）

治制度和討論公民權利。對於這方面的教育工作，社會各界甚少質疑，只嫌做得不夠。然而國教科卻超出了這個相對客觀的範圍，對學生做出情感上的要求，例如提出「情感層面」的評估，要「由接觸到觸動」，教師和學生之間要「彼此激勵，孕育真情」。這些要求和香港實際的多元社會環境有明顯衝突，情感評估更被批評是「洗腦教育」和「公然鼓吹虛偽」。當公眾注意到官方教材強調情感教育時，更引發了巨大的反響。例如有教育局的教材建議學生參觀圓明園的時候要舉起右手起誓「毋忘歷史」和「貢獻祖國」，又有工作紙引導學生分享聽到國歌時會否「感動流淚」，與強調理性思考的公民教育理念相違背。

有記者特別訪問了加拿大的教育官員，解釋一個自由社會中的「國民教育」應該是怎樣的。相對於要學生見到國旗要自豪，加拿大的做法是解構國旗設計歷史所反映的族群爭拗；相對於教導學生愛國，加拿大教導學生「國家」是政治過程中的一個產物；相對於講求「團結和諧穩定」，加拿大教導學生人民與政府抗爭的歷史；相對於強調國家發展和機遇，加拿大更強調國家曾犯過的錯誤，並會向人民道歉和賠償。有輿論看到這些國際例子後，認為要在香港辦國民教育，認識國歌的時候也必須說一下填詞人田漢如何在文革期間被活活逼死，國歌也曾經改用新歌詞，「冒着敵人的炮火」變成了「高舉毛澤東旗幟」。

國民教育受挫的教訓

反國教科運動在二〇一二年九月進入高峰。自九月一日開學日起，連續九天晚上有數以萬計市民在政府總部外集會抗議，學生、教師和家長絕食，「反國教」成為剛上任行政長官的梁振英的首個政治炸彈。到了九月九日，梁振英宣布取消國教科三年開展期，抽起「當代國情」部分，並於十月正式擱置國教科課程指引。

值得注意的是，這次運動的成功在香港的反對運動中有其獨特性。帶頭的學生組織「學民思潮」[1]以一班中學生為核心，他們過去沒有任何政治參與的經驗，因而也沒有任何包袱和私怨，才能取得普遍市民的同情和認可。運動本身亦容許了不同立場的抗爭者參與，無論是「愛國不愛黨」還是全面抗拒中國認同的抗爭者，都可以在運動中共存。

雖然德育及國民教育科因為反國教科運動而落幕，不過香港政府對國民教育的推動沒有停止，改為推行「沒有

「反國教」遊行標語（圖片提供：梁啟智）

國民教育科的國民教育」。例如近年來中國政府和香港政府就大力資助香港學生到中國大陸交流，中國教育部提供每人每日五百五十元人民幣的補貼，香港政府又為每名香港大專生提供三千港元的旅費資助，使得不少交流團變相費用全免。另外，由於香港的教科書出版商大多都已被收編，與中國政府有千絲萬縷的利益關係（見〈為什麼無線電視會被稱為CCTVB？〉），不少教科書都滲入「愛國元素」，例如加入升旗禮感受的閱讀教材等。此外，又有意見認為學校應加強中史教育來強化國家認同，但亦有歷史學者批評，香港的中國歷史教育過去往往以大一統視角和漢族中心主義去書寫，既不客觀，也無助學生認清歷史。國民教育科雖然已經被抽起，但國民教育的爭議在香港仍然持續。

反國教科運動顯示，體制上層在香港身分認同的問題上與社會嚴重脫節。國民教育遇上挫折，說到底是因為其出發點本身就是基於一系列的謬誤：先假設認識中國只有一種正確的方法，而基於這種方法自然就會得出愛國的情感；香港人只不過是因為被過去的殖民統治所蒙蔽，沒有用正確的方法認識中國，只要在教育上撥亂反正便能在認同問題上重回正軌。

這假設最少有兩個問題：首先，如前文所述，香港人的中國認同一直十分豐富，對中國並非毫無認識，而認識的方法比在審查監控下的中國大陸更為多元豐富。再者，香港人過去的中國認同感並不算低，出現大幅逆轉只是近數年的事，而且集中在年輕人之間發生。他們大多都是九七後出生和成長的，但他們對中國認同的抗拒程度遠高於在英殖時期成長的香港人，所以「受殖民統治蒙蔽」的說法，更像是為特區管治失敗找藉口。

至於為什麼香港人特別是年輕人會愈來愈抗拒中國認同？國民教育爭議表現出來的其實只是病徵。要尋求病因的話，得從文化走進政治，看看香港特區的政治制度出了什麼問題，使得不少年輕人恨不得要和中國一刀兩斷。

延伸閱讀

Morris, Pand Vickers, E (2015). Schooling, politics and the construction of identity in Hong Kong: the 2012 'Moral and National Education' crisis in historical context, *Comparative Education* 51:3, p305-326.

曾榮光（二〇一一）：〈香港特區國民教育的議論批判〉，《教育學報》第三十九卷第一—二期，頁一至二十四。

---

1 香港的學生組織，由香港九〇後學生所組成，核心成員包括黃之鋒、周庭、黎汶洛等人，已於二〇一六年三月解散。

普通話會取代粵語成為香港的主流語言嗎？

按目前趨勢看來，中短期內不會。不過儘管廣州話／粵語／廣東話目前尚處於主流地位，香港人近年對語言和文字已變得十分敏感。畢竟語言是身分認同的重要元素，前文便提到一九七〇年代廣東流行曲的興起對香港認同的出現有舉足輕重的作用（見〈「香港認同」和「中國認同」是否對立？〉）。此外，普通話的流行程度也被一些輿論視為中國大陸來港移民人數的指標，認為普通話愈流行就代表土生土長的香港人在比例上變少，而大陸移民則拒絕融入本地文化，因此要守護香港人的獨特身分將會變得困難。

從二〇一六年中期人口統計的數據去看，廣州話在香港仍然十分普遍，是八八．九％香港居民的慣用語言（即在家中使用的語言），而能說廣州話的更達九四．六％，只有五．

四％的香港人不會。除了廣州話外，以慣用語言算香港的主要語言還有英語（四．三％）、普通話（一．九％）、福建話（一．〇％）和客家話（〇．六％）等，另有其他少數族裔語言如日本語、泰語和南亞語系等。近年廣州話做為慣用語言的比例有輕微下降，而普通話的比例則有輕微上升，但說到普通話要成為香港的主流語言，數據上暫時看不出來。

至於輿論對中國大陸移民拒絕融入本地文化的擔憂，數據上也未能證實。同樣是二〇一六年中期人口統計的數據，限以華人計算，來港不足一年的華人當中能說廣州話的比例為七四．六％，來港一至三年的為八六．六％，來港四至六年的為九五．八％，來港七至十年的為九七．二％，來港十年或以上的為九九．一％。換言之，不懂得廣州話的外來華人人口要不是後來學會了，就是離開了，語言上的影響未如輿論擔憂般強烈。另有統計顯示，雖然近年從中國大陸來港的新移民當中，慣用語言不是廣州話的愈來愈多，但能使用廣州話交談的比例卻未見明顯下跌。也就是說，他們來港後出於日常溝通等生活需要，絕大多數還是學會了廣州話。

當然，上述的只是普遍情況，個別場合的語言環境可以有更明顯的改變。例如一些和中國大陸有大量業務往來的企業，往往會招聘不少大陸專才或在港畢業的大陸留學生工作，職場語言就會變成普通話。此外，由於上述數據只計算香港居民，不計算遊客，所以不能反映出在某些服務中國大陸遊客為主的場所，普通話已變成該處主要交談語言的情況。

那麼香港人口當中懂得普通話的比例又如何？同樣只計算華人人口，二〇〇六年時能說普通話的比例是四一．八％，到了二〇一六年已升至五一．八％。這改變相信源於中港交流頻繁，很多人出於工作需要都學會了普通話；政府在普通話教育方面的投放，也帶來明顯的影響。

普通話教育的爭議

不過普通話教育應如何推行，民間則有不同意見，當中有兩條問題至關重要。第一，學習普通話應該出於自願，還是強制執行？第二，學習普通話應該和使用廣州話分開進行，還是要取代廣州話的教學地位？近年香港出現強制學習普通話，以及普通話取代廣州話教學地位的趨勢，使得不少輿論認為普通話取代廣州話已成官方政策，最終會演變為文化侵略，香港下一代將會不再重視甚至不懂得廣州話。不少輿論擔憂上海話在上海新一代之間不再流行的情況，將會在香港重演。

強迫學習普通話的問題，在香港浸會大學（浸大）普通話豁免試風波中最為明顯。浸大自二〇〇八年起要求學生必須修讀帶學分的普通話課程，並要考試合格方可畢業。有學生認為要求不合理，於是浸大於二〇一七年起推出測試，合格者可豁免修讀普通話課程。結果測試只有三成學生合格，學生質疑測試標準有問題，甚至認為語文中心刻意降低合格率來保障自己的生源。事件在校內激化為示威衝突，在校外則演變成大學語文政策之爭。大學認為學習普通話對學生有利，可以用各種方式鼓勵自願學習；但將之變成畢業的要求，和大學本身做為思想自由堡壘的角色有否衝突，成為關注焦點。

中小學教育方面，爭議則在於廣州話的教學地位會否被普通話取代。香港政府於二〇〇八年起推出「協助香港中、小學推行『以普通話教授中國語文

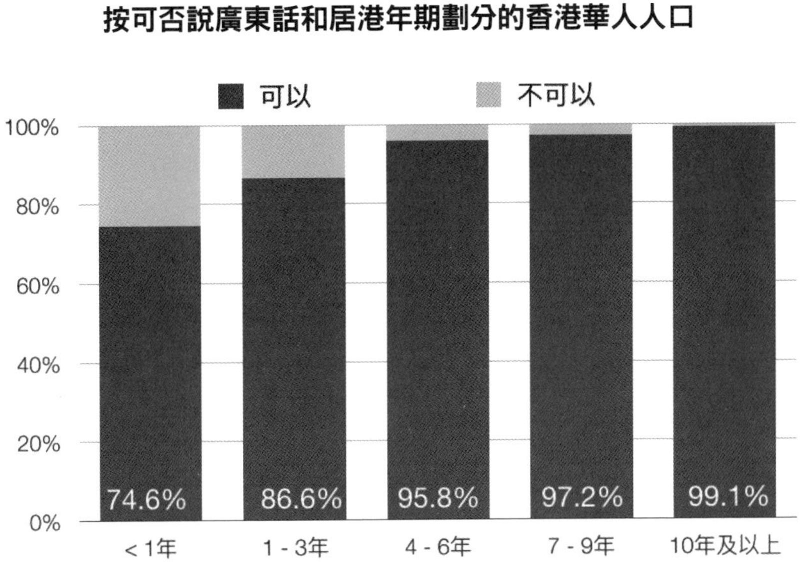

華人能說廣東話的比例按居港年期上升（製圖：梁啟智）

科』計畫」，也就是「普教中」。政府推動以普通話取代廣州話做為中文科的教學語言，理據是一方面是要統一「聽、說、讀、寫」，減少香港或廣東俚語入文的情況；另一方面則可加強普通話學習，有利日後跨境交流。不過，有作家和研究語文的學者指出，不一定要用普通話學習才能學好中文寫作，強行使用卻會阻礙師生溝通。有成績評估機構的調查發現，「普教中」學生的閱讀水平反過來比非「普教中」學生低。政府在推動此政策十年以來，仍未能提供數據支持其實際成效。

繁簡和中港用語衝突

除了廣州話和普通話之爭外，類似的爭端也在書寫系統和字詞應用出現。書寫系統之爭，在於繁體字和簡體字在香港的地位。簡體字的使用對持香港本土觀點者來說，也代表來自中國大陸的文化入侵。他們往往會把繁體字稱之為正體字，強調其為正字本源；再激進一點的，會把簡體字稱為「殘體字」，並嘲笑他們眼中簡體字的弱點（如同字多義更常出現，引發「後后不分」等問題）。

字詞應用方面，也有持本土觀點者認為要守護香港身分，就要嚴格拒絕一些源於中國大陸的流行字詞。例如一段婚姻當中出現女性第三者，香港過去的說法是將該女性稱為「二奶」，近年媒體則開始多用中國大陸流行的「小三」，引發不少持本土觀點者的不滿，甚至稱之為「匪語」。曾有餐廳為了服務中國大陸旅客，在餐牌上把香港通用的「沙律」寫成「沙拉」，亦引發輿論強烈不滿。

不過，什麼是所謂的「匪語」，什麼才不是，有時也不易回答。例如「質素」和「素質」的分別，不少持本土觀點者強調香港人不應遷就中國大陸的「素質」說法，有語言學者研究後則發現兩者背後原來有相當複雜的歷史和當代含義，不易釐清。類似案例點出了一個問題：文化議題往往很難非黑即白，但政治議題卻常常強調立場明確，兩者之間的落差難免會帶來各種爭端誤解。近年就常常出現有香港人把說國語的臺灣遊客當作是中國大陸遊客來歧視對待，又或把寫

普教中的成效引起很大爭議（圖片提供：立場新聞）

新馬華文的東南亞網友當作是中國大陸網友來歧視對待的情況。

當然，語言和政治本來就分不開，語言學界常說語言和方言的分界是「語言就是有軍隊的方言」。語言是身分認同的重要構成，而身分認同往往涉及情感政治動員。世界各地的本土政治運動往往與本地語言的保育相關，例如前蘇聯各國的獨立運動都涉及當地語言與俄羅斯語之間的地位爭議。這些語言之爭有時會出現不理性的趨向，引發嚴重衝突，摩爾多瓦內戰就是一例。有些烏克蘭的抗爭者會把俄羅斯語稱之為低等民族的語言，和一些香港人稱普通話為「胡語」相似。

港人功利的語文認同

說到這兒，看起來香港人好像十分熱愛香港的本土語言。回顧歷史，香港人本來並不特別捍衛廣州話。特區成立以來第一次的語文之爭，其實是在一九九八年推行的母語教學。過去香港中學教育傾向使用英文教科書，配以中英夾雜的教學語言。特區政府推出母語教學，要求使用中文課本和以廣州話教學，以免語文成為學習障礙。不過此舉卻引發不少家長不滿，認為會影響子女學習英語和日後升學。於是政府表示如果學校的大多數學生能使用英語學習，則可使用英文課本和英語教學；但這決定隨即造成嚴重分化，不少學校想盡辦法強行擠進英文中學的行列，以免被家長視為次等學校。

香港家長對語文的功利態度，有時更會產生十分極端的行為。政府於二〇一八年的調查顯示，香港有一萬二千七百名母語不是英語的家長，選擇只用英語與子女溝通，因為「可以給小朋友有接觸英語的機會」和相信「愈早學習英語愈好」。從本土觀點出發，這些家長其實相當忘本。有評論認為正因為這種功利態度，所以反對「普教中」的運動未能如反對國民教育科運動般引發全面的社會抵抗。據教育局於二〇一八年統計，現時有超過七成的小學和三成多的中學推行「普教中」，一般家長都以多學一種語言有利日後生活為由而不深究背後的政策問題和認同爭議。

香港人對語言問題的重視與否向來十分流動，爭議的處境才至關重要。過去香港學生在公開考試時為了快點完成答卷，往往會混合使用繁體字和簡體字作答，香港考試局也表明可以接受。說到流行字詞，香港做為一個港口城市，本來就有大量來自海外的字詞（例如「燕梳」一詞源自英語中的 insurance（〔保險〕），「放題」一詞來自日本語中自助餐的漢字說法），而本地流行字詞又會傳到外地（例如的士和巴士取代了中國大陸的計程車和公共汽車；Add Oil〔加油〕走進牛津英語詞典）。

香港人近年對普通話、簡體字，以及中國大陸的流行用語變得特別敏感，原因離不開中港政治矛盾在同一時間變得激烈。不少香港人認為香港相對中國大陸正處於一個受威脅的位置，因此要處處提防來自中國大陸的「滲透」。而基於香港人本身對特區政府的信任問題，香港政府推行的文化和教育政策很容易引來質疑，被認為是在文化上模糊中港差別。要理解這些「文化衝突」，我們得先從制度出發，理解為何許多香港人對當前的中港政治關係感到抗拒，拒絕信任特區政府。

延伸閱讀

彭志銘、鄭政恆編（二〇一八）：《香港粵語撐到底》，香港：次文化堂。

Tsui, ABM（2017）. Language Policy and the Construction of Identity: The Case of Hong Kong, In Tsui, AMB. and Tollefson, JW. (eds) *Language Policy, Culture, and Identity in Asian Contexts.* Taylor and Francis.

網上資源

立場報道（二〇一五）：〈課堂上，壞處比好處多〉：立場新聞，二〇一五年八月七日，https://thestandnews.com/politics/ 普教中 -勿狗衝 -2- 課堂上—壞處比好處多/。

第二部　制度之爭

中港對特區政治制度的最大分歧是什麼？

中國政府和香港社會對於特區政府的認受性來源有根本分歧，香港各種政制爭議歸根究柢均由此而來。特區政府的認受性在中國政府眼中近乎不證自明，但對很多香港人來說卻是要建立和維持的。此分歧使得中港在各種政治問題上糾纏不休，其中以普選和國家安全議題特別明顯。

認受性的建立和危機處理

所謂認受性（正當性），簡而言之，就是要回答一條簡單的問題：「你憑什麼可以管治

（治理）我」。政治學所關心的議題，很多時候都涉及人類社會如何建立、維持和修改各種規則的問題。畢竟我們並非居於荒島，只要有多於一個人就要有規則，然後就要問：誰有權決定這些規則？其他人為何要服從？當有人拒絕服從時又用什麼方式實施或重訂規則？

最赤裸裸的做法是以武力解決，但這樣做效率很低。試想，如果政權每次要求民眾或公職人員做一件事情，都要找個有槍的人出來走一圈去耀武揚威，這個政權得養多少個有槍的人才能解決問題？再者，這些有槍的人也有可能搞武裝政變，對他們的監管也是一個問題。與此同時，那些民眾和公職人員就算服從也很可能會陽奉陰違，不會真的把事情做好。比較有效率的做法，是要讓他們都心悅誠服地追隨和服從政權。換一個中國的傳統說法，就是孔子在《論語．顏淵》提到的「民無信不立」。

要建立認受性，傳統來說可以靠神話，例如皇帝可以說自己是天子，也就是君權神授。可是，萬一有另一個人走出來說他才是天子，而當時又發生一些可理解為上天改變主意的徵兆，例如地震或者洪水，那麼皇帝的認受性就會受到挑戰。另一種做法是靠個人魅力，例如有些人是演說能手，很善於說服其他人去追隨他，他同樣可以建立認受性。然而人的生命是有限的，到了這個領袖百年歸老之後，他的接任人如果沒有同等的魅力，政權以外卻出現另一個很有魅力的領袖，則同樣會產生政權不穩。我們也可以拉闊一點，把個人魅力轉化成意識形態的魅力，說服民眾一起為某個理想去奮鬥，所以要跟隨某一群人。不過這種認受性要得以維持，執政者就要不斷提供現實或虛構的例證，去說明社會正在一步步走近那個理想。如是者，認受性最終還是關係到政權的表現。

現代政治學明白到沒有一個政權可以永遠維持認受性，畢竟天災人禍總是會發生，社會發展也不會只向前而從不衰退。因此問題的核心，是當政權出現認受性危機時，如何把權力以非戰爭、內戰或流血政變等的方式和平轉移，減少對社會的衝擊。這就是民主制度的根本。當權力和平轉移了，新的政權就得到新的認受性。而被拉下臺的人，也可以努力通過選舉重新奪得政權。當大多數人都認同這個制度，相信自己有份決定政權誰屬，認受性更新的過程就不用那麼你死我活，社會就更容易變得穩定，執政者不用耗費大量心力維穩，減輕管治成本。

再簡單一點說：政權沒有認受性，人民會造反。講認受性，就是認清不是所有的規則都應當遵守，也不是所有的權威都應當遵從。如果有人衝擊圍牆，我們應先問這圍牆為何存在，而不是譴責一切衝擊。

為何港英政府較少認受性挑戰？

把這個討論放在香港，嚴格來說九七前的港英政府同樣要面對認受性挑戰。它既為外來政權，和本地社會交往不深，也不容許本地人取得管治實權，理應受到質疑。有三個理由讓港英政府受到的壓力得以減緩。

第一，當時香港接收大量來自中國大陸的難民。他們自願選擇來到英國管治下的香港，在他們眼中中國大陸的形勢比香港更糟糕，對港英政府的要求也因而降低。第二，香港經濟在戰後快速發展，而且比中國大陸穩定和開放，港英政府可通過表現來維持認受性。第三，到了過渡期，雖然隨着本地公民社會走向成熟，社會對參與政治的要求愈來愈多，但對九七的期望或恐懼卻更為重要。既然中國政府已答應了九七後是港人治港，於是對港英政府的認受性挑戰，很容易便會轉化為對未來特區民主化的追求。直白一點說，即使有不滿也好，反正英國人數年內就要走了，對英殖的挑戰也同時消除了。

然而特區政府就不一樣了。如前文所述，香港人在主權移交前夕基於各種原因處於不現實的亢奮狀態（見〈香港人當年有否喜迎九七？〉），所以對特區政府本身也有極高期望。當特區政府的表現不符期望，市民開始時只對個別的領導人物（如董建華）表達不滿。不過隨着年月和人物更替，特區政府的表現仍然未有改善，而港人治港的普選承諾又未能實現，公眾便會開始質疑制度本身。

換言之，當香港人眼前的問題愈來愈多，又不像九七前那樣有新的政權可期望，新政權答應過的普選又遲遲未見落實，特區政府的認受性危機便隨之爆發，這也就回到一開始的那條問題：「你憑什麼可以管治我」。有時中國大陸的輿論會質疑香港的政治問題只不過是政客操弄民意所致，但想深一層，他們有動機並能夠這樣做，本身也說明社會出了問題。正確的處理方向，應該是面對社會本身的問題，正本清源。

兩制容許一國，還是一國先於兩制？

特區成立以來出現各種管治危機，社會大眾無法團結一致，背後都是認受性問題。而特區政府的認受性問題，核心在於特區從何而來。

站在中國政府的立場，香港從來都是中國的一部分，中華人民共和國在一九九七年七月一日恢復行使對香港的主權，並按中國《憲法》第三十一條設立香港特別行政區。換言之，兩制是由一國所創立的，特區的權力和地位在制度上是由全國人大說了算，給多少就有多少，不存在認受性問題。

站在香港社會的立場，儘管很多香港人在情感上和中國有連結，但這個「中國」很多時候是一個文化上的虛銜，在他們眼中和中華人民共和國這個實際政權並不對等。在一九八〇年代初，大多數香港人都拒絕接受中華人民共和國的統治。後來慢慢願意接受，很大程度上建基於一國兩制的保證，即相信九七後能和中華人民共和國的直接統治保持一定區隔。

換言之，對於這些香港人來說，沒有兩制，一國是無從談起的。而兩制的創立，是由《中英聯合聲明》所確定，當中詳列中華人民共和國政府對香港的基本方針政策。與此同時，《基本法》又明文規定中國政府在任何情況下也不能偏離這些載於《中英聯合聲明》的方針，而《中英聯合聲明》本身又在聯合國備案。在這些理解下，中華人民共和國在香港的地位並非不證自明，而是一種社會契約，最起碼中港雙方都各有責任。反過來說，當中方不再按其承諾行事時，例如做出違反《中英聯合聲明》和《基本法》的事情時，則最起碼在道義上的層面，香港做為中華人民共和國一部分這點就會開始受輿論質疑了。

簡而言之，對於中國政府來說，是一國的基礎創立了兩制；而對於香港社會來說，卻是兩制的承諾帶來了一國。一邊是一國先於兩制，另一邊是兩制容許一國。中國政府和香港社會的出發點一開始就差天共地，香港政制的各種問題都可以說是由這認知差距而來的。由於在中國政府的立場來說，特區政府根本不存在認受性問題，也就不用解決；香港社會卻認為特區政府表現不濟而且沒有認受性，要改變政治制度才能根本地扭轉問題。香港人排拒特區政府，實為認受性危機的病徵。而這個先天的缺陷，隨着行政權、立法權和司法權在特區成立以來的逐步弱化而不斷擴大，使得香港陷入有些本地學者視為「不能管治」的境況。

延伸閱讀

Scott, I (2007). Legitimacy, Governance and Public Policy in Post-Handover Hong Kong, *The Asia Pacific Journal of Public Administration* 29:1, p.29-49.

Sing, M (2011). The Legitimacy Problem and Democratic Reform in Hong Kong, *Journal of Contemporary China* 15, p.517-532.

香港真的實行三權分立嗎？

香港政治其中一個弔詭之處，是同樣對香港極有影響力的官員，可以對香港的政治體制有極為不同的理解，使得政治辯論往往連最基本的共識都不存在。中聯辦前主任張曉明曾在二〇一五年聲稱香港實行的不是三權分立制度，行政長官有超然於行政、立法和司法的法律地位，引起一時輿論熱議。有傳媒則翻出香港兩任終審法院首席法官李國能和馬道立過去的言論，他們均曾清楚表明三權分立是香港政治制度的重要基礎。如是者，傳媒就張曉明的言論訪問馬道立，他則引用了《基本法》中司法獨立和人人平等的條文做回應。

解釋他們的理解為何會有出入之前，得先釐清三權分立的意思。政治學上的權力分立是指把公權力分散在不同機關當中，以產生互相制衡作用。以行政權、立法權和司法權為劃分的三權分立，就是一種常見的權力分立制度。其中，行政權和立法權分割的程度在不同政治體制有別。例如在美國的總統制當中，行政權和立法權就全面分割，選民分別選出總統和國會，由總統領導行政機關，受國會監督。在一個三權分立的制度中，行政權執行政策，管理政府的日常運作；立法會監督行政權，通過立法和審批財政等方式規範行政權；司法權則擔當仲裁角色，如裁決行政當局有否違法和議會通過的法案有否違憲。這樣的設計來自法國啟蒙思想家孟德斯鳩（Charles de Secondat, Baron de Montesquieu），他認為通過權力相互制約能避免任何一方獨斷獨行，為人民帶來災難。

香港的政治制度設計上類近美國的總統制，同樣分行政權、立法權和司法權，行政長官和立法會分開選出。行政長官領導行政機關，也就是特區政府。《基本法》列明行政長官和行政機關受立法會和司法機關的監督，而立法會本身也受司法機關的監督。至於司法機構當中，終審法院的法官和高等法院首席法官的任命或免職，則又需要行政長官和立法會的同意。

雖然在《基本法》的條文中沒有出現過「三權分立」這四個字，但處處可見三權分立的操作。《基本法》第四十八條、第四十九條、第五十條、第五十二條和第七十六條所述的行政長官和立法會職權，可看到權力相互制約。政府提出的法案要交由立法會審議通過，而立法會通過的法案又要得到行政長官的簽署才能成為法律。如果行政長官拒絕簽署立法會通過的法案，可以在三個月內將法案發回重議；但如果法案再獲立法會不少於全體議員三分之二多數通過，則行政長官只可以選擇簽署或解散立法會。不過，如果重選立法會後該法案仍然獲立法會不少於全體議員三分之二多數通過，而行政長官仍拒絕簽署，則行政長官必須辭職。上述的情況在特區成立以來沒有出現過，實際上發生的可能性也甚低，但這些條文的存在足以說明《基本法》認同權力應該相互制約。

在政治實踐當中，自特區成立以來也出現過不少重大議案未獲立法會通過的案例，如二〇〇五年和二〇一五年的政改方案就被否決。市民通過司法覆核（judicial review，臺翻司法審查）嘗試推翻政府或立法會決定的案件更是屢見不鮮，也曾有不少覆核成功的案例，如前文提及港珠澳大橋工程環境許可證的覆核。至於「行政長官地位超然」的說法，容易讓人以為是指行政長官完全不受制約，不符《基本法》第二十五條列明「香港居民在法律面

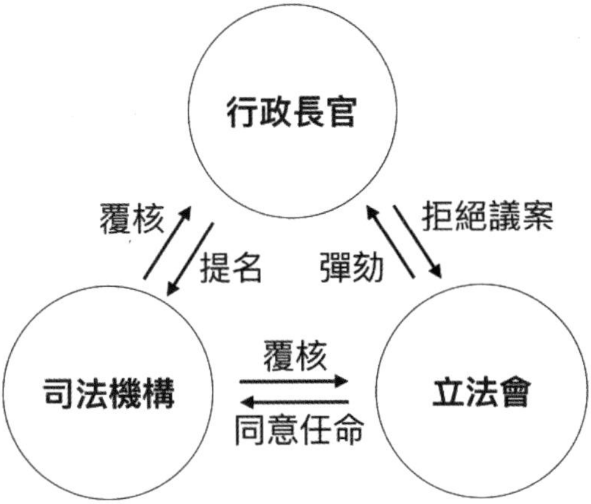

簡化版的香港「三權分立」（製圖：梁啟智）

前一律平等」的規定。事實上，前任行政長官曾蔭權於卸任後，亦因任期內涉嫌違反「公職人員行為失當」罪而一度被判監，後上訴至終審法院才推翻所有控罪和判刑。這些事例都讓香港市民有理由相信，香港有一定程度上的三權分立。

有形無實的港版三權分立

話雖如此，香港的三權分立有不少明顯缺陷。

首先，相對於其他三權分立的政治制度，《基本法》給予行政權的權力比立法權明顯要多，所以香港政制常有「行政主導」之說。例如在美國，財政預算案的草議和審批權都在國會，總統極其量只可以拒絕簽署發還重議；在香港則剛好相反，財政預算案的草議權在政府一方，立法會只能選擇通過或否決。因此，香港的立法會議員利用財政預算來改變政府政策的能力，就遠遠低於美國的國會議員。

此外，《基本法》第七十四條規定立法會提出法律草案時，不得「涉及公共開支或政治體制或政府運作」，而「凡涉及政府政策者，在提出前必須得到行政長官的書面同意」。僅是這一條，就決定了政策設定的權力完全傾向行政權一方。立法會議員想提出一些政府沒打算提出的政策，就連門也沒有。

第二，香港不是一個獨立政體，《基本法》為中央政府保留不少介入香港政治的權力：

按《基本法》第十七條，全國人大常委會如果認為立法會通過的法律「不符合本法關於中央管理的事務及中央和香港特別行政區的關係的條款」，可將有關法律發回，該法律在香港即告失效。

按《基本法》第四十五條，行政長官在香港通過選舉或協商產生，然後由中央人民政府任命，而普遍的理解是中央政府有權不任命。

按《基本法》第七十三條第九項，雖然立法會有權彈劾行政長官，但就算議案得到立法會全體議員三分之二多數通過，仍然要報請中央人民政府決定，即中央政府有權推翻立法會通過的彈劾。

按《基本法》第一百五十八條的規定，《基本法》的解釋權屬於全國人大常委會。自特區成立以來，對此條文的理解已變成是人大常委會可在任何時候解釋《基本法》，而香港的司法機關都會執行這解釋。

由此可見，香港政治不只是三權之間的互相制約，中央政府在必要時是可以大幅甚至完全削去某些行政權、立法權或司法權。其中行政長官的任命和彈劾要由中央政府決定，正正就是所謂「行政長官超然」說法的依據，意謂行政長官的地位並不完全受香港的立法會和司法機關的制約，這和正常三權分立的政體有別。

最後，從實際操作上看，權力制約背後假設了權力來源分散，而這點在香港亦有明顯缺陷。自特區成立以來，由於政治制度和實際操作所限，不管香港主流民意為何，結果無論是行政長官或是立法會多數議員的政治立場均親北京。由於行政和立法雙方都是同一陣營而又沒有下臺的憂慮，有效的互相制約就無從發生。而對於司法機關來說，就算他們嘗試保持獨立，也要按現存的政治和法律制度行事。如果制度本身有缺陷，司法機關可做的事情十分有限。在上述的重重困難下，香港的三權分立就很容易變得有形無實了。

延伸閱讀

Gittings, D (2016). System of Government, *Introduction to the Hong Kong Basic Law* (2nd Edition).

Hong Kong: Hong Kong University Press.

Lo, PY (2014). The Background of Concepts, *The Judicial Construction of Hong Kong's Basic Law: Courts, Politics and Society after 1997*. Hong Kong: Hong Kong University Press.

香港真的實行高度自治嗎？

表面上，香港擁有極高的自治權，甚至比世界上許多自治政體還要高。實際上，香港的自治權恐怕比美國聯邦制下的一個州還要低。這個落差，源自於香港高度自治的本質和目的。

從政治學去看，討論自治政體的權力離不開以下五點：一、自治政體的地位和權力的來源；二、自治政體本身的政府如何組成；三、自治政體如何參與全國事務；四、當自治政體與中央政府出現矛盾時由誰來仲裁；五、自治政體與中央政府如何分權。香港的問題，在於除了在分權這一項優於世界上其他自治政體之外，各方面都要來得糟糕。

香港自治的法理保障有限

先談自治政體的設立。以美國的聯邦制為例，州政府和聯邦政府的權責按美國《憲法》第十修正案規定：「憲法未授予合眾國、也未禁止各州行使的權力，由各州各自保留，或由人民保留。」在此制度下，各州政府的權力受到相對明確的保障。如要根本改變州政府和聯邦政府的關係，則要修改《憲法》才可發生。

相反，在一個單一制的國家，例如英國，國會就有遠遠較多的權力去改變中央與地方的關係。例如英國曾經在一九八六年直接廢除了大倫敦議會（Greater London Council），使得倫敦市陷入「無政府狀態」，只靠倫敦範圍內各行政區互相協調來管理。到了二〇〇〇年，英國又重新設立大倫敦政府（Greater London Authority），並設直選倫敦市長一職。這些改變都只要國會通過就可以實行。當然，英國政府願意恢復倫敦的地位，是因為國會競選時英國工黨承諾如果當選便會推行此政策，於是在選舉中獲得倫敦市民支持。

相比較之下，香港特別行政區是由全國人大按中國《憲法》第三十一條設立，而憲法條文本身並無明確規定特別行政區的權力範圍。中國做為一個單一制國家，而全國人大的決定普遍都以九成以上的票數通過，香港特別行政區在中國國內的法理保障其實十分有限。

行政長官的雙重效忠問題

說到自治政體本身的政府如何組成，香港的自治程度不單比美國聯邦制下的地方政府低，也比單一制下英國的大倫敦政府還要差。香港的行政長官要履行權力時，面對的限制十分之多，其中以雙重效忠的問題最為明顯。《基本法》第四十三條規定：「香港特別行政區行政長官依照本法的規定對中央人民政府和香港特別行政區負責」。這條條文看起來沒有什麼特別，但相對於其他國家的中央與地方關係，則十分奇怪。

以紐約市政府的組織架構圖為例，放在最高位置的並非市長，而是「紐約市全體人民」。換言之，紐約市長要向紐約市民負責。在這組織架構圖當中，紐約州長或美國總統都沒有位置。這不是說他們不能影響到紐約市政府的運作，而是說他們和紐約市政府之間沒有從屬關係。紐約市長可以也經常公開批評美國總統，當美國總統的決定不符合紐約市市民的利益時，市長會清楚表明，從來不會有人覺得他這樣做會威脅得到美國總統的威嚴，更不會有人將之引申為紐約市要搞分裂。反過來說，美國總統如對紐約市長有任何不滿，也不能直接把紐約市長革走，因為紐約市政府的權力架構本身和聯邦政府無關。

即使在單一制的英國，倫敦市長既不由國會直接問責，也不用向英國首相述職。他要和西敏寺建立怎樣的關係才能最大程度保障倫敦市民的利益，是他的選擇。當然，理論上如果英國國會不高興，可以把整個倫敦市長的職位廢除。不過一旦制度設立了，就得按制度行事，不存在日常意義下的從屬關係。

然而在香港，中央政府對香港政府的影響力就遠遠大得多。《基本法》列明行政長官既要向中央政府負責，又要向香港特區負責。如是者，當中央政府和香港特區的利益出現矛盾時，行政長官該怎麼辦就成為難題。中央政府和香港特區有利益矛盾，不一定就是中央政府刻意要難為香港特區，也不一定是香港特區刻意要挑戰中央政府。就算中央政府的出發點是為香港特區的利益着想，香港社會的想法也未必如此一樣，一個人眼中的禮物在另一個人的眼中可變成廢物，本來是一件很正常的事情。

經過二十年的實際操作，上述矛盾的後果十分明顯：行政長官會完全倒向中央政府的一邊。無論是《基本法》的規定或是非正規的政治操作中，中央政府都有很多渠道向行政長官施壓；相反，香港社會即使對行政長官有多大不滿，也不太可能直接挑戰。按《基本法》第四十五條和第七十三條第九項的規定，行政長官選出後要得到中央政府的任命，而即使被立法會彈劾也要待中央政府決定去留。也就是說，中央政府有權否決香港選舉出來的行政長官人選，也有權否決立法會對行政長官的彈劾。如是者，「對中央人民政府和香港特別行政區負責」這句話的下半其實是虛文，只有上半是真的。

相對來說，美國國會固然沒有任命紐約市長的權力，英國國會也不能否決倫敦市長選舉的當選人成為倫敦市長。這點十分重要，因為它確保了權力分立和互相制衡。當美國總統特朗普（Donald John Trump，臺灣稱其為川普）因為他過去和俄羅斯的官商關係而被聯邦特別檢察官調查時，理論上他可以總統身分要求他的下屬把檢察官革職。不過，這樣做不能完全終止調查，因為涉及的罪行如洗黑錢等在州政府的層面同樣違法，因此可由州政府接手調查，特朗普對此就無能為力。這個制度區隔為總統濫權提供了重要的制衡。換轉在香港，如果香港政府要調查中央政府要員在香港有否從事非法經濟活動，實際上就極為困難，而這正正顯示出兩者自治程度的區別。

難參與全國政治，缺爭議仲裁保障

至於自治政體如何參與全國事務，以及當自治政體與中央政府出現矛盾時由誰來仲裁，香港的情況相對於其他自治政體來說也不理想。紐約市民如果不滿美國聯邦政府，可以在國會和總統選舉中投票；倫敦市民如果不滿英國政府，也可以在國會選舉中投票。然而，全國人大當中的香港代表並非由香港人普遍選舉產生，而是由過去各屆的選舉委員會（選委會）成員投票產生。選委會在香港社會的代表性本來就極受爭議，所以港區人大代表在香港的代表性同樣不被普遍認同（見〈為什麼行政長官選舉會被批評為假選舉？〉）。在民間交流方面，中國政府又大力阻擋香港人通過非政府組織介入中國大陸事務，擔心香港成為「反共基地」。如是者，中港之間就出現了全國政治可以干預地方政治，地方政治卻不可以參與全國政治的一面倒關係。

至於爭議仲裁方面，《基本法》本來對此特別是對釋法權有一系列的說明（見〈為什麼會有香港人反對人大釋法？〉），但實行起來卻變成人大常委會可做不受制約的決定。相對來說，美國各州如認為聯合政府的決定越權，侵犯到該州利益，大可以到聯邦法院起訴，通過獨立的司法程序來處理。在中國，最高人民法院本身從屬於全國人大，也沒有中國公民在最高人民法院成功起訴國務院的案例。在爭議仲裁這方面，香港的高度自治同樣比美國的聯邦制更欠保障。

港府認受性低落的成因

香港在制度上唯一比其他自治政體優勝之處，在於如何與中央政府分權，雖然在這方面也存在明顯理想與現實間的落差。按照《基本法》，除了外交和國防以外，特區政府可以全面管理各種內部事務，可以發行自己的護照和貨幣，又不用向中央政府交稅，更可參加各個國際組織和與外國商討貿易協定。表面上，香港特區的權力遠高於世界上其他的自治政體。

不過，現實中的香港政府未必能實踐這些條文上的自主。首先，由於行政長官本身由中央政府任命，難以想像行政長官在處理各種涉外政策時會違反中央政府的意願（與此相反，加州州長卻會繞過美國總統自己到外國討論氣候變遷）。不僅是行政長官，主要官員也要得到中央政府的任命，即中央政府有權否決主要官員的人選。如果中央政府把這規定所包含的權力用盡的話，便可以輕易介入香港特區各項原屬自治範圍的事務，如可以通過對教育局長的任免權力直接影響到香港的教育政策，儘管教育政策與外交和國防事務無關。

這樣去看，條文上香港特區所得的分權雖然很多，但實行起來的自主性卻比其他自治政體還要低。最起碼，紐約州教育委員會的成員是由紐約州議會選出，並非由聯邦政府任命，自然就不用好像香港政府那樣，一收到中央政府的要求後便要大搞國民教育。

除了在行政權之外，條文和實行的差距也在司法權出現。理論上，香港不執行全國性法律，特區又擁有終審權，獨立性因而大大提高。相對來說，美屬波多黎各的案件，就可以拿到位於美國本土波士頓的美國聯邦第一巡迴上訴法院（United States Court of Appeals for the First Circuit）審議。不過，前文提及的釋法權問題，卻大大削弱了香港的終審權，動搖了香港終審法院的地位。

順帶一提，《基本法》不少條文對於中港之間的分權其實寫得不太清楚，特別是在涉外關係的部分。例如《基本法》第一五四條列明「香港特別行政區政府可實行出入境管制」，當中「可」這個字就很值得細心思考。條文說香港政府可以實行出入境管制，但沒有說只有香港政府才可

	香港特區	美國聯邦制
權力來源	全國人大	《憲法》第10修正案
政府組成	行政長官及主要官員由中央政府任命	自行選出
全國政治	無法參與	直選總統及國會議員
矛盾訟裁	全國人大	聯邦最高法院
地方分權	國防外交除外，可設獨立貨幣、關稅及入境管制	部份政府服務，如教育、醫療、福利，勞工政策等

香港的「一國兩制」和美國的聯邦制之比較（製圖：梁啟智）

以，也沒有說中央政府不可以。於是乎，條文可被理解為這個權力不是絕對的，中央政府有干預香港出入境管制的平行權力（雖然按中國政府自己的慣例，一個機構授權予另一機構後，自己就不會再同時執行這個權力）。現實上，中國政府已有多次以政治理由干預香港是否容許外國人入境的紀錄，對象包括外國議員和異見人士。

當然，對於一個地方政府來說，和中央政府的關係不應時時弄得太僵，有這種想法也很合理，就算沒有明文規定也應避免無謂衝突。不過這是出於地方政府的自我選擇，還是出於中央政府的強制要求，對建立管治認受性來說有莫大分別。把地方首長服從中央政府寫成法律條文，而地方民眾又無權參與中央政府的組成時，地方政府認受性低落就是一個很合理的後果，各種管治困難也會隨之而來。

香港特區政府並非由香港人普遍選出；香港人普遍不能參與全國事務；《基本法》是中國《憲法》下的專法，地位低於《憲法》；如有爭議，則由人大常委會（全國人民代表大會常務委員會的簡稱）這個政治機構說了算，而不是獨立的法院。在這一系列的制度安排之下，香港特區的高度自治更大程度上是中央政府製造出來方便中國和國際社會交往的白手套，多於實際保證港人治港不受干預的相互協定。

延伸閱讀

Gittings, D (2016). A High Degree of Autonomy?, *Introduction to the Hong Kong Basic Law* (2nd Edition). Hong Kong University Press.

Chen, AHY (2018). The autonomy of Hong Kong under "One Country, Two Systems", *Routledge Handbook of Contemporary Hong Kong*. New York: Routledge.

為什麼外國政府常常對香港問題說三道四？

首先，香港政制本身要求香港政府邀請其他國家就香港事務發表意見。《基本法》第三十九條規定「《公民權利和政治權利國際公約》、《經濟、社會與文化權利的國際公約》和國際勞工公約適用於香港的有關規定繼續有效，通過香港特別行政區的法律予以實施」。特區成立以來，政府多次向聯合國提交報告交代香港的人權狀況，並派員出席人權事務委員會的會議，回答委員的質詢。過去的質詢，包括盡快實現普選、外籍家傭工被虐待和少數族裔的教育問題等。香港的民間團體也會列席相關的聯合國會議。簡單來說，外國政府對香港的問題發表意見，其實是《基本法》得到落實的體現。

拉闊一點去想，從全球化的框架下思考國際關係，儘管中國政府經常宣稱香港事務屬中國內政，但站在外國政府的立場來說，它們如何和香港打交道也是它們的內政。由於它們設定對港政策之前，必須先對中國大陸和香港的關係做出獨立的評估，因此它們關心香港的具體情況，也是正常的政府行為。

香港能成為一個特區，很大程度上要外國政府的認同才能有實際意義。畢竟，特區的特別之處，往往關乎涉外事務。舉個例，朝鮮也可以把境內某個地方劃為特區，但如果外國不認為這個地方和朝鮮的其他地方有什麼現實上的分別，不對這個地方做出任何差別對待，這個所謂的「特區」就會變成一紙空文。

放在香港，儘管《基本法》容許香港單獨與各國簽署雙邊協定，但對方是否願意和香港簽署這些協定，卻是該等國家的主權範圍。例如說香港相對於中國大陸是一個獨立的關稅區，和擁有獨立的入境地位，都並不是中國政府自己宣稱便會有效。有些外國政府會對香港出產的貨品提供免稅優惠，對中國大陸出產的卻不會；有些外國政府會對香港特區護照持有人提供免簽證待遇，對中國護照的持有人卻不會。這些差異都是建基於它們相信香港特區和中國大陸之間有現實上的區隔。如果有天中國大陸的貨品可以隨便在香港換上香港製造的標籤，中國護照的持有人可以隨便在香港拿到特區護照，而香港政府又無從阻擋的話，那麼外國政府就很有可能會撤銷對香港的差別待遇，香港做為一個特區的實際意義就會大幅下降。

《美國—香港政策法》實施的前提

以美國的《美國—香港政策法》（United States–Hong Kong Policy Act，又稱《香港關係法》）為例，該法便規定於一九九七年七月一日之後，如美國總統斷定香港已沒有足夠的自主性以獲得某些美國法律的差別待遇，則可以行政命令暫停該等法律在香港適用。舉個例，美國有一些科技產品是可以出口到香港而不可以出口到中國大陸的，如果美國發現出口到香港和出口到中國大陸已沒有差別，當然會停止對香港出口這些產品。

美國奉行三權分立，為確保聯邦政府有切實執行《香港關係法》，國務院會不時向國會提交報告，介紹港美關係和香港有否嚴格落實高度自治。這些報告的內容包括和美國直接相關的部分，例如當香港於二〇一七年首次拒絕把一名美國的通緝犯移交美國，反而按中國政府的要求將之移交中國大陸，而中國大陸方面卻沒有公布相關案件的處理情況。報告中也會論及香港的整體情況，例如眾多媒體被與中國大陸有商業利益的公司控制，新聞從業員認為它們會因經濟和政治原因做自我審查等。

為調查實況，美國國會也會邀請香港的政治領袖出席作證，讓美國的民意代表更有效監督聯邦政府對《香港關係法》的實施，儘管這些聽證會在中國政府的眼中就是香港的反對派到外國抹黑中國。站在中國政府的立場來說，香港有多少自主是中國內政，美國無權過問；但在美國政府的立場來說，美國如何對待香港是美國政府的工作，而這點建基於美國認為香港有多少自主，所以有責任主動搞清楚。而如果有天美國真的要撤除對香港的差別待遇，也會對美國自身的利益帶來一定衝擊，因此美國見到可導致此事發生的發展時提醒中國和香港政府，正常不過。

說到底，活在全球化的年代，已沒有一個地方可以不和其他地方打交道。所謂拒絕「干預內政」的說法其實是一把雙面刃，世界各地都可以同一板斧來回應中國。例如香港政府在中國政府的壓力下可阻礙臺灣政界甚至學界前來香港交流，又可拒絕為外國駐港記者續期簽證，並且不予任何解釋；但對方同樣可以增添香港特區護照持有人的入境困難，而不予任何理由。如果香港的學生即使獲哈佛或耶魯錄取，卻因拿不到學生簽證而不能入境美國，又或對香港出口美國的貨品徵收與中國同等的稅項，雖然理論上也是美國政府的內部決定，卻肯定會引起香港市民對香港和中國政府的不滿。於二〇一九年年底通過的《香港人權及民主法》更採取精準打擊的做法，可以把涉嫌壓制香港人權的個人放進制裁名單，禁止美國金融公司和他們進行任何交易。理論上，這些行動也屬美國內政，但在全球化年代任何人都會用到美國金融公司的服務（例如信用卡結算），所以對即使沒有資產在美國的香港官員也可構成壓力。

《中英聯合聲明》已完成歷史任務？

相對於其他國家政府對香港的關注，英國政府的關注則更難稱為說三道四。英國政府外交大臣自一九九七年七月一日起，每半年向英國國會提交有關《中英聯合聲明》在港實施情況的報告。中國外交部發言人曾聲言《中英聯合聲明》是一份歷史文件，已不具有任何現實意義，英國政府以此為基礎評論香港事務並無根據。現實來說，《中英聯合聲明》的功能當然沒有因為香港特區的成立和《基本法》的實施而終止，因為《基本法》本身就引述了《中英聯合聲明》做為規範。

《中英聯合聲明》的其中一項主要內容，是就中國對香港的「基本方針政策」做出說明，其中附件一就是以「中華人民共和國政府對香港的基本方針政策的具體說明」為題。站在中國政府的立場來說，《聯合聲明》第三條第十二項提到這些「基本方針政策」和其具體說明將會「以中華人民共和國香港特別行政區基本法規定之」，那麼既然《基本法》已經生效，《聯合聲明》是否就完成了其歷史任務？

翻開《基本法》，第一五九條列明「本法的任何修改，均不得同中華人民共和國對香港既定的基本方針政策相抵觸」，而《基本法》的前言又提到「國家對香港的基本方針政策，已由中國政府在中英聯合聲明中予以闡明」。換言之，《基本法》是不可以隨意修改的，任何對《基本法》的修改均不能違反《聯合聲明》中所說明的「基本方針政策」。由是觀之，只要《基本法》繼續存在，《聯合聲明》都有實際上的意義（起碼直至所載的「基本方針政策」在二〇四七年到期為止，見〈一國兩制還有將來嗎？〉）。

當然，條文文本是一件事，實際操作又是另一件事。假若有日出現疑似違反《中英聯合聲明》的《基本法》修正案，香港人可否拿去終審法院按第一五九條的規定覆核是否合憲？就算屆時法院願意受

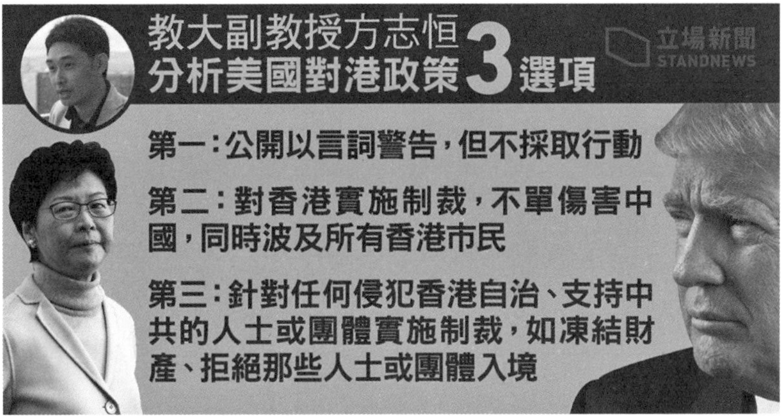

《香港關係法》成為香港近年的熱議題（圖片提供：立場新聞）

理，又會否出現新一輪的人大釋法，把第一五九條或前言的相關字眼解釋一次？屆時終審法院可以怎麼辦呢（見〈為什麼會有香港人反對人大釋法？〉）？這些執行上的問題，就要回到中國《憲法》中對特區的地位無甚保障的現實去談（見〈香港真的實行高度自治嗎？〉）。

外國勢力不是非黑即白的敵我矛盾

回到外國政府對香港「說三道四」的批評，香港既為國際城市，香港涉外事務本身就是一個大題目，足以引起外國關注的情況數之不盡。例如近年有不少外國政府關注香港的企業或團體是否成為了中國的「白手套」，通過遊說、商業活動，甚至非法行為協助中國在外國達到各種經濟及政治目的，如自然資源開採和港口投資等（何志平案就是一例）。又或香港本身相對中立的國際地位，會否為中國所用影響國際政治，如曾任香港衛生署署長的陳馮富珍在中國政府的舉薦下成為世界衛生組織總幹事。

凡此種種，當中國政府愈排拒外國政府對香港的關注，長遠來說恐怕愈會打擊香港在國際社會中的地位，對中國政府來說也未必是一件好事。而所謂的外部勢力，也不應理解為鐵板一塊，不同國家有不同盤算，同一國家內政治菁英、商界、學者，以至民間社會也可能有不同盤算，即使對香港的管治提出質疑理由也可各異；把這些統統視為非黑即白的敵我矛盾，等於幫助對手團結起來，減少自己可能的盟友，同樣非常不智。

延伸閱讀

Postiglione, GA and JTH Yang (ed) (1997). *Hong Kong's Reunion with China: The Global Dimensions*, New York: ME Sharpe.

Shen, S (2016). *Hong Kong in the World: Implications to Geopolitics and Competitiveness*, London: Imperial College Press.

網上資源

立場報道（二〇一九）：〈分析美國對港政策三選項　方志恒：美國可制裁侵犯香港自治人士凍結資產拒入境〉：立場新聞，二〇一九年五月十七日，https://thestandnews.com/politics/分析美國對港政策-3-選項-方志恒-美國可制裁侵犯香港自治人士-凍結資產拒入境/。

為什麼行政長官選舉會被批評為假選舉？

目前香港特區的行政長官並非由香港人一人一票選出，而是由一個一千二百人的選舉委員會（選委會）產生。選委會一般於行政長官選舉前約三個月產生（在特區早年曾有例外），再由選委會提名和投票產生行政長官，然後提交中央政府任命。不過全港五百多萬名合資格選民當中，只有二十多萬人可以在選委會選舉中投票選出他們的代表。由於選委會本身欠缺代表性，所以整個行政長官選舉也被認為毫無代表性，嚴重拖低行政長官的認受性，甚至被認定為假選舉。

行政長官選委會選舉票值不均

選委會除了產生的民意基礎狹窄，還有嚴重的票值不均等問題。所謂票值均等，是指每名投票者對選舉結果的影響力不應該差距太遠。例如香港的區議會選舉規定約每一萬六千九百六十四名居民劃為一個選區，選出一名區議員。現實上人口最少的選區只有六千人，最多的選區卻有約二萬六千人，住在人口較多選區的居民就會覺得不公平了。

選委會的一千二百個委員名額並不是平均分配給二十多萬名可投票的選民的。選委會分四個界別，分別由商界、專業、社會和政界代表擔任，當中不同組別所得的代表數目和其選民基礎差距極大，而且可謂毫無準則可言。例如代表中小學教師的教育界在二〇一六年的選委會中有八萬零六百四

第一界別		第二界別		第三界別		第四界別	
香港僱主聯合會	16	中醫界	30	漁農界	60	鄉議局	26
香港中國企業協會	16	醫學界	30	勞工界	60	全國人民代表大會	36
飲食界	17	衛生服務界	30	社會福利界	60	中國人民政治協商會議	51
酒店界	17	工程界	30	宗教界	60	港九各區議會	57
保險界	18	教育界	30	天主教香港教區	10	新界各區議會	60
航運交通界	18	高等教育界	30	中華回教博愛社	10	立法會	70
地產及建造界	18	法律界	30	香港基督教協進會	10		
旅遊界	18	會計界	30	香港道教聯合會	10		
商界（第一）	18	資訊科技界	30	孔教學院	10		
商界（第二）	18	建築、測量、都市規劃及園境界	30	香港佛教聯合會	10		
工業界（第一）	18			體育、演藝文化及出版界	60		
工業界（第二）	18			體育小組	15		
金融界	18			演藝小組	15		
金融服務界	18			文化小組	15		
進出口界	18			出版小組	15		
紡織及製衣界	18						
批發及零售界	18						
	300		300		300		300

選委會的席位分配（製表：梁啟智）

十三人有權投票，可選出三十個選舉委員；與此同時，漁農界只有一百五十四人有權投票，卻可選出六十個選舉委員。無論從人數、經濟或社會貢獻出發，也難以解釋漁農界為何在選委會當中會比教師有多一倍的席位。

與此同時，誰有權成為不同組別的投票人也是沒有準則的。有些組別例如會計界，只要是註冊會計師就可以投票，全港近三萬名會計從業員中有二萬六千零一人是選民。可是到了保險界，卻只有保險公司的東主才可以投票，於是全港近五萬名的保險從業員都沒有投票權，只有一百三十一名東主是選民。至於為什麼會計界和保險界有不同做法，是沒有解釋的。回到剛才提到的漁農界，那一百五十四人和漁民或農民不一定有關，也不是由他們所選出，而是由規定的一系列漁農業團體做為代表。至於為什麼是這些團體而不是另一些團體，這些團體是否有代表性，新成立的團體要怎樣才可能成為被指定的團體，同樣是沒有解釋的。

另外，由於在許多商界組別當中，投票人很多時候都以公司為單位，於是便出現某些大企業可以通過其關係企業坐擁多票的情況。舉個例，香港僱主聯合會在二〇一六年選委會當中占十六席，由一百三十九名投票人產生。按傳媒統計，全港六大地產商加起來已占三分之一的投票人，很有能力左右誰能成為該界別的選委。事實上，在二〇一六年選出的僱主聯合會代表，全數均在沒有競爭之下自動當選。

與此同時，由於在某些組別當中只要是合資格的團體或公司便可投票選出選舉委員，有意角逐的參選人可以預先安排友好人士大舉成立相關團體或公司，實行「種票」。[1]廉政公署就曾經揭發數十名沒有資訊科技學歷或經驗的市民，收取金錢報酬註冊成為資訊科技界專業團體的會員，進而成為資訊科技界功能界別的選民。

中央操控的行政長官選舉

既然選委會的制度有這麼多的漏洞，為何至今仍然會被用作選舉行政長官的方法？學術界的答案是這個方法可以很有效地確保中央政府屬意的候選人當選，同時又擺出「港人治港」的模樣來延緩港人對真正普選的訴求，容許中央政府可以聲稱行政長官是由香港人選出來的（儘管這些香港人如何投票很大程度上受中央政府左右）。

分析一千二百個選委席位的選舉方法，可見各種限制市民成為投票人資格的招數，確保了大多數的選委都聽命於中央政府。其中來自商界的選委，由於他們本身在中國大陸有千絲萬縷的利益關係，無論自願或被迫，都會支持中央政府屬意的行政長官候選人。扣除選民資格本身有限的「團體票」和商界選委後，可供一般市民競逐的選委席次不足一半。由於法例規定行政長官候選人必須要有超過一半的選委支持才能當選，也就是說一般市民要透過競逐選委來決定新一任行政長官的人選，和追逐奇蹟無異。

過去多次行政長官選舉都可看到它如何受中央政府操控。在一九九六年的首屆行政長官選舉前，時任中共總書記江澤民在北京會見香港特區籌委會，刻意在人群中尋找董建華與他握手，外界普遍認為是要向在場人士表明董建華已受到政治上的祝福。到了二〇〇二年的行政長官選舉，「欽點」的情況變得更赤裸裸。當時規定的選委人數是八百人，而最少要有一百名選委提名才可成為正式候選人。結果董建華一個人就拿了七百一十四名選委的提名，變相等於不可能有其他人參選和他競爭。

這種情況帶來了一個很危險的後果：本來香港的選舉都是不記名的，選民進入投票間之後如何在選票上面蓋章，只有他自己知道。投票保密是民主制度的重要原則，可以確保選民不是在壓力下被迫投票給任何人。當董建華得到絕大多數的選委公開提名時，提名過程在實際上便變成一場記名投票。選委爭相提名董建華不一定是因為真心支持他，而是要留一個紀錄來向中央政府交代。

同樣的情況在二〇〇五年的行政長官選舉中再發生一次，曾蔭權一個人就拿了七百一十名選委的支持，當中包括了六百七十四份公開提名及三十六份支持同意書，同樣把選舉變成了一場記名投票。當每名選委都被迫表態，也就沒有違反中央政府意願的空間了。雖然每一名選委都是香港人，但誰人能夠勝出其實和一般香港人無關，很大程度上是中央政府的旨意。

假選舉產生缺乏認受性的行政長官

站在管治認受性的角度出發，這樣的選舉無法達到市民重新授權予政府的功能。當政府施政受到挑戰時，行政長官不能如一個正常的民主國家的總統一樣，對反對者說「我拿到的選票比你多，現在就要跟我這一套，你有不滿你下次可以參選」。反過來說，隨便一名地區直選產生的立法會議員也坐擁超過兩萬票的直接民意授權，每次競選都要面對敗選的可能，自然感到自己的認受性比行政長官還要高，行政長官在市民面前也就難以建立管治權威。過去兩屆行政長官更被政界按其於選委會的得票改上諢稱，梁振英因得六百八十九票而被稱為「六八九」，林鄭月娥因得七百七十七票而被稱為「七七七」。

雖然只有獲得中央政府支持的候選人才有可能當選成為行政長官，但建制派當中不同陣營仍會互相較勁，希望在競選的過程中得到好處。這點在二〇一二年和二〇一七年兩屆行政長官選舉中尤為明顯，因為這兩屆競選都出現了多於一名建制派候選人。不過，這種內部競爭並沒有提高選舉的認受性，反而更凸顯其缺陷。

以林鄭月娥為例，她在鄉事問題的立場逆轉就被批評為引證了「小圈子選舉」[2]的缺陷。她在二〇一一年擔任發展局局長時，曾經表明要嚴厲執法取締僭建（違建）

選舉 (選委人數)	年分	候選人 / 當選人	票數
第一屆 400	1996	董建華 楊鐵樑 吳光正	320 42 36
第二屆 800	2002	董建華	714 (提名)
第二屆續任 800	2005	曾蔭權	710 (提名)
第三屆 800	2007	曾蔭權 梁家傑	649 123
第四屆 1200	2012	梁振英 唐英年 何俊仁	689 285 76
第五屆 1200	2017	林鄭月娥 曾俊華 胡國興	777 365 21

歷屆行政長官選舉結果（製圖：梁啟智）

村屋，甚至一度聲稱要終止新界原居民的「丁權」[3]，引發鄉事勢力的強烈反彈，更有村民火燒其紙紮人像以示抗議。打擊村屋僭建問題後來不了了之，林鄭月娥到了二〇一七年參選行政長官時更改稱「執法有緩急先後」，態度明顯改變。與此同時，鄉議局於選委會的二十七票全數投與林鄭月娥，並呼籲其他來自新界鄉郊地區的選委支持。外界評論普遍認為這是一次赤裸裸的利益交換，也凸顯了候選人為了討好個別界別的利益，可以置全港整體利益不顧。

提到林鄭月娥，她的當選也打破了特區成立以來的一個共識：儘管行政長官不是由普選產生，但此前每屆的當選人都是當時最受市民支持的候選人，建制陣營仍可聲稱選委會履行了普遍市民的意願。不過林鄭月娥雖然並非最受市民歡迎，卻得到大多數選委投票支持當選。根據香港大學民意研究計畫，另一名候選人曾俊華於選舉前最後一輪的民意調查獲得五二．八%的支持，遠遠拋離林鄭月娥所得的三二．一%。至於接受程度方面，曾俊華的支持度淨值達五九．八%，而林鄭月娥則為負七．五%，即反對她的受訪者比支持的還要多。也就是說，二〇一七年行政長官的結果背離了民意依歸，被稱為假選舉亦不為過。

延伸閱讀

楊艾文，高禮文（二〇一一）：《選舉香港特區行政長官》，香港：香港大學出版社。

Gittings, D (2016). Selecting the Chief Executive, *Introduction to the Hong Kong Basic Law* (2nd Edition). Hong Kong University Press.

網上資源

立場報道（二〇一七）：〈Now民調：電視論壇後　曾俊華支持度進賬勝林鄭　胡國興民望下跌〉：立場新聞，二〇一七年三月十五日，https://thestandnews.com/politics/now民調-電視論壇後-曾俊華支持度進賬勝林鄭-胡國興民望下跌/。

《小圈子篇》，真普選聯盟製作，二〇一四：https://youtu.be/tCd17uhOKr8

---

1 意指以各種手段，將原非此組別或選區的選民移入該組別或選區，以推高某特定候選人的票數。

2 小圈子選舉是香港泛民主派（泛民）對香港選舉制度的一種貶稱，意指由不能代表七百萬市民的小部分人（偏向建制派及商人）選出香港行政長官、功能組別立法會議員和委任區議員。

3 丁權（Concessionary Right）是指七〇年代起，香港政府賦予所有新界男性原居民可免補地價興建一座小型屋宇的權利。

為什麼行政長官和特區政府總是民望低落？

無論是行政長官的選舉方式或管治團隊的組成過程，均對行政長官在一般市民心目中建立認受性和管治威信十分不利。當行政長官的認受性基礎薄弱，市民就不會主動支持，於是即使行政長官施政有道也不會受到讚賞，施政失誤的話卻會成為眾矢之的。因此，行政長官和特區政府的民望自然下跌易，回升難。

到目前為止，香港特區尚未出現過一個卸任時民望比就任時高的行政長官，民望低落似乎是成為行政長官必然要面對的詛咒。香港大學民意研究計畫自前港督彭定康（Chris Patten）就任開始，便一直調查香港市民對香港政府領導人的評分。彭定康上任時的評分是五三．三，最高點為六四．一，卸任時為五九．七，仍比上任時要高。進入特區年代，每一名行政長官的評分在卸任時都比上任時要低。董建華就任的時候有六四・五分，到了二〇〇三年中期曾跌得低至三六・二，而到了他辭職下臺時也只回復到四七・九。曾蔭權上任的時候評分高達七二・三，但之後一直下跌，到卸任時更低至三九・三。繼任的梁振英在上任時的評分已是各人中最低的五二・五，到他卸任時則是比曾蔭權最低點還要低的三八・一。如果只是一名行政長官面對評分滑落，還可以說只是他個人不濟。然而經過二十多年的實踐，特區行政長官的民望不停下跌已成為常態，這現象就得從制度上找尋答案。

上文提到，選舉制度上的控制使行政長官無法如民主社會一樣從選舉中取得認受

彭定康、董建華、曾蔭權、梁振英及林鄭月娥評分比較

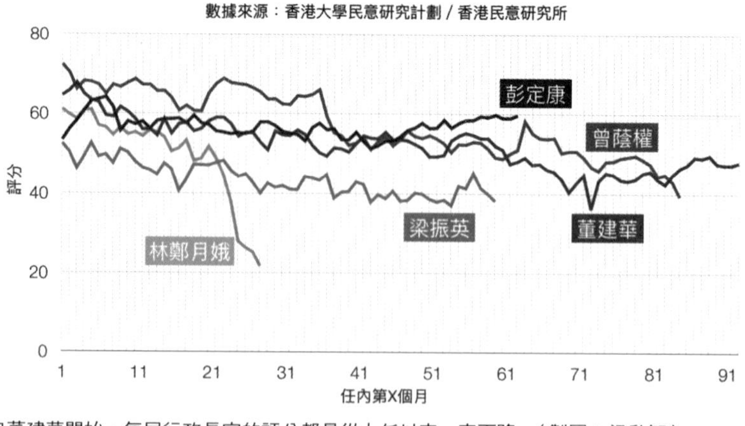

數據來源：香港大學民意研究計劃／香港民意研究所

自董建華開始，每屆行政長官的評分都是從上任以來一直下降。（製圖：梁啟智）

性，而這問題在管治團隊的組成過程被進一步深化。表面上行政長官擁有很多權力，但這些權力往往都需要其他人的支持才能實行。當這些人選出現問題，行政長官本身也會受到質疑。而經過二十多年的實踐，學界發現特區管治團隊難以得到市民支持，原因並不限於個別官員本身的問題，而是整個制度有鼓勵劣幣驅逐良幣的傾向，政府無法滙聚人才。當官員表現令人咋舌，政府民望每況愈下就是意料中事。

行政長官與鬆散的執政聯盟

先說行政與立法關係。《基本法》明確規定行政長官受立法會的監督，立法會的職能具體來說包括制定、修改或廢除法律，審核和通過財政預算和公共開支，監察政府施政和質詢主要官員等，必要時更有權彈劾行政長官。由於行政長官不是由香港市民選出的，立法會議員對他再嚴厲也不用擔心得罪曾經投他一票的人。相反，立法會議員自己必須每隔四年接受選舉洗禮，當政府本身的認受性低落時，他們沒有任何誘因站在政府的一邊，反而充滿誘因落井下石，藉此得到選民的支持。換言之，香港的政治制度本身十分鼓勵立法會議員對行政長官嚴厲，也因此與其責怪這些議員為求套取選票而去攻擊政府，不如反問為何制度沒有提供調節的誘因。

當然，在一個正常的民主制度之下，總統或行政首長在立法機關當中總會有一定數量的支持者。例如當美國總統是民主黨黨員，則他大約可確定國會內的民主黨黨籍議員大多數都會支持他的施政。當他的提議交到國會審議時，可假定會有一定數量來自民主黨的支持，然後再去爭取中間游離的議員支持，而不用從零開始爭取國會過半數的贊成票。

不過在香港，要成為行政長官，卻要符合一條相當奇怪的規定：《行政長官選舉條例》第三十一條要求，行政長官當選人必須聲明不是任何政黨的成員。這個安排原則上是要行政長官超越黨爭，但實際上卻使得政府在立法會一票也沒有，每一名議員都是潛在的反對派。畢竟就算行政長官本身沒有政黨背景，但立法會議員，特別是直選產生的議員，很多都有黨派背景。政府無論想做任何事情，都得在立法會尋求各個黨派的支持。

自特區成立以來，各任行政長官都很快意識到這個制度問題，於是便產生了「執政聯盟」的概念。簡單來說，就是雖然行政長官自己沒有政黨背景，但立法會中有個別黨派和他的關係比較好，行政長官可以借用這些黨派的議員在立法會內為政府護航。因此，這些黨派往往會被稱為建制陣營甚至是「保皇黨」。可是，這個做法相對於行政長官正式從屬於一個政黨有明顯的分別：「執政聯盟」往往十分鬆散，未必時時能提供穩定支持。如果行政長官本來就從某個政黨出身，他和他的政黨先有理念上的互相認同，過去黨務工作和選戰中也曾互相支持，自然能建立出更可靠和穩定的互信關係。

然而，香港的「執政聯盟」卻不是這樣的。行政長官和「執政聯盟」的政黨之間不一定有共同理念，過去甚至在政治上並不友好。政黨本身長期存在，每個行政長官最多做十年，所以「執政聯盟」某程度上有得罪行政長官的本錢，反正總有一天人走茶涼。過去就曾多次發生「執政聯盟」叛變的事件，在最後關頭拒絕支持政府的提議，政府發現在立法會未夠票通過之下只好臨時撤回建議，極為難堪。

「執政聯盟」的問題歸根究柢，在於這些政治結盟並不是建立在政治理念之上，而是一場利益交易。政黨參與聯盟之後，能優先知道政府接下來的施政重點，於是他們便可反過來演

林鄭月娥行政會議成員名單

非官守成員的政治背景

陳智思 (召集人)	葉國謙 民建聯	張國鈞 民建聯	黃國健 工聯會
林健鋒 經民聯	劉業強 經民聯/鄉議局	張宇人 自由黨	葉劉淑儀 新民黨
湯家驊 民主思路	任志剛	廖長江	李國章
羅范椒芬	林正財	史美倫	周松崗

各政團於立法會的議席數目(按2016年換屆時計算)

民建聯 12	工聯會 5	經民聯 7	自由黨 4	新民黨 3

林鄭月娥的行政會議變成拉攏建制陣營政黨的工具（製圖：梁啟智）

一場戲，預早向政府「爭取」相關政策。當這些政策得到落實之後，政黨便可向選民吹噓自己的政績。反過來，當政府爆出巨大醜聞，而且嚴重到有可能影響他們的選舉部署時，他們又會抽身而出，重拾監督政府的角色。在這個關係當中，無論是行政長官或是「執政聯盟」的政黨都希望得到最大的好處，大家都不會真心誠意地希望「榮辱與共」。在市民眼中，他們也很明白「執政聯盟」的政黨為政府護航，本身不一定是出於真心信服相關政策，而只是政治立場的表現，說服力也就大打折扣。

「執政聯盟」不單影響行政立法關係，更會影響人事任命，進一步打擊行政長官和政府的公信力。

政府政策必須要得到立法會的通過，而不少民選議員都是靠監督政府來贏取議席，所以政府無法不依靠「執政聯盟」的支持。然而這些「執政聯盟」也不笨，他們很明白政府如果沒有他們的支持就寸步難行，對政府的要求自然會愈來愈多。一開始的時候，「執政聯盟」往往只體現在個別政黨的領袖人物成為行政會議的成員，理由是方便行政長官可以在政策尚未推出之前便能先參考這些政黨的意見，好讓日後推出的時候能得到他們的支持。不過，近年來「執政聯盟」更常體現在政府官職的政治任命當中，給予公眾用人唯親的印象。

香港政府的官制變遷

在討論人事任命問題前，得先解釋香港特區政府的官制。在特區政府剛成立的時候，為了保持管治穩定，整個政府只換了一個人——由英國政府派來的港督彭定康，變成由中國政府委命的董建華。至於董建華轄下的所有官員，則全數來自公務員的華人文官系統。在香港，公務員是指政府長期僱傭關係下的雇員。以特區首任政務司司長陳方安生為例，她在一九六二年大學畢業加入政府當政務官，在不同部門工作，輾轉晉升為彭定康之下的第一人，然後過渡為董建華之下的第一人。

問題是，正正因為陳方安生連同所有高級官員都是由公務員系統中層層升遷上來，董建華基本上沒有任何空間選擇誰為他做事。當行政長官連點將的權力也沒有，面對負責官員陽奉陰違的時候就難以換人。此外，為了確保公務員行事不偏不倚，任用條款規定除非犯下彌天大錯，否則必可續任，要懲處的話最多也只能將之投閒置散。如是者，即使公眾認為個別官員失職，行政長官也不能將之立即革走。

例如在一九九八年新機場開幕後一片混亂，輿論普遍認為要有高級官員負責，卻沒有一人因此而下臺。及後在二〇〇〇年又發生公屋短樁[1]醜聞，面對立法會的不信任動議，不屬公務員制度的房屋委員會主席王葛鳴黯然下臺，公務員體系內的時任房屋署署長苗學禮卻拒絕跟隨，施政失誤時政治責任由誰承擔的問題變得十分明顯。與此同時，經過特區首五年的運作後，董建華發現自己儘管是特區的行政長官，卻可以被整個政府的行政官僚架空，於是便想到改革政府高層的管治架構，並於二〇〇二年實施「主要官員問責制」（POAS；Principal Officials Accountability System，亦稱高官問責制）。

特區政府的架構本身就傾向美式的總統制，行政權和議會分開產生，問責制的出現可謂讓香港的政府架構進一步向美式政治靠攏。在美國，每次換總統也要同時重新任命約四千人，因為總統需要他信任和與他合拍的副手，而這些副手也需要他們信任和與他們合拍的助理。問責制的出現，讓行政長官可以如美國總統一樣自己選擇主要官員的人選。在一開始的時候，問責制只包括三名司長和十一名政策局長，現時已擴張至每名司局長可再有數名副手，如副局長和政治助理。

問責制的其中一個原意是要製造「旋轉門」，高級官員不一定要在公務員隊伍尋找，也可以讓社會中有名望而又和行政長官理念相通的人才加入政府，和他共同進退，也就是所謂的「政治委任」。當有新政策要推動的時候，這些問責高官就負責政治推銷和協商的工作，而公務員則回復其中立的執行角色。如果這些問責高官的工作出了什麼問題，行政長官也可以中途換人以向公眾交代。

表面上問責制是個有效的安排，但放在香港的制度框架卻帶來了很多問題。美國的政治委任制度有兩個特點和香港不一樣。首先，美國的總統有政黨支持，香港沒有；第二，美國的高級政治委任官員都要由民選的參議院確認，香港的問責高官不需要立法會確認，反而需要中央政府任命。這兩個差別決定了當同一個制度來到香港時，效果有明顯落差。

由於美國的政黨長期存在而且輪流執政，能成為聚集人才的地方。例如當民主黨的候選人當選總統，就可以在民主黨的黨員及其友好之間尋找高級官員，而這些人和總統之間的理念都會相近，而且較有互信。到了總統任滿或落臺（下臺）的一天，這些前高級官員不會一下子樹倒猢猻

林鄭月娥司局長名單

上屆官員留任、調任或升任 政務司司長張建宗、律政司司長袁國強、財政司司長陳茂波、民政事務局局長劉江華、環境局局長黃錦星、創新及科技局局長楊偉雄、商務及經濟發展局局長邱騰華、食物及衛生局局長陳肇始、教育部局長楊潤雄、財經事務及庫務局局長劉怡翔、保安局局長李家超
公務員出任 發展局局長黃偉綸、運輸發房屋局局長陳帆、公務員事務局局長羅智光、政制及內地事務局局長聶德權
新加入政府 勞工及福利局局長羅致光

林鄭月娥幾乎找不到新人加入治理團隊（製表：梁啟智）

散，因為他們知道下次選舉說不定又會選出一個民主黨黨員，他們會再有機會大展拳腳。

香港的行政長官由於沒有政黨支持，要找高級官員也不知道可以從什麼地方找。有能力擔任此等職位的社會賢達，理念和行政長官不一定配合，雙方也沒有互信。更重要的是，和上面「執政聯盟」的討論一樣，他們很明白行政長官的任期有限，自己的任期不會比行政長官長，甚至如果中途有什麼意外的話更要下臺。面前眾多不確定因素，這些社會賢達一般都不願意放棄已有的高薪厚職和政治清譽。

此外，由於問責官員的任命權在中央政府，行政長官只有提名權，實行起來便會出現中央政府否決行政長官提名人選的問題。這種情況不會得到官方確認，因為每次行政長官在提出正式提名之前必定會先和中央政府溝通，免除人選不獲委任的尷尬。不過每屆新的行政長官上任時，新聞常會流傳個別人選被中央政府否決的說法，打擊新任行政長官和問責官員的威信。

問責制實行十多年來，問責高官可說是愈來愈難找，願意出任者的社會地位和能力於是也變得愈來愈低，反過來拖累政府形象。新當選行政長官的林鄭月娥在競選時就曾經說過要帶來管治新風格，又以自己有較多的社會賢達支持來攻擊對手。可是到了她當選之後，卻公開表示擔心找不到一個完整的問責高官團隊和她一起就任，結果願意就任者絕大多數都是從上屆政府過渡的，談不上有什麼「新朝新氣象」。

問責制成政治酬庸

當願意做問責官員的人愈來愈少，任命權的問題便顯得更為致命。社會對問責制的期望是市民能向政府問責，然而由於任命權在中央政府而不在立法會，民意其實無從有效地向問責高官問責。當行政長官提名一些明顯沒有相關能力的人選成為問責高官，又或一些問責高官做出明顯違反市民期望的事情時，民意無從阻擋。

以曾任發展局局長的陳茂波為例，他上任時被揭發曾在舊區經營劏房[2]，以及在政府發展區囤積農地，與他的職位有品格甚至利益上的衝突。雖然他就任以來在民意調查當中的反對度一直遠高於支持度，而他的個人問題更導致市民質疑政府的城市發展計畫，但是他不只毋須辭去官職，後來更晉升為財政司司長。

說到這兒，問題又回到「執政聯盟」的利益交易質疑了。由於問責高官的任命完全取決於行政長官和中央政府，在沒有制衡之下很容易便和行政會議成員一樣成為政治交易的籌碼，用作鞏固權力之用。當行政長官要尋求政黨在立法會提供穩定支持，除了提供行政會議成員的席位外，也要安排個別的政治任命官職給政黨，使問責制被批評為變相政治酬庸。以教育局首任政治助理楊哲安為例，他本身並非來自教育專業，沒有相關的學術成就，當時也未曾當選過民意代表，和政治的最大關聯是他的父親楊孝華曾任自由黨的立法會議員，而自由黨當時為政府拉攏合作的對象。

因此，不難發現香港的政治制度有一個很明顯的先天缺陷：在香港，從政本身不能成為一項志業，而對其他專業人才來說，走進政壇則是一件高風險低回報的事情。制度上的不足使得香港政府從行政長官到政治助理都做不到唯才是用，政治忠誠更為重要。因此，有能力的人大多不願意去蹚這渾水，寧願明哲保身。當管治團隊表現拙劣，各種醜聞無日無之，則政府的支持度自然難有翻身之日。

延伸閱讀

Fong, B (2014). Ten Years of Political Appointments in Hong Kong — The Challenges and Prospects of Developing a Political Appointment System under a Semi-Democratic Regime, 2002-2012, Cheng, JYS (ed). *New Trends of Political Participation in Hong Kong*. City University of Hong Kong Press.

1 指建物梁柱的強度或長度不足。

2 業主或二房東將一個普通住宅單位分間成兩個或以上較小的獨立單位，做出租之用。

英國人留下來的制度為何九七後就行不通？

因為特區政府所處的社會、經濟和政治環境已不一樣。表面上，九七前的港英政府同樣欠缺民意授權，受針對的卻是九七後的特區政府，好像是民意對特區政府特別嚴苛似的。然而即使是同一套制度，在不同的時空也可帶來完全不同的社會反應。再者，特區政府對同一套制度的具體應用，也和九七前有明顯差別。

其實港英政府也有出現過認受性危機，「六七暴動」就是一例。「六七暴動」前香港有各種明顯的社會不公，加上貪汙橫行警察濫權，為反對者挑戰政權合法性製造了客觀條件。港英政府在一九七〇年代成立廉政公署（ICAC；Independent Commission Against Corruption），又建立各式各樣的社會保障制度，就是對認受性危機的回應。到了香港進入九七前的過渡期，高速經濟發展讓市民暫時忽視政府欠缺民眾授權（即通過治理表現取得認受性），加上社會更關注九七後港人治港的實施，也緩解了港英政府欠缺民意授權的問題。

來到特區政府，先是連續七年的經濟蕭條打破了原來的政府表現認受性，製造了社會對政府能力的嚴重質疑。而九七後港人治港承諾一一落空，政治改革前路愈見渺茫，也加劇了政府的認受性危機。再者，過去港英政府各種紓解認受性危機的手段在特區時代也紛紛變味，問題就被進一步擴大。

「行政吸納政治」變任人為親

港英政府有一個常用的紓解認受性危機手段，學界稱之為「行政吸納政治」。香港政府的運作除了受立法會的監管外，尚有數以百計大大小小的委員會協助決策或提供意見。舉個例，要改變土地發展的用途，要先經過城市規劃委員會的審批。若對環境影響評估的結果不滿，又可以找環境影響評估上訴委員會小組。這些委員會的存在要追溯英殖的歷史，當時港英政府明白到任何的公共政策都有機會引起社會不滿，而港督本身並非民選，所以認受性始終有限，與其讓不同利益在政府以外爭吵，不如將它們都納入為管治制度的一部分，一方面讓其代表人物感到被政府尊重，也減低對政府帶來的壓力。例如一些比較有名望的專業人士，可委派他們成為該界別的諮詢委員，讓他們預早為政策制訂提供意見，到政策推出時他們也會幫忙推銷，借助他們的聲望讓業界較易信服。

這些手段要行得通，當權者首先要意識到自己的管治地位並非必然，並要有一定的智慧和胸襟，有技巧地平衡不同立場和利益。然而自特區成立以來，這個港英政府的管治法寶在特區政府的手中明顯走樣。各項任命和前文所提及行政會議和問責高官的情況一樣，變成了排除異己或回報忠誠的手段。

以青年事務委員會為例，這個本來是「六七暴動」後成立的小組，原意是讓政府能在官僚體系外更直接地聽到年輕人的聲音，以求儘早回應年輕人的訴求，以免社會動盪重現。現在的青年事務委員會卻被輿論譏為「富二代委員會」，不少委員都是城中富豪的後代，委員會成為他們刷履歷的地方。現任主席劉鳴煒就是富商劉鑾雄的兒子，曾在談及年輕人置業困難時建議他們應減少去日本旅行多做儲蓄，又向記者大談自己十歲時曾收父母十萬港元現金做生日禮物，被廣泛批評為何不食肉糜和不能理解年輕人的真正需要。

另一個相類似而同樣在特區年代變味的制度，就是授勳及嘉獎制度。港英時代在香港有傑出貢獻者，可獲大英帝國勳章，如官佐勳章（OBE；Officer of the Most Excellent Order of the British Empire）和員佐勳章（MBE，Member of the Most Excellent Order of the British Empire）等。其中得到騎士爵位者，可終生冠上爵士或女爵士頭銜（俗稱「阿Sir」）。這些榮耀當然也是政府攏絡人心的手段之一，但條件是過去的授勳者都是德高望重的社會賢達，這樣未來的授勳者才會感到與有榮焉。

來到特區時代，同樣的制度卻引起很多爭議。例如香港工會聯合會的前領導人楊光雖然在「六七暴動」期間擔任鬥委會主任，以武裝鬥爭反對英殖並導致無辜民眾死亡，卻在二〇〇一年獲得特區最高榮譽的大紫荊勳章，引起公眾譁然。即使是較不敏感的人物也一樣引起爭論，如藝人安德尊因為服務老人而兩次獲得特區榮譽，反而曾任香港樂施會總幹事而且一直推動盲人平權的莊陳有，卻至今從來未獲特區嘉獎。有評論就認為這可能和安德尊願意公開支持建制陣營，而莊陳有則和民主陣營友好有關。當嘉獎變得親疏有別，也就失去了原來提高管治認受性的功能。

當任人唯親而非用人唯賢的問題蔓延至一些法定組織時，其決策就不免會招來政治蓋過專業的質疑，公眾會認為他們的決定並非出於客觀判斷，而只是為了替行政長官的政治立場護航。例如梁振英在當選行政長官之後，便在香港大學的校務委員會當中安插多名與他關係友好的人士出任委員。到了曾多次公開批評梁振英的知名法律學者陳文敏被推薦成為港大副校長時，遴選工作便出現眾多轉折，最後任命被校務委員會否決。事件當中與梁振英友好的委員的表現受到廣泛質疑，反對任命的理據謬誤百出（如聲稱陳文敏沒有博士學位所以不合資格，但許多世界知名的法學院都曾委任沒有博士學位的院長），為香港大學的學術自主帶來嚴重挑戰。

諮詢政治失效

效忠先行的邏輯一層層地推下去，最終造成諮詢政治的失效。港英政府自知其管治沒有選舉授權的基礎，往往會通過各種公眾諮詢活動來收集市民意見，讓大眾感到政府雖然不是由自己

梁振英政府被指嚴重用人唯親（圖片提供：立場新聞）

選出，但最起碼重要的決定還容許市民一定程度上的參與。同樣的套路在九七後卻明顯失效，雖然各式各樣的諮詢會、聚焦小組、居民會和業界會議愈辦愈多，許多政策都是政府自以為已經取得大多數人的共識後才提出，結果還是受到排山倒海的反對而要擱置或收回。當中的問題，在於這些諮詢已經變質，成為上述一眾親建制陣營宣示效忠的場所。近年每當有公眾諮詢，也會有親建制陣營的團體動員支持政府。在市民眼中，這些諮詢活動就形同只是為政府製造支持的舞臺，自然失去原有籠絡民心的功能。

當公眾開始對各法定組織和公眾諮詢產生懷疑，政府運作便變得舉步維艱。近年最明顯的例子，是醫務委員會（醫委會）改革的爭議。醫委會是香港醫學界自我監管的組織，負責發牌（執照）給醫生和處理對他們的投訴。改革的其中一項建議，是引入由病人組織互選的代表，以回應社會對「醫醫相衛」的質疑。然而由於新增代表仍須經行政長官的委任，在香港大學政治干預的陰霾下，輿論擔心將來的行政長官會「有權用盡」，把象徵性的行政長官委任權變成實際介入的權力，藉機讓政府可以把攬過半數的醫委會席位。在公眾對政府的高度不信任之下，本來社會各界都認為有必要進行的醫委會改革，在立法會審議的最後階段被迫擱置。

值得注意的是，就算特區政府想如實執行九七前的一套管治模式，實際難度也大了很多。首先，商界利益本身也在碎片化，政府討好一個利益集團的後果就是換來其他利益集團的圍攻。過去數碼港和西九文化區被指摘為地產項目的批評，很大程度上是來自那些未能分一杯羹的其他開發商。而隨著社會貧富懸殊愈來愈嚴重，上流社會愈來愈被視為脫離大眾，成功拉攏商界利益不見得可以幫助政府介入社會，反而引來官商勾結的指控。選舉政治和公民社會逐漸成熟，也使得今天的官民關係和港英時期相去甚遠，民意早已不甘於由這些委員會來代表自己。

與此同時，由於行政長官基本上是由商界利益所選出，而這些利益於投票時主要也是聽命於中央政府，於是特區政府駕馭商界利益的能力也顯得不如港英年代。畢竟，這些商界利益本身各自和中央政府有所聯繫。如是者，過去港英時代政府與商界結盟管治香港的政治經濟結構，在九七之後已經明顯過時：特區政府既不能團結商界支持其政策，又反過來讓民間覺得政府處處被商界所挾持，過去港英政府在社會中的超然地位故不復見。

公務員神話破滅

另一個變味的認受性基礎是公務員系統。當行政長官的權力來源和實踐在制度上有明顯缺陷，由行政長官委任的行政會議成員、政治任命官員，以及諮詢和法定組織委員接連出現問題，委任制度以外的公務員系統亦未能倖免。自特區成立以來，香港政府最常見的一個批評，正正是「公務員神話破滅」。在英殖時代後期，公務員隊伍往往被讚頌為「高效廉潔」，在東亞地區首屈一指，甚至被譽為公眾利益以及香港制度與核心價值的守衛者。然而特區成立後，政府各種施政失誤一浪接一浪，市民對政府的不滿每況愈下，公務員的能力也愈來愈受到質疑。

香港有超過十六萬名公務員，而政治任命官員只有數十名，真正領導政府日常運作的實為政務職系的數百名政務主任（AO；Administrative Officer）。大學畢業生能成為政務主任的話，會被視為天之驕子。政務主任一入職的月薪便有約港幣五萬元，另加各類福利津貼，比起一般大學畢業生只得一萬多元的月薪無疑是極為吸引。近年來，每次政務主任招聘均引來了過萬人應徵，儘管每次招收的名額只有數十人。不過，近年來投考人數的跌幅卻相當明顯，輿論也開始懷疑擔任政務主任是否一份好工作，後面也和公眾對政府的不滿相關。

要理解香港公務員系統面對的挑戰，先要理解公務員守則當中對「政治中立」（political neutrality）的要求。「政治中立」一詞往往會被認為是大公無私的表現，能夠超越黨派立場來思考，從社會的整體利益出發。不過在實際的政府運作當中，「政治中立」的真正意義是要專業地執行上級的任務，不同意可以事前提出，但決定後便一定要服從。只要不違法，必須照做。在英國政黨政治的傳統當中，「政治中立」可確保無論由哪一個政黨上臺執政，公務員團隊都會專業和忠實地提供服務。可是香港做為中國的一個特區，共產黨在中國的執政地位不容挑戰，「政治中立」便等於把公務員系統變成中共政權在港管治機器的一部分。

在此意義下，市民對公務員團隊的不信任就很容易理解了：即使是以依法執行職務為名的政府行為，也很容易受到質疑。因為在一個非民主制度之下，所謂的「依法」也只是政權自我維護的延伸。在這個制度之下，公務員有三個選擇：一、有政治野心的，可選擇主動配合政權，希望獲得賞識，有日晉身成為問責高官；二、堅持己見的，面對自認為不合理的決定，只有辭職一途，不可拒絕執行；三、利用官僚系統的慣性消極抵抗。例如上級要求做某件事，下屬可找去一百個要考慮的面向，然後僅僅是走程序便把時間消耗掉，到時候外在政治環境說不定已經改變，使得上級的要求也會因而失效。

刻舟求劍的香港政制

說到這兒，問題又回到管治認受性的討論。「民無信不立」，香港市民對香港政府的嚴重不信任，已經影響到其日常運作，而這歸根究柢出於政府沒有更新管治認受性的方法。

拉闊一點來討論，九七前香港人對未來的恐懼，很大程度上建基於一九八〇年代或以前中共在中國大陸引發起的各種政治動盪。與此同時，一九八〇年代的香港正處於快速發展的階段。於是乎，所謂的「五十年不變」，即把當時普遍理解的香港管治和社會制度凝固，只「換一面旗和把港督改成特首」，其他方面不用大變，就被理解為保護香港人生活模式的可接受做法。

來到今天，不難發現這種想法嚴重地與現實脫節。今天的中國已不是一九八〇年代的中國，當時的中國尚在爭取世界各地前來投資，今天的世界反過來擔心中國在海外投資帶來的影響；今天的香港也不再處處講求經濟增長，年輕人更強調的是生活和身分的問題；當時香港的擔憂往往以「社會主義中國」和「資本主義香港」對陣來理解，而中國大陸的經濟改革往往被假設會最終引發政治改革；今天的中國大陸卻由「國退民進」變成「國進民退」，並實行一套無遠弗屆的國家資本主義，而中產階層由於成為既得利益者，由下而上的政治改革仍屬空談。換言之，九七前港英管治所處的時空背景，和今天的已經差天共地。

不少研究公共行政的學者都不約而同地指出，戰後香港的管治制度雖然不民主，但在中國威脅面前會做到自我克制，主動減少濫權，致力為華人社會提供良好管治。換句話說，九七前的善治並非純粹英國出於菩薩心腸贈與香港，而是有地緣政治的考量在其中。來到九七之後，中英二元權力結構不再存在，公眾對管治認受性的訴求卻有增無減，管治制度理應從集權者的自我約束轉變為民主制度的互相制衡，才能面對新時代的需要。當這個改變沒有發生，管治就出現各種斷裂。

九七前的政治和社會環境使得港英政府能面對其管治認受性的挑戰，把同一套系統放到今天，無論是香港所處的政治環境或是香港社會本身都已變得大相徑庭，同一套的制度在今天失效十分合理。如是者，「五十年不變」便從一個保證變成了一種詛咒，阻延香港本來應該面對的改變。以為接收了英國人留下來的殖民管治框架，換個領袖據為己用，便可以順利管治香港社會，是個相當錯誤的想法。要解決香港今天的管治問題，不能再走過去殖民地的舊路，而該直視一國兩制運行二十年來所揭示的制度問題。

延伸閱讀

曾銳生（二〇〇七）：《管治香港：政務官與良好管治的建立》，香港：香港大學出版社。

李彭廣（二〇一二）：《管治香港：解英國解密檔案的啟示》，香港：牛津大學出版社。

Scott, I (2003) .The Disarticulation of Hong Kong's Post-Handover Political System, in Sing, M (ed) *Hong Kong Government and Politics*. p. 663-694.

Fong, B (2015). *Hong Kong's Governance Under Chinese Sovereignty: The Failure of the State-Business Alliance after 1997*. Routledge: London and New York.

網上資源

立場報道（二〇一五）：〈梁振英同路人 占領公職〉：立場新聞，二〇一五年一月十六日，https://thestandnews.com/politics/ 梁振英同路人 - 占領公職 / 。

為什麼立法會議員只懂批評不會建設？

因為香港的政治制度要求立法會議員多批評，不要求也不鼓勵他們懂建設。上文提到行政長官施政舉步維艱的其中一個原因，是難以在立法會中得到支持。不過，這並不等於立法會在香港政制中的權力就十分巨大。相反，香港的政制在設計上阻礙行政長官的同時，也使得立法會未能發揮一個立法機關應有的角色。與其說行政和立法互拉後腿，不如說制度上本來就不容許兩者有效運作。

前文提到由於制度上的缺陷，行政長官的民意支持度總體來說只會跌，不會升。然而在行政長官支持度和認受性低落的同時，做為監督者的立法會卻沒有因而受惠，支持度和認受性同樣低落，兩者恍如競逐民意下限。當中的原因，在於立法會的功能在設計時已被嚴重限制，而這些限制使得其工作不被重視，立法會漸漸變成政治表演的場所，而這個趨向又反過來拖累政府的正常運作。

香港立法會和世界各地的議會一樣，首要功能固然是要代表民意。不過香港立法會無論是選舉方式和議事制度，都使它無法好好發揮民意代表的功能。現時香港立法會有七十個議席，當中一半由地區直選產生，另一半由功能界別產生。所謂的功能界別，很大程度上和行政長官選舉中的選委會相重疊。選委會中有漁農界、保險界和法律界，立法會功能界別當中一樣有漁農界、保險界和法律界。不同的地方，在於每個界別在選委會中所占的席數不一，但在立法會當中則一般只有一席。

功能界別窒礙立法會「好好議事」

功能界別的出現正正是立法會不能「好好議事」的一個重要原因，因為它大幅扭曲了立法會的代表性。前文談及選委會的所有制度問題，在立法會功能界別當中同樣適用：一、界別的成立沒有客觀標準；二、界別選民地位的定義沒有客觀標準；三、每個界別的代表人數差距極大；四、大多數市民無權參與。舉個例，商界（第一）的選民只限香港總商會會員，商界（第二）的選民則只限香港中華總商會會員，其他的商人和組織都被排除在外。

因為這些限制，在二〇一六年的立法會選舉中，就有十二名候選人循功能界別自動當選。回顧自特區成立以來的五屆立法會選舉，有三個界別（鄉議局、進出口界及商界（二））從來都是自動當選的，一次正式競爭都沒有。自動當選的出現，代表他們的界別在選舉前已各自被不同的政治力量所壟斷，其他勢力明白就算參選也枉費心思。換言之，功能界別的設立可確保個別政治勢力能在立法會當中穩奪席

欠缺競爭的功能組別

＊0票即無競爭下自動當選

	1998	2000	2004	2008	2012	2016
進出口界	許長青 **0票**	許長青 **0票**	黃定光 **0票**	黃定光 **0票**	黃定光 **0票**	黃定光 **0票**
鄉議局	劉皇發 **0票**	劉皇發 **0票**	劉皇發 **0票**	劉皇發 **0票**	劉皇發 **0票**	劉業強 **0票**
商界(二)	黃宜弘 **0票**	黃宜弘 **0票**	黃宜弘 **0票**	黃宜弘 **0票**	廖長江 **0票**	廖長江 **0票**
金融界	李國寶 **0票**	李國寶 **89票**	李國寶 **0票**	李國寶 **0票**	吳亮星 **0票**	陳振英 **0票**
工業界(一)	丁午壽 **0票**	丁午壽 **305票**	梁君彥 **0票**	梁君彥 **0票**	梁君彥 **0票**	梁君彥 **0票**
工業界(二)	呂明華 **186票**	呂明華 **0票**	呂明華 **0票**	林大輝 **0票**	林大輝 **0票**	吳永嘉 **0票**
保險界	陳智思 **94票**	陳智思 **0票**	陳智思 **0票**	陳健波 **52票**	陳健波 **0票**	陳健波 **0票**
地產及建造界	夏佳理 **206票**	石禮謙 **357票**	石禮謙 **0票**	石禮謙 **0票**	石禮謙 **0票**	石禮謙 **0票**

不少功能組別議席均為「零票當選」，表示這些議席正是為了保障個別政治勢力而設。（製圖：梁啟智）

位，違反民主原則。

非建制陣營在功能界別當中一般只有法律、教育、社會福利和衛生服務界有穩定的支持，以及在少數界別有能力競爭，其餘多數界別都是建制陣營的囊中物。透過界別劃分和選民界定，功能界別成為了親政府的建制派議員在立法會保持過半數議席的關鍵。以二〇一六年的立法會選舉為例，建制陣營在地區直選的得票為八十七萬票，占四〇%；非建制陣營得票為一百一十九萬票，占五五%。只看地區直選的話，建制陣營占十六席，非建制陣營占十九席，比例尚算合理。然而，在加上功能界別的議席後，則變成建制陣營占四十席，非建制陣營占二十九席，中間派占一席。換言之，透過功能界別的加持，明明是非建制陣營的直選得票較多，大多數的議席卻會落在建制陣營之中。

這是制度設計的一部分。在訂立《基本法》的時候，中央政府很明白如果立法會全部議席由一人一票產生，他們便不能控制誰是立法會的多數派。然而透過保留功能界別以及背後的利益交易，中央政府就可以很大程度上左右立法會的派別構成。自特區成立以來，主流民意一直要求取消功能界別制度，唯自二〇〇四年起地區直選和功能界別的議席比例就一直都沒有改變過，維持各占一半，政府也未能承諾最終取消功能界別。

功能界別的存在保持了建制陣營在議會的主導權，卻同時帶來一個很壞的後果：市民對立法會的期望改變。在一個正常的議會當中，選民投票選出議員時的其中一個考量，是議會的構成會如何影響議案的處理。在理性選擇的框架下，支持某項政策的選民理應投最有能力落實此政策的候選人一票，好讓他們在議會中占多數，然後在立法會推動通過相關的法案。實際上選民的考量當然會複雜很多，例如有些選民會接受他們的代表在必要時妥協，另一些選民卻會希望他們的代表立場堅定，甚至「有破壞沒建設」，但求阻礙他們眼中的惡法通過。問題的重點，在於當選民認為他們支持的政黨或派別永遠無法成為多數的時候，選民的思考便會傾向後者多一點，對候選人能力的評估也從重視審議的能力變成破壞的能力。

香港立法會的情況正正就是這樣。因為無論一項議案在市民心目中如何不受歡迎，建制陣營也會有足夠的票數強行通過，於是選民逐漸發現立法會不能真正議政。礙於選舉制度的不公平，即使非建制陣營在選票數目上贏得多數，也不能轉換成議席上的多數。政府也發現不用真的和所有的議員建立良性互動，只要通過前文論及的利益交易穩住建制陣營即可。

如是者，立法會失去審議功能，選民對議員的要求也慢慢從慎思變為敢言。既然非建制陣營的議員無論提出什麼議案也不會夠票通過，對選民來說與其找一個有審議能力的人來當議員，倒不如找一個批評政府批評得很精采的人來當。反正最後任何議案的投票結果都會一樣，但有議員代表自己在議事堂內直斥官員，而這些官員在制度上又要被迫接受這些質詢，也算是幫大家出一口氣。議員當然也很明白這個趨勢，眼見政府可以主導立法會的工作，議員剩下來的功能就只有提出反對；當一個表演精采的反對派來吸引選民注意，就成為連任的本錢。在這畸形的選舉制度下，立法會便變成一個政治表演的地方。

立法會議員缺乏議政空間

選舉制度外，立法會的議事制度也不容許有建設性意見的人帶來政策創新。《基本法》第七十四條這樣規定：

> 香港特別行政區立法會議員根據本法規定並依照法定程序提出法律草案，凡不涉及公共開支或政治體制或政府運作者，可由立法會議員個別或聯名提出。凡涉及政府政策者，在提出前必須得到行政長官的書面同意。

這條條文等於完全廢除了立法會的提案權。畢竟如果政府本身想實施某政策，政府自己會在立法會提出，不會給議員有機會領功。當一件事情政府本身不想做，議員將不能通過立法會的議決強迫政府去做的，因為他們連提案的機會也沒有。因此，坊間有時會批評議員們「有破壞沒建設」，事實上是立法會的制度不容許也不鼓勵他們有任何建設。而且，由於選舉制度讓建制陣營容易控制立法會的主導權，所以即使有議員不滿政府的提案，也不能通過拉攏其他議員來合力否決，而只能在電視直播辯論的時候表達完不滿，然後便沒有然後了。

雖然如此，仍有議員會嘗試提出「私人條例草案」（即針對特定利益而不是由政府提出的條例草案）一方面促使政府正視議題，同時也向選民顯示他們對議題的理解。近年的例子，就有《二〇一八年災難狀態條例草案》和《罕見疾病防治、藥物及支援條例》等。

此外，政府還有各種方法繞過立法會的監督權。政府的開支須獲立法會財務委員會審批，而由於建制陣營的議員占多數，政府的撥款申請幾乎都會獲得通過。不過，非建制陣營最起碼能在辯論的過程提出質疑，引起公眾關注。然而近年來，政府發現既然每一次提出撥款申請就要面對一次質疑，無論是要一億、十億還是一百億港元也一樣，倒不如把各項開支都放在同一個撥款中一併申請，減少了立法會可逐項討論開支的機會。

以關愛基金為例，政府先後向立法會申請注資二百億港元，而基金的日常運作則由督導委員會負責，立法會便失去了直接監督的能力。另一種做法，則是通過不直接動用庫房的手段融資。以機場三跑道系統為例，儘管估算造價超過一千四百億港元，卻毋須立法會審議通過。機場管理局通過向銀行借貸發債、未來十年暫停向政府發放股息，以及向旅客及航空公司徵費的手段籌措資金。雖然這些做法實際上會減少政府的財政收入，卻因沒有直接動用庫房而繞過了立法會的監督。

議員要突破這些限制的空間十分有限，而且往往要採用迂迴的手法來提出質疑。例如議員雖然不能要求增加開支，卻可以要求減少開支，於是乎每一次的財政預算案辯論都會有一系列要求削減撥款的修正案。這些修正案一般都無望通過，議員提出的目的是要把他們關心的問題帶上議程，強迫政府回應。例如有議員反對漁農自然護理署（漁護署）處理流浪動物的做法，便提出削減漁護署的相關開支；有議員不滿個別問責官員的表現，便要求削減他們來年的人工（薪資）。

不過這樣做也有一定風險，例如有議員曾經要求削減消防處開支，原因並不是他們真的反對這些開支，而是認為撥款的程序有問題。然而當發生重大火災之後，某些刻意誤導的輿論便會翻他們的舊帳，批評他們不支持消防處的工作。

「分組點票」削弱議會監督能力

另一個議員發聲的方法，是提出沒有約束力的議案，繞過《基本法》第七十四條的限制，但這個方法的實際功能也很有限。首先，這些議案由於沒有約束力，就算通過了政府也可以不理。再者，這條進路還要面對《基本法》附件二的另一項要求：政府提出的法案，如獲得出席會議全體議員的過半數票，即為通過。

立法會議員個人提出的議案、法案和對政府法案的修正案均須分別經功能團體選舉產生的議員和分區直接選舉、選舉委員會選舉產生的議員兩部分出席會議議員各過半數通過。

這項條文一般稱之為「分組點票」，即議員提出的議案不單要得到立法會的過半數通過，還要分別獲過半地區直選選出的議員和過半功能界別選出的議員贊成，才算是通過。由於地區直選選出的議員通常傾向非建制陣營，而功能界別選出的議員通常傾向建制陣營，兩者

立法會議案因「分組點票」否決的案例

日期	議案	贊成	反對	直選	功能	結果
2008/5/21	公眾假期訂為法定假期	34	1	通過	否決	否決
2012/10/25	全民退休保障	27	13	通過	否決	否決
2012/10/31	調升最低工資	32	19	通過	否決	否決
2012/12/5	港鐵票價把關	25	9	通過	否決	否決
2013/1/10	檢討強積金	32	12	通過	否決	否決
2013/11/7	特權法調查港視發牌	33	30	通過	否決	否決

「分組點票」導致多數議員贊成的議案無法通過（製圖：梁啟智）

目標一致的情況並不常見，所以這些議案往往很難獲得通過。

自特區成立以來，就有很多議案雖然獲得過半數議員支持，卻在「分組點票」之下被否決。特別是以保護勞工和低下階層為目標的議案，既得利益者就往往可以利用工商界在功能界別的優勢，把「分組點票」變成他們的專屬否決權。就算所有議員都出席會議，只要四分之一的議員便足以否決四分之三多數議員的意願；最極端的情況下，如其中一個分組只有一名議員出席會議，則這一名議員可以否決另一分組所有議員都同意的議案。

在這樣的安排下，立法會否決議案的機會就變得高於通過議案，同樣成為立法會「有破壞沒建設」的制度原由。以二〇〇五年的「最低工資、標準工時」議案為例，雖然總票數為三十六票贊成，十七票否決，但是議案在「分組點票」下仍被否決。出現此結果，是因為議案於地區直選議席的表決結果是二十五票贊成二票反對，但於功能界別議席則是十一贊成十五票反對，由於未能獲功能界別議席通過而被否決。

值得注意的是，「分組點票」是只限於議員提出的議案，由政府提出的則沒此限制。所以，正常來說非建制陣營會較受影響，因為建制陣營本來就是政府「執政聯盟」的一部分，議案可直接由政府提出，不受非建制陣營在地區直選的優勢影響。按香港大學於二〇一三年的民意調查所得，有四成六的受訪者贊成取消「分組點票」，反對者只有一成半，民意明顯不認同「分組點票」的安排。

「分組點票」帶來的另一個問題，是立法會無法有效利用《立法會（權力及特權）條例》（又稱《特權法》）提供的調查權。《特權法》的設立是要保障立法會議員的權力，例如出席會議時可免受刑事逮捕，不會因議會發言內容被提出訴訟等。《特權法》其中一個被稱為「尚方寶劍」的權力，是可以傳召任何人作證或出示其所管有或控制的任何文件，甚至要求警察拘捕證人強迫列席作證，可以說是議會監督政府的最後防線。不過，此項權力在特區成立以來只被引用過六次。由於《特權法》調查要「分組點票」通過，不少評論質疑只要少數議員為了保護其政治利益而反對，調查就無法立項。[1]

改革「橡皮圖章」之必要

說到這兒，得同時指出建制陣營把持立法會帶來的另一個效果：為免政府尷尬，有時立法會連提意見的機會也沒有。如要在立法會的日常議程外加入討論社會中的突發狀況，要先得到主席批准，而在現有的立法會構成下，無論是大會或各委員會的主席都是由建制陣營的議員出任。主席的各種裁決能力可使得立法會本來可用作監督政府的權力無從發揮。如果說現在的立法會沒有好好議事，則得先明白立法會的議事權本身已被自我閹割。

話雖如此，即使在這麼有限的空間之下，立法會議員也不是完全無事可做。舉個例，議員仍可通過質詢要求政府回答問題，公開重要的公共信息。這些工作雖然未能直接解決問題，但藉立法會這個平臺來揭發問題和引發公眾關注，本身已經十分重要。而在電視直播的質詢過程中令政府官員尷尬，也可迫使政府做出一定程度的檢討和改善。今天的香港立法會雖然距離一個真正的民主議會甚遠，但也未至於完全無能。

儘管《基本法》沒有直接用上「三權分立」這四字，但從條文上可以清楚看到政府的職能被放在不同的機構當中，以發揮互相監督和平衡的角色：行政機關執行決策，立法機關監督決策執行，而司法機關又可以監督行政機關和立法機關。三者之間的互動如能有效實行的話，可避免政府變成一言堂，不得民心的做法有機會被修正。因此，立法會議員質詢政府官員，只不過是在履行其職責所在。事實上，現在立法會議員要有效地質詢政府官員已經十分困難。

總的來說，「立法會議員只懂批評不會建設」的說法其實是一種錯覺。事實上，考慮到香港立法會在制度上的種種限制，議員們有時看似激烈的抗爭手法其實有十分理性的制度原由。如果說立法會議員的議政質素未如理想，則得明白在香港的畸型政治制度下，在朝的永遠在朝，在野的永遠在野，因此在朝者其實沒有誘因提高其議政能力，只需做「橡皮圖章」；在野的也難以尋找人才放棄他們原來的生活，投身於勞而不獲的抗爭。反過來說，如果希望議會政治變得更專業，不能只責怪個別議員甚至政黨的表現，而是要改變整個議會制度，包括選舉和議事制度，理順議會的權責，才能為改變議會文化提供基礎。

立法會整天吵吵鬧鬧只是病徵，意圖通過修改會議規則或驅逐議員來解決只是針對病徵而非病因。畢竟，病徵去除不等於問題消失，也可能是因為病人死亡。正確的回應應該是對症下藥，從制度病因着手。

延伸閱讀

馬嶽（二〇一三）：《港式法團主義：功能界別25年》，香港：香港城市大學出版社。

許寶強（二〇一〇）：〈議會難言「理性」「激進」原是認真〉，《明報》，二〇一〇年一月二十四日。

Lui, PLT (2012) *The Legislature, Contemporary Hong Kong Government and Politics* (Expanded Edition). Hong Kong University Press.

網上資源

圖析新聞（二〇一七）：〈圖析香港主權移交20年〉：立場新聞，二〇一七年六月三十日，https://thestandnews.com/politics/ 圖析香港主權移交20年 /。

1 經批准成立項目。

為什麼立法會議員變得愈來愈激進？

因為香港立法會的議會和選舉制度都鼓勵議員變得激進。前文提到議會制度使得議員無法通過正常的議會手段，例如提出和推動新建議或新政策來爭取表現，選民無法由此來辨認他們的政績。議員在立法會可做的，僅限於政府提出的議案在「執政聯盟」護航下通過前，提出一些質疑或不滿。而誰能在提出質疑或不滿時得到公眾的注意，就成為議員們爭取曝光的重要手段。立法會在提案和審議的先天缺陷，是某些議員走向激進的制度基礎。

理論上，如果議員的表現過於激進，脫離了社會主流期望，應該會在選舉中受到選民捨棄。換句話說，正常有效的選舉制度可為議員的激進化帶來一定制衡。不過，香港立法會的選舉制度十分不正常，地區直選的模式十分鼓勵議員激進化。自特區成立以來，立法會的地區直選一直使用比例代表制當中的最大餘額法（largest remainder method）[1]，而實踐起來則變成了世界各地普遍避免的多議席單票制。[2]學界認為此制度選擇的原意是要打擊非建制陣營成立強大的政黨，而實際上也達到了此目的。不過它卻同時帶來另一個後果：立法會出現政黨碎片化和激進化，並反過來令政府的管治更困難。

比例代表制促成政黨碎片化

選舉方法和選舉結果有密切關係，同樣的民意在不同選舉方法下可能產生極為不同的議會構成。一九九五年港英政府最後一屆的立法局選舉中，地區直選採取單議席單票制（single-seat，即單一選區制）當中的簡單多數制。由於在這制度下只要贏一票也算是贏，也就是所謂的「勝者全取」（winner-takes-all），假設一個派別在數個選區中每區各得三分之二選票，由於每區都取得多數選票，將可以全取一〇〇%的立法會議席。也就是說，這個制度會放大多數選民的支持，讓他們支持的派別得到較多的議席，學術上認為有利議會穩定。該次選舉中，香港就出現了歷史上唯一一次民主派議員占多數的情況。

可以想像，特區政府不會容許同樣的選舉結果再次出現，結果政府決定在一九九八年把選舉制度改為比例代表制。理論上，比例代表制可以帶來相對均衡的議席分布。假設本來有十個各有一個議席的選區，可把它們合併為一個有十個議席的單一選區，候選人以名單方式參選，並按得票的比例分配議席，例如拿到六成選票的名單則排首六名者當選，拿到四成選票的名單則排首四名者當選。表面上看，這應是一個相對公平的做法。

不過在香港，考慮到整個議會本身不是由普選產生，功能界別的存在已為建制陣營帶來議席優勢，如果在地區直選這一邊還要求一個相對公平的選舉方式，便會弔詭地反過來為議會帶來一個相對不公平的黨派構成。

簡單多數制

選區	政黨A		政黨B		當選人
	候選人	得票	候選人	得票	
1	陳大文	3000	李亭	1000	陳大文
2	張達良	3000	潘文廣	1000	張達良
3	黃山	3000	梁達志	1000	黃山
4	何一鳴	3000	楊安怡	1000	何一鳴

票數比 3:1　議席比 4:0

比例代表制

選區	政黨A		政黨B		當選人
	候選人	得票	候選人	得票	
單一選區	陳大文、張達良、黃山、何一鳴	12000	李亭、潘文廣、梁達志、楊安怡	4000	政黨A名單首3人：陳大文、張達良、黃山，及政黨B名單首1人：李亭

票數比 3:1　議席比 3:1

同樣的選民選舉在不同的選舉制度下會帶來不同的結果（製圖：梁啟智）

選舉制度的更替明顯改變了立法會的政黨生態。民主派的最大政黨民主黨在一九九五年時於地區直選取得十二席，到了二〇一六年時則跌到只得五席。加上功能界別的議席，一九九五年時民主黨的議員占整個議會的三二%，到二〇一六年時則跌到一〇%，影響力大不如前。

打擊大政黨的後果，卻是製造出政黨分裂和山頭林立的議會，為議會運作帶來混亂。細碎化的原因在於最大餘額法使得任何追求多於一席的參選名單都等於浪費選票。舉個例，新界東和新界西選區分別有九個席位，即標準當選門檻為總票數的九分之一，或一一%，凡得此比例的名單均可穩奪一席。不過，在沒有名單的票數達到標準門檻的情況出現時，最大餘額法會直接把議席逐一分配予餘下得票順序最高的名單，一般來說實際上只要七%的選票已可穩奪一席。換言之，如果目標是一張名單取一席的話，候選人不用真的以爭取一一%的選票為目標，只要七%左右已足夠。然而如要同一張名單取兩席的話，就要一一%加七%，即一八%的選票才能穩奪第二席。

這時候，任何排在名單第二名的候選人都會問：為什麼我要這麼笨排在第二？如果我自己出來參選的話，當選的難度比排名單第二名要低得多了。這個制度設置，本質上鼓勵每一個政黨在選舉前要內部爭吵一次誰排在名單首位，而每次爭輸了要排第二的人選都往往會心有不甘，客觀上有極大誘因退黨獨立參選，試試能否靠一己之力當選。由於只要一百名當區選民聯署便可參選立法會，獨立參選在制度上的要求不高，政黨碎片化十分輕易就會出現。

從歷史去看，一九九八年的首屆立法會選舉中新界東有五席，共七張名單參選。到了二〇一六年的第六屆立法會選舉時，新界東有九席，共二十二張名單參選。名單數目之多，已使得連舉辦選舉論壇也變得十分困難，因為要找一個可以讓所有候選人一同出席的場地並不容易，而每人可以發言的時間也變

香港立法會換屆選舉
地區直選議席數目與參選名單數目

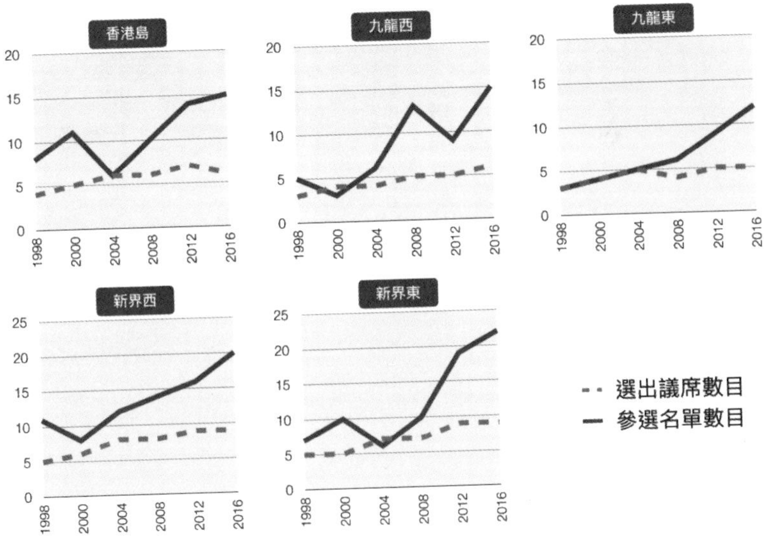

立法會直選議席的參選名單數目近年快速增長（製圖：梁啟智）

得十分有限。從結果去看，非建制陣營在二〇一二年的第五屆立法會選舉中得二十七席，當中十九人來自有多於一名議員的政黨，其餘八人為獨立議員或來自「一人政黨」（即只有一名立法會議員的政黨）。來到二〇一六年，二十九名非建制陣營的議員當中，有十二人為獨立議員或來自「一人政黨」，證明了碎片化的趨勢。

政黨配票與選民策略性投票

順帶一提，較有規模的政黨為免處理名單排序的問題和嘗試爭取最多的議席，有時會主動分拆名單參選，即在同一個選區派出多於一張名單參選。如果不同名單之間的票數分配平均的話，這種做法可最大化選票的影響力。要做到這一點，就要組織支持者配票。臺灣的政黨在這方面相對熟練，例如建議選民以出生月分或身分證號碼的最後一位數字來配票，達至平均分布的效果。香港的選民並不慣於類似的配票方法，較為有效的方式往往是以「責任區」配票。

以二〇一六年立法會選舉為例，民建聯的陳克勤和葛珮帆同在新界東參選，並呼籲居於北區和大埔的選民投陳克勤，居於沙田和西貢的選民投葛珮帆，確保二人得票相近。結果陳克勤有七八%的選票來自北區和大埔，葛珮帆有八八%的選票來自沙田和西貢，策略十分成功。不過這種配票模式在非建制陣營卻並不成功，其中一個原因是非建制陣營的碎片化比建制陣營嚴重和明顯。

理論上，碎片化的問題會同樣衝擊建制陣營和非建制陣營。實際上，建制陣營在出選前都會接受協調，不服從者將會不能得到中央政府在港代理人的選舉資源支持。相對來說，非建制陣營本來就沒有太多選舉資源，也就失去團結一致的誘因。輿論往往會批評非建制陣營未能團結甚至互相攻擊，忽視了客觀上他們沒有很大誘因去團結，卻有不少誘因去分裂，黨派之爭只不過是其表徵而已。

剛才提到配票理論上可以把選票的影響力最大化，經歷數次港式比例代表制的選舉後，選民也發現配票的重要。當他們認為某候選人已有足夠支持度當選，又或其支持度已低得絕無可能當選時，就會考慮改為支持同一陣營而支

2012 年立法會換屆選舉結果

	香港島		九龍西		九龍東		新界西		新界東	
	得票率	所得議席	得票率	所得議席	得票率	所得議席	得票率	所得議席	得票率	所得議席
建制陣營	44%	4	35%	2	45%	3	37%	5	42%	3
非建制陣營	54%	3	62%	3	54%	2	55%	4	56%	6

灰色格為非建制陣營贏得較多選票但較少議席的選區

配票失敗對非建制陣營的打擊十分嚴重（製圖：梁啟智）

持度處於當選邊緣的候選人，試圖增加其選票的影響力。因此，臨近選舉時同陣營內「告急」和「棄保」的呼聲會十分熱烈，以左右選民的配票決定。

然而由於民意調查的精密度有限，不可能支持嚴謹的配票行動，加上選民往往一窩蜂地按傳聞配票，以致每一屆都會出現「告急的候選人票數有餘，原來估計的票王卻意外落選」的情況。在二〇一二年的換屆選舉當中，五區當中就有三區出現有選區的非建制陣營總得票較多，但因票數不均以致所得議席比建制陣營少的情況。

簡而言之，港式比例代表制運行起來其實就是多議席單票制，每個選區有多個議席但每名選民只可投一票，於是選民便會策略性地嘗試送更多同陣營的候選人當選。正正因為多議席單票制會鼓勵「策略性投票」，不能反映選民的真正喜好，世界各國多已棄用。

中央樂見立會亂象

回到激進化的問題，港式比例代表制是激進化的主要基礎。如果選舉以單議席單票制當中的簡單多數制實行，為免出現「鷸蚌相爭，漁人得利」的情況，不同派別都會有很大誘因協調出兩名候選人出來對決，而候選人的目標則是爭取選區內過半數投票者的支持。如是者，此制度下候選人的政綱往往會避免過於激進，以免得罪中間的游離選民。相反，在港式比例代表制當中，由於從政者只要討好大約二到三萬名選民便足以當選，即使會因而得罪另外數以十萬計的選民也不會影響其勝算，很自然就會有個別議員選擇走向激進，因為更能穩住他們的支持。

值得注意的是，立法會的碎片化本身就是中央政府想達到的目的。按曾於特區籌備委員會預備工作委員會（預委會）負責政制工作的劉兆佳教授所述，當初設計立法會的選舉方式時的指導思想，正正包括確保行政主導和避免立法會出現單一大黨。前文提到，在一九九五年的最後一屆立法局選舉，民主黨以取得三二%的議席成為第一大黨；到了二〇一六年的立法會選舉，民建聯只取得一七%的議席，已能成為第一大黨。選舉制度的改變促使民主黨失去第一大黨地位的同時，其他政黨也不能得到同等具影響力的位置。當立法會內的力量愈見分散，立法會就不能成為香港政制內可以抗衡中央干預香港內部事務的力量。

關於立法會的碎片化，還有一個重要的注腳需要補充。理論上，即使選舉制度使得立法會黨派林立，也不一定會導致混亂；畢竟議員可以在當選後合組聯盟，以獲得向政府施壓的力量，而這政治力量會反過來約束聯盟，使參與者要顧及其他盟友，不能獨自行動。回到一九九八年特區首屆立法會選舉後，當時為了應對前所未見的金融危機，立法會內各派曾經不問政治立場共組「八黨聯盟」，在危機面前向市民顯示團結。由於他們在立法會有壓倒性的票數優勢，對政府的提案擁有否決權，所以提出的振興經濟和紓解民困方案都會獲得政府接納。

不過，「八黨聯盟」在二〇〇四年後便未能繼續。據當時建制陣營的議員憶述，背後原因出於中聯辦的反對，認為強勢的立法會不符合原有「行政主導」的設想，所以要求建制陣營退出，轉為成為政府的「執政聯盟」。由是觀之，立法會出現亂象某程度上是中央政府樂意見到甚至積極推動而成的。

回到個別議員激進化的趨勢，不少民選議員近年選擇把議會當作是政治表演的場所，把街頭抗爭的手法帶進議事堂中，吸引傳媒的注意。他們的作為有時會被批評為不認真或不尊重莊嚴的議會，個別議員就常常因被會議主席裁定違反《議事規則》而被逐離議事廳，因而被批評者譏為「提早下班」。可是對於這些「反叛議員」的支持者來說，他們的議員在議事廳「搞事」就是履行選舉承諾，是一種「負責任」的表現。

制度不變，立會難免成政治表演場所

隨着議會變成政治表演場所，議事廳的衝突也變得普遍，當中以二〇一六年立法會宣誓就職案的影響特為深遠。《基本法》第一百零四條規定，立法會議員在就職時「必須依法宣誓擁護中華人民共和國香港特別行政區基本法，效忠中華人民共和國香港特別行政區」，過往曾有立法會議員以各種方式於宣誓程序中表達不滿。例如梁國雄於二〇〇四年首次當選立法會議員後，就在宣讀誓辭前加上其他內容，又在宣讀以斷句方式干擾，立法會秘書處仍表示誓辭仍然有效。及後，不少議員都在宣誓前用道具或服飾表達政治立場，其中黃毓民在二〇一二年時曾經一邊咳嗽一邊宣誓，也只被主席要求在下次大會重新宣誓。

來到二〇一六年，部分獲選議員效法了這些先例，以各種方式在宣誓程序中表達政治立場。不過，這次他們的行動引發了廣泛的政治反響，結果當選人梁頌恆和游蕙禎未有被安排重新宣誓，政府隨即要求法庭禁止立法會主席梁君彥再次為兩人監誓，全國人大常委會則就《基本法》第一百零四條釋法，引起廣泛爭議。及後，政府再通過司法覆核取消本來已獲立法會確認宣誓有效的劉小麗、姚松炎、梁國雄和羅冠聰的議員資格，引發立法會獨立性和釋法追訴力的爭議。

說到底，議會變成政治表演場所只是問題表徵，後面是立法會本身出現制度失效，不能發揮正常議會的功能，因而改變了議員和選民對議會本身的期望。要解決問題，必須大幅改變立法會的制度本身。

首先，立法會應全面取消功能界別，掃除一人多票和團體票的問題，重建立法會的認受性，議員才可以開展有實際意義的議政工作。至於選舉制度方面，學界和政界也有不少改革方案，例如實行比例代表制和單議席單票制並行的制度，把比例代表制的點票方式由最大餘額法改為最高均數法等方式，以及訂立最低當選門檻等，都可以減低碎片化的壓力。

就目前香港的政治形勢，無論是議會和選舉制度都難有理想的修改。因此，在立法會本來就難以發揮正常作用的前提下，立法會議事廳難免會變成政治表演的場所，畢竟最少有畫面可看，比乖乖坐下投贊成或反對票能帶來更多的社會關注。議員的表現看起來好像不尊重制度，但他們的行為恰好反映立法會的畸型制度。

延伸閱讀

馬嶽、蔡子強（二〇〇三）：《選舉制度的政治效果：港式比例代表制的經驗》，香港：香港城市大學出版社。

Cheung, CY (2018). Stalemate in the Legislative Council of Hong Kong Disarticulation, fragmentation, and the political battleground of "One Country, Two Systems", in Lui TL, Chiu SWK, and Yep, R (eds) *Routledge Handbook of Contemporary Hong Kong*, p132-155.

---

1 又稱數額制，是比例代表制之下的一種議席分配的方法。選民主要是投給列好順序的名單而非個別候選人，投票結束後將得票數除以特定數額，得出來的數字就是該份名單可以獲得的席次。

2 即每個選區有多於一個候選席次，但選民只可投給一名候選人，投票完成後候選人按得票數目從多至少當選，直至所有候選席次都有人當選。

為什麼立法會一天到晚都在「拉布」而不議事？

由於立法會有先天的議會和選舉制度缺陷，所以即使沒有「拉布」（filibuster，冗長辯論），本來也不能有效議事。在一個正常的議會中，議員和議案的質素最終會通過民意反映到議席之上，做得不好就要下臺。同樣的制衡難以在香港的立法會發生，建制派幾近永遠是議會的多數派，議會議事也就變得行禮如儀了。因此，雖然「拉布」在公眾眼中好像把立法會變得不能議事，但考慮到在議會議事的目的本來就是要促進和反映公眾辯論，而「拉布」可以吸引到公眾對某些議題的關注，則可說「拉布」和議事並不矛盾，而是繞了個彎達到議會本來應有的功能，為真正的議事帶來契機。

費力把事拖、牛步戰術、拉布

所謂「拉布」或冗長辯論，是指少數議員在明知不能阻擋某個議案獲投票通過，便利用各種方式來拖延議會程序，一方面引發公眾關注，另一方面增加通過此議案的時間成本。畢竟議會會期有限，如果「拉布」策略成功，得到市民支持，或可迫使對方撤回議案，甚至迫使議案因為會期結束而失效。

「拉布」在世界各地的不少議會均有範例，美國國會參議院就有此傳統，臺灣則很有創意地把此詞譯成「費力把事拖」。美國參議院的議事規則規定，參議員可就任何題目發言而時間不限，有參議員就曾經連續二十四小時發言，也有參議員朗讀聖經章節和兒童故事，甚至把電話簿和食譜從頭到尾唸一遍。日本參議院則有所謂「牛步戰術」，即在投票時採用極為緩慢的步伐走向投票箱，平常數十秒的步程變成數分鐘，如果所有反對派的議員都加入便可拖上半天。

在香港的立法會，建制陣營基於畸型選舉制度的幫助，幾近可護送任何議案通過，「拉布」便成為了非建制陣營少數可用的反抗手段。不過，特區成立以來的首次立法會「拉布」，卻是來自建制陣營。一九九九年審議廢除市政局和區域市政局的時候，表決前剛好有建制陣營的議員未能即時趕回會議廳，政府為免議案被否決，便利用了《議事規則》中政府總結發言時間不限的規定，不停拖長官員發言直到有足夠建制陣營的議員趕及回到會議廳為止。

要在議會拖延時間的方法有很多。以二〇〇九年十二月至二〇一〇年一月的高鐵撥款審議為例，非建制陣營的議員就透過不斷向官員提問，使得表決日期被一再押後。不過該次經驗嚴格來說不算「拉布」，因為高鐵做為特區成立以來最大規模的基建工程，議員當時所問的問題都有實質意義。而由於議會「拉布」文化尚未成型，議員都避諱以過於瑣碎的辯論來拖延時間。

到了二〇一二年的《立法會議席出缺安排議案》，政府提出限制議員辭職後再次參選，引發黃毓民等非建制陣營議員發動「拉布」抗爭。首先，他們就議案提出了合共一千三百零七條的修訂。這些修訂的內容十分廣泛，例如規定如有議員「因未獲正式審訊，被古巴政府囚禁超過一個月，又同日辭職，一個月內其中一人獲釋放，條例就不適用」，然後把國家名字改為朝鮮、中國、津巴布韋和越南等，衍生出多項修訂。然後他們在審議階段輪流就這些修訂發言，例如介紹古巴的政治局勢，以求一方面拖延時間，同時避免被主席裁定離題或重複內容。又有另一組的修訂為「若議員因為患上肝癌辭職，一個月內被確定無患肝癌，條例就不適用」，然後再換上另外十六組不同疾病，衍生出十七項修訂。有議員討論到相關修訂時，更詳細分享「露德聖水」傳聞神蹟，以說明患病又突然康復的可能。有些修訂則針對個別字眼，引發「實行」和「施行」的用字分別討論。

由於這些修訂大多十分瑣碎，建制陣營的議員在審議時難以集中精神，有些議員在庭位練習書法，或者閉目養神。然而他們這樣做卻又會給予非建制陣營的議員提出質疑的機會，例如梁國雄議員就曾經向會議主席報告黃定光議員睡着了，擔心他有生命危險，引起的議論又成為另一種拖延時間的方法。

不過最有效的拖延戰術則是人數點算。立法會內不同會議都有法定人數的限制，建制陣營的議員由於不少都是企業高層，未必能時刻在立法會大樓出現。而就算身處大樓，也可能因為要會見市民或團體代表而未能時刻坐在會議廳開會。因此，只要非建制陣營的議員集體離場，只留下少數代表負責拖延審議，會議廳便很容易因為法定人數不足而流會。按當時的《議事規則》，立法會大會的會期逢星期三開始起算，萬一流會的話不論是在星期三、四或五發生，都要留待下一個星期三才能繼續，可以拖延很多時間。

而就算未能成功促使流會，由於每次點算人數最多可以花十五分鐘的鳴鐘時間來等待議員回到議事廳，僅僅是這程序本身已可花掉不少時間。在二〇一五至一六年度的立法會大會，就累計點人數共六百零八次，耗用時間一百一十六小時五十九分鐘。

修改《議事規則》並不治本

這些「拉布」手段把立法會的時間都消耗在執行程序之上，無形中就拿走了本來可以用來審議其他議案的時間。視乎不同的政治觀點，這可以是好事也可以是壞事。例如大埔區議會本來建議動用五千萬港元於林村建設旅遊設施，被批評為「林村天安門」，當地居民不少都認為交通不能負荷更多遊客而反對計畫。撥款建議因為「拉布」而未能於二〇一六年立法會會期完結時獲得通過，及後大埔區議會決定撤回建議，改為建議把撥款用於藝術和醫療。在這件事情上，「拉布」就幫助了少數議員成功阻擋議會強行通過議案。

反過來說，反對「拉布」的議員則會指摘「拉布」的議員阻礙議會運作，使得一些市民支持的項目（如興建學校或醫院等的撥款申請）也因為「拉布」而無法審議。不過，政府其實有權調動議案的審議程序，讓立法會先處理爭議較少的議案。因此準確來說，「拉布」其實無論對政府和建制陣營或是非建制陣營來說都是一種政治博弈的手段，兩邊都要時刻計算市民會否接受議會癱瘓，和會把責任放在誰的身上。

按二〇一七年香港中文大學的民意調查顯示，有超過五成受訪者原則上不支持議員就具爭議性的議題「拉布」，支持的只有一成多。綜合上文提及的立法會碎片化的現象，非建制陣營在「拉布」議題上處於十分不利的位置。他們既有少數支持者希望他們多利用「拉布」手段拖垮具爭議的議題，卻同時有另一批支持者不同意這種手法。在比例代表制的選舉制度下，便衍生出非建制陣營的各個成員自顧選擇走不同的抗爭路線，但卻在公眾眼中加深了非建制陣營未能團結的印象。

對於建制陣營來說，他們一方面不喜歡坐在會議廳聆聽冗長辯論，也見到非建制陣營在「拉布」議題上所處的尷尬位置，固然不會放過以此攻擊對手，把「拉布」描繪為一件不利民生的事情。由於一般市民未必理解或認同「拉布」做為回應立

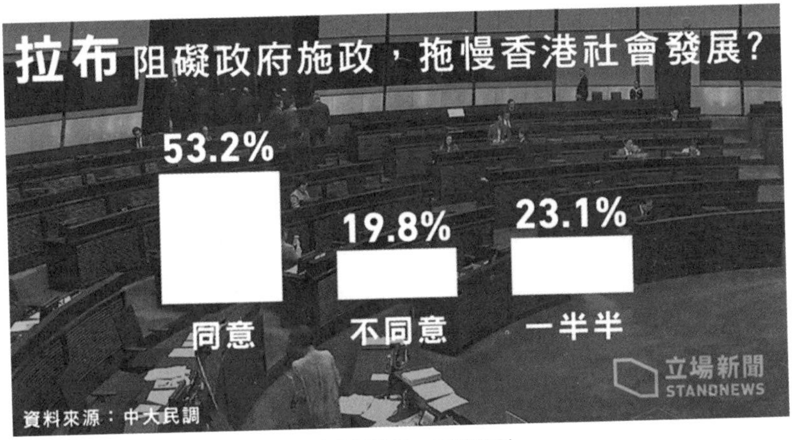

民調顯示市民對「拉布」並不支持（圖片提供：立場新聞）

法會制度缺陷的手段，加上非建制陣營本身的碎片化，要回應攻擊也十分困難。到了二〇一七年年底，由於有非建制陣營的議員被取消資格（見〈為什麼立法會議員變得愈來愈激進？〉），立法會首次出現無論是功能界別或是地區直選都由建制陣營占過半數的情況，由建制陣營議員提出的議案不再受「分組點票」所限而不能通過。於是乎，他們便趁機修改了《議事規則》，大幅度減少各種拖延立法會程序的機會。

相對於很多外國的議會，香港立法會對「拉布」本來沒有很清晰的規範。回到美國國會參議院的冗長辯論，就有所謂的終結發言議案，即如果獲參議院五分之三議員的同意，可終止發言程序把議案付諸表決。香港立法會沒有這樣的規定，過去各「拉布」戰的結束都是由會議主席一個人裁決終止，從議會管治來說並不理想。加上立法會的制度缺陷使得主席幾乎必然是由建制陣營議員擔任，由主席一人做出終止發言程序的裁決則更難服眾。

如果香港的立法會已達至全面普選，則近年的「拉布」風潮或可被理解為濫用程序，通過修改《議事規則》來處理也算合理。例如香港可考慮採用類似美國參議院的方式處理「拉布」問題，應可平衡少數意見的同時又不會讓議會被極少數拖垮。不過建制陣營的《議事規則》修訂，卻是把更多的權力交給會議主席，例如處理修正案和流會後何時復會。當時就有多名學者發起了聯署聲明，批評此舉「嚴重削弱立法會現時僅有些微監察政府的權力」。

相對來說，雖然美國也常有意見認為要削減冗長辯論，但無論誰是多數黨都不敢貿然推行，因為他們明白自己今天是多數黨，下屆卻可以變成少數黨，打壓少數的做法有朝一日會害及自己。不過在香港，建制陣營很有信心自己永遠都是立法會的多數，所以不擔心通過修訂後自己日後會因而有所損失。

香港立法會的「拉布」問題並非單純出於個別議員濫用程序，而是立法會本身無法代表民意和制度上無法履行正常的議事職能。有個別議員在議事廳內採取各種方式抗爭，無論是口頭甚至行動上的衝突，又或用各種方式拖延程序，背後都指向立法會本身在相當部分的市民心目中欠缺認受性，所以這些議員的行動才能得到支持。而即使這些

學界不支持修改議事規則（圖片提供：學術自由學者聯盟）

議事廳內的抗爭方式被終止，只要背後的認受性問題沒有解決，則問題仍會如擠氣球一樣，從議事廳內轉移到議事廳外，甚至以更高社會成本的方式爆發。

延伸閱讀

Cullen, R(2018). Filibustering: Flawed in Principle and Bad for Hong Kong, *IPP Review* Mar. 09, 2018.

Kaeding, MP (2017). The Rise of "Localism" in Hong Kong, *Journal of Democracy* 28:1, p157-171.

網上資源

立場報道（二〇一七）：〈中大民調：逾半市民不支持拉布　近半贊成改議規〉：立場新聞，二〇一七年十二月五日，https://thestandnews.com/politics/ 中大民調 - 逾半市民不支持拉布 /。

立場報道（二〇一七）：《學者反議規修訂　逾 4000 人網上聯署》：立場新聞，二〇一七年十二月十三日，https://thestandnews.com/politics/ 學者反議規修訂 - 逾 4000 人網上聯署 /。

為什麼香港的法院會有外籍法官？

因為在草擬《基本法》的時候，中國政府有自知之明，理解到保證司法制度健全才能讓香港和國際社會對九七後的管治保持信心，否則即使收回香港也只會成為中國的負擔而不能有所貢獻。香港的法院有外籍法官，正是當時這點擔憂的體現。按照《基本法》，除了終審法院和高等法院的首席法官「應由在外國無居留權的香港特別行政區永久性居民中的中國公民擔任」外，香港的法官沒有國籍限制。

回應外界對一國兩制疑慮

香港法院外籍法官的法理依據，來自《基本法》第八十二條：「終審法院可根據需要邀請其他普通法適用地區的法官參加審判」和第九十二條：「香港特別行政區的法官和其他司法人員，應根據其本人的司法和專業才能選用，並可從其他普通法適用地區聘用」。

這些條文的來源要算到一九八〇年代初，《中英聯合聲明》尚未訂立之時，中國政府對香港前途的考量。這時期的香港各界人心惶惶，畢竟中國大陸才剛剛脫離文革浩劫，很多人擔心中國收回香港就是香港末日。對於法律界來說，他們看到香港執行的是普通法制度，和中國大陸執行的社會主義法制並不相容。

舉個例，香港從開埠以來就是一個自由港，相對公平和有效率的司法制度，讓商人有信心若有任何糾紛都可以得到合理的仲裁。如果法官容易受一時的政治壓力或貪汙收買所影響，商人就要面對一個隨意和不可靠的環境，做生意的成本就會大幅增加。一九八〇年代的中國正處於改革開放的早期，需要通過香港吸引外來投資。如果外資都從香港撤走，那麼不單止香港本身的繁榮穩定不能維持，連帶中國大陸的發展也會受到阻礙。

因此，當時的中國政府注意到香港社會的憂慮，並於一九八三年邀請了十二名本地年輕專業人士到北京訪問，並和時任中共中央書記處書記習仲勛見面（即現任國家主席習近平的父親）。這個「才俊團」的成員很多後來都成為香港政界翹楚，例如特區首任終審法院首席法官李國能等。而據另一名成員李柱銘回憶所述，這段時間的中港交流對日後特區的制度框架起了重要作用。

李柱銘是民主黨創黨主席，被中國政府視為反對派，但這其實是「八九民運」之後的事。他是香港排名首位的資深大律師（九七前稱為御用大律師），在香港的法律界有極為顯赫的地位，因而也曾被中國政府視為拉攏對象，並在一九八五年被委任為《基本法》起草委員會的成員。不過到了北京六四鎮壓後，他便毅然退出，從此與中共決裂。

回到一九八〇年代初，當「才俊團」回到香港後，成員聚餐回謝新華社（當時中國政府的駐港代表）的聯繫。按李柱銘的回憶所述，席間他與時任副社長李菊生提到終審法院的問題。九七前香港的法庭申訴最終可送往英國倫敦樞密院（Privy Council），李柱銘向李菊生提到要保持香港在九七後的穩定，司法制度要給予外國投資者信心，讓他們相信日後在香港遇到任何法律問題，法庭也會如樞密院的法官一樣中立公正。李菊生同意中國的司法制度不能做到這點，便請李柱銘提意見。於是李柱銘便提議把終審法院設在香港，用香港的律師，按香港的案例判案。他更進一步提議部分終審法院的大法官可由其他普通法地區邀請過來，而李菊生也認為是好主意。後來《中英聯合聲明》頒布，容許任命外籍法官的規定在附件一第三部當中列明，再後來成為上面列出的《基本法》第八十二條和第九十二條。

這段歷史說明中國政府的對港政策從來都要考慮外界的反應。香港做為一個特區的地位不是純粹中國政府自己說了算，不是中國政府說香港是一個特區，世界各地就自然會把香港視之為一個特區。世界各地必須要看到香港有各種制度保證香港的獨特性，而且這些制度有效運行，才會承認香港的特區地位，並予以相關的待遇，例如商貿往來的各種政策（見〈為什麼外國政府常常對香港問題說三道四？〉）。外籍法官的制度設計正正是為了回應外界對一國兩制的疑慮。

外籍法官爭議蔑視香港司法制度

香港的法院有外籍法官這回事，在特區成立以來的爭議一直不大，要到了近年才被一些中國政府負責香港事務的官員、香港的建制陣營，以及一些中國大陸輿論所質疑。近年多宗與二〇一四年占領運動相關的官司判決，每當出現抗爭者勝訴，又或執法者被判濫權，便會有中國大陸傳媒輿論連帶質疑外籍法官制度，聲稱國籍效忠的問題會影響到他們的判斷。雖然法庭判辭對於為何判決抗爭者勝訴都會有詳盡的法理解說，但由於結論不符中國官方的政治立場，媒體在官方審查之下不可能承認這些判決的公正性，法官的國籍便成為一個方便的推卸藉口。《人民日報》和《環球時報》就為此發表了多篇評論文章，時任基本法委員會委員饒戈平也曾聲稱香港有外籍法官只是過渡安排，日後可考慮修改。

這些把外籍法官稱之為外國勢力或殖民地餘毒的說法在香港社會引來不少憂慮。畢竟，香港本身對於法官的委任已有多年行之有效的制度，一直只看其專業能力而不論出身背景。外籍法官的議論，背後假定了外籍法官判案時沒有或拒絕考慮到一些中國籍法官才會考慮的因素，並視之為一種缺失，其實已是對香港司

法治的四種層次

來源：香港大學法治教育計劃

有法可依 Existence of Law	這是法治的基礎。在人們生活的重要範疇都有法律規範，且這些法律條文能符合一些基本原則。
有法必依 Regulation by Law	在這層次的法治，法律能維持社會秩序，公民普遍都願意遵守法律，及人們之間的紛爭能依法律程序以和平的方法解決。這層次最重要的要求是執政者公開表明依法施政的決心，法律是其最重要的管治工具。為了確保政府官員依法施政，執政者主要是依靠內部紀律機制和官員們本身的德行操守。
以法限權 Limitation from Law	這層次對法治的目的，與第二層次相近，也是希望官員們有法必依，但由於有法必依缺乏有效的限權機制，故必須在執政者以外，由法律建立一系列的外在限權機制，包括由獨立的司法機構去制約行政權力，以使權力受到有效及充份的限制，防止權力被濫用。
以法達義 Justice Through Law	有別於其餘三個層次的法治，此層次對法律本身的內容有實質的要求。保障不同的基本權利可視為實踐公義。因應公義的不同理解，法律所保障的權利，由程序的權利、公民權利、政治權利，社會及文化權利至公民參與的權利。

法治的四個層次（內容來源：香港大學法律學院）

法制度的蔑視。此外，《基本法》第九十二條例明法官「應根據其本人的司法和專業才能選用」，並沒有政治立場審查的前設，所以整個法官國籍的討論本來就不符合《基本法》訂明的原則。

外籍法官的爭議並非單獨事件。國務院於二〇一四年發表的《「一國兩制」在香港特別行政區的實踐》白皮書，就把「各級法院法官和其他司法人員等」定義為「治港者」，所以有維護國家主權、安全、發展利益的職責，而「愛國是對治港者主體的基本政治要求」。此等理解，明顯和容許外籍法官的制度本身矛盾，也完全違背了香港社會一直以來對司法制度的理解。

香港社會對法治的追求向來強調「以法限權」，即法律可限制管治者如何行事，公權力受法律約束；而非僅僅「有法可依」和「有法必依」，即管治者通過法律來行事，說到底政府仍然高於法律。然而「白皮書」的說法，卻明顯地是基於後者，僅僅視司法制度為管治的工具而非前設。

總的來說，外籍法官爭議的意義並不限於這些法官本身，而是如何理解司法制度的運作和價值。如果判決不合乎某一方的政治訴求，要在法理上辯論和反省固然無可厚非。然而把矛頭指向外籍法官，認為他們先驗地有所偏差，才會導致某一審判結果，本身就是對司法制度的運作和價值有所誤解，忽視法官以外其他因素如法例和案例本身、陪審團、大律師，以至法援制度等等，都是整套制度的重要元素。

最後，得再重申一次香港是個國際城市，香港永久性居民不一定是中華人民共和國公民（見〈香港人都是中國人，為何還要討論身分認同？〉）。《基本法》在制度上已清晰列明，除了少數最高級別的職位外，不一定要中華人民共和國公民才可出任公職。除了法官之外，《基本法》第六十七條列明立法會可有不多於五分之一的非中國籍或持外國居留權的議員。此外，第九十九和第一百零一條又列明公務人員不一定要是中國國籍，只有各司司長、副司長、各局局長、廉政專員、審計署署長、警務處處長、入境事務處處長和海關關長例外。即使是《基本法》第一百零四條的就職宣誓要求，也只限於「效忠中華人民共和國香港特別行政區」，而非「效忠中華人民共和國」本身。既然香港政府可以有外籍公務員，香港立法會可以有外籍議員，那麼香港的司法機構有外籍法官其實應不足為奇。

延伸閱讀

馬嶽（二〇一二）：〈李柱銘：他也曾經「親中」〉，《香港80年代民主運動口述歷史》，香港：香港城市大學出版社。

Ghai, Y(1999). The Legal and Judicial System, *Hong Kong's new constitutional order: the resumption of Chinese sovereignty and the Basic Law.* Hong Kong: Hong Kong University Press.

網上資源

香港大學法律學院（二〇一七）：《法治層次》：法治教育計畫，二〇一七年，http://www.role.hku.hk/levels。

法夢（二〇一八）〈與〈香港01〉商榷：評海外法官任命不宜借題發揮〉：香港獨立媒體網，二〇一八年三月二十八日，https://www.inmediahk.net/node/1056029 。

為什麼會有香港人反對人大釋法？

因為程序很重要。人大釋法是指全國人大常委會對《基本法》做出最終解釋。它之所以會在香港引發矛盾，甚至被視為對香港法治的挑戰，在於其具體的實行方式和九七前香港社會的理解有明顯差別，運用範圍亦遠遠比想像中來得廣泛。由於人大釋法涉及香港高度自治的界線，所以市民會十分關注釋法的條件和香港法院在當中的角色，以符合三權分立的期望。並非所有法律界人士都從原則上反對人大釋法，但當它不按原來設想的程序發生，就在社會中引發了強烈反彈。

《基本法》第一百五十八條對釋法有這樣的定義：

> 本法的解釋權屬於全國人民代表大會常務委員會。
>
> 全國人民代表大會常務委員會授權香港特別行政區法院在審理案件時對本法關於香港特別行政區自治範圍內的條款自行解釋。
>
> 香港特別行政區法院在審理案件時對本法的其他條款也可解釋。但如香港特別行政區法院在審理案件時需要對本法關於中央人民政府管理的事務或中央和香港特別行政區關係的條款進行解釋，而該條款的解釋又影響到案件的判決，在對該案件做出不可上訴的終局判決前，應由香港特別行政區終審法院請全國人民代表大會常務委員會對有關條款做出解釋。如全國人民代表大會常務委員會做出解釋，香港特別行政區法院在引用該條款時，應以全國人民代表大會常務委員會的解釋為準。但在此以前做出的判決不受影響。
>
> 全國人民代表大會常務委員會在對本法進行解釋前，徵詢其所屬的香港特別行政區基本法委員會的意見。

按字面的理解，釋法應按照以下程序：第一，如果香港法院認為事件屬香港自治範圍，法院就可以自己解釋。第二，如果法院認為事件屬中央人民政府管理的事務或中央和香港特區關係，應由終審法院提請全國人大常委會解釋。第三，全國人大常委會釋法前，應徵詢基本法委員會的意見。第四，全國人大常委會解釋後香港法院必須引用，但之前判決不受影響。

事實上，香港法院經常會自行解釋《基本法》的各項條文。例如終審法院在二〇一三年就裁定了《婚姻訴訟條例》及《婚姻條例》不容許完成整項性別重置手術的女性與其男性伴侶註冊結婚，是違反了《基本法》第三十七條「香港居民的婚姻自由和自願生育的權利受法律保護」的規定，進而宣告《婚姻訴訟條例》中「女性」的涵義必須理解為包括已完成整項性別重置手術，並獲得醫學專家證明性別已經由男性改變為女性的人。

香港出現釋法爭議，是因為人大常委會慣性繞過上述條文所描述的程序來釋法。事實上，在特區成立以來的五次人大釋法，就有四次不按上述程序發生。

四次具爭議的人大釋法

這兒先由第一次釋法說起。一九九七年七月一日後的第一個星期，數以百計來自中國大陸的人士到入境處聲稱自己是香港永久性居民。事緣《基本法》第二十四條規定，凡是香港永久性居民中的中國公民在香港以外所生的中國籍子女，都是香港永久性居民。於是乎，不少香港人在中國大陸所生的子女，包括不少非婚生子女，便在特區成立前以各種方式前來香港，並於特區成立後隨即向政府提出永久居民身分的申請。

香港政府當時擔心，如果立即接納他們立即成為永久性居民，會引發一連串問題。例如婚生和非婚生子女有否分別？如何證明申請人真的是香港永久性居民的子女？（特別是如果只有父親一方，而母親是他在中國大陸的情婦而非合法妻子）而以後類似的案例是否不用經單程證制度按配額排隊，而可直接前來香港？另一個極受爭議的問題，是這個資格是否可以即時世代相傳（例如某人出生時是中國大陸居民，他的父親也是，但他的祖父剛剛成為了香港永久性居民，則會否連帶其後代都會即時變成香港永久性居民？）。

為了處理這些問題，臨時立法會在七月九日一天之內緊急立法，收緊了相關人士的入境安排，並追溯回到七月一日生效。此舉引來大量爭議，其中一名「無證兒童」吳嘉玲在父親代表下控告修訂違憲。到了一九九九年一月，終審法院就吳嘉玲案裁決，表明香港永久性居民所生的子女不論婚生或非婚生，不論是否成年，不論有否單程證，亦不論是否生於中國大陸，都可享有居港權。畢竟《基本法》的條文沒有就這些方面列明要求，也就不應限制。

就此裁決，政府推算於十年內會有一百六十七萬人可從中國大陸移居香港，為香港社會帶來沉重壓力。儘管此推算被多方指為誇大，甚至是要製造恐慌影響公眾輿論，但政府仍以此為基礎謀求改變法院判決。到了一九九九年五月，政府決定正式提請人大常委會就居港權釋法，而人大常委會則於六月通過對《基本法》的第一次解釋。解釋內容列明，即使是香港永久性居民在中國大陸所生的中國籍子女，進入香港前也要得到中國大陸方面的審批；而所謂香港永久性居民在香港以外所生的子女，是指出生時父或母已經符合香港永久性居民的規定。

這次釋法在香港司法界帶來極大震撼。首先，這次釋法不是由終審法院提出，而且是在終審法院已經做出最終判決之後才提出。如是者，終審法院從此不再「終審」，因為其最終判決原來是可以被中國政府推翻的，香港的自主性隨即被大幅削減。法律界當時就發起了黑衣靜默遊行抗議，後來更有維基解密披露的美國外交電文指出終審法院五名常任法官曾經考慮集體辭職抗議。

及後的各次釋法，除了二〇一一年因應外交事務而產生的第四次釋法，在香港都引起不少爭議。第二次釋法發生在二〇〇四年，人大常委會在沒有終審法院或任何香港政治體制中的任何機關要求的情況下，主動解釋《基本法》附件一和附件二，為香港未來的政治改革新增限制（見〈為什麼香港到現在還未有普選？〉）。此例一開，人大常委會的釋法權在程序上已變成可隨時發生。第三次釋法發生在二〇〇五年，由首任行政長官董建華的辭職觸發，各界關注下一任行政長官的任期應是開展新一任行政長官的任期，還是原有任期的續任。對此，署理（指代理職務）行政長官曾蔭權在香港法院未有機會處理此爭議前，直接向人大常委會尋求釋法，香港司法機構的角色再一次被矮化。

來到二〇一六年的第五次釋法，其爭議程度更超越了之前四次的釋法。是次釋法的源起為有立法會議員於宣誓時涉嫌辱華，被立法會祕書長拒絕監誓，引發政治風波（見〈為什麼立法會議員變得愈來愈激進？〉）。人大常委會於一個月內旋即解釋《基本法》中有關公職人員宣誓的條文，規範宣誓形式及內容，以及未進行合法有效宣誓、拒絕宣誓，或日後違反誓言的後果。

從程序上來看，這次釋法最少有四個問題。第一，這次釋法並不是由終審法院提出，甚至連香港政府本身也不認為有需要釋法，完全是由人大常委會自己提出的。第二，這次釋法發生的時候，香港法庭正在處理政府和立法會就宣誓問題的訴訟，政府代表要求禁止立法會主席為相關議員重新監誓。人大常委會在此案的審議途中釋法，使得法庭連按原有程序考慮如何解釋《基本法》的機會也被剝奪，對香港司法程序極不尊重。人大常委會在一審判決也未有便自行釋法，也使得《基本法》條文中「之前判決不受影響」的規定變得形同虛設。

第三，相關的《基本法》條文本身沒有提及宣誓的形式，但釋法的內容卻對此做詳細說明，形成了解釋《基本法》為名，增修《基本法》為實的客觀後果。如是者，《基本法》當中本來有關修改程序的規範條文亦變得形同虛設。而當《基本法》變得可以不按既定程序修改，整部《基本法》的權威地位也會因而消失。第四，《基本法》是憲法性文件，條文本應以本地立法的方式落實，例如宣誓形式的具體規範就是由《宣誓及聲明條例》列明。當人大釋法詳細說明了宣誓形式的要求，等於侵犯了立法會的本地立法職能。

在這次釋法當中，法治精神被矮化為僅僅是「當權者以法律的形式來解決問題」，只要問題被解決了便行。因此，支持釋法的評論往往把其論證建基於「辱華是錯，所以釋法就是對」。不過，如果把法治的目的從「依法管治」提升到「以法限權」的層面，則莫論目的對錯，擁有權力者是否以適當的方式行使其權力，更為重要。這也是為什麼香港有不少輿論會認為香港法治因為歷次釋法而受到嚴重威脅，因他們正正是以「以法限權」的概念來理解香港的法治（見〈為什麼香港的法院會有外籍法官？〉）。

釋法之爭是程序與價值之爭

回看各次人大釋法的案例，今天香港社會對釋法的理解相對於九七前已大為不同。

首先，釋法程序不再一定要由香港的終審法院在有特定案件，並認為此案件有需要的情況下才能啟動；香港政府可以提出，人大常委會也可以隨時自己提出。九七前對釋法程序的理解，是人大常委會把釋法權授權予香港法院後，自己就不會再行使此權力（這也是中國政府機關自己平時對授權的理解）。當這個理解被打破，第一百五十八條所描述的詳細程序就顯得多餘了。

首次人大釋法時對此的解釋，是《基本法》第四十三條規定行政長官向中央人民政府負責的條文，把行政長官要求人大釋法理解為「就執行《基本法》有關條款所遇問題，向中央政府報告」。然而在此一理解下，香港的三權分立會受到嚴重打擊，因為日後行政權如若受到司法權的制衡，都可以上報國務院提請人大釋法。而司法權為免觸動人大釋法，監督行政權時便會變得有所顧忌，以免行政權使出「絕招」。如是者，行政權和司法權之間便出現明顯的不平衡，權力逐漸會倒向行政權的一方。

第二，釋法的題目不再限於中央人民政府管理的事務，或中央和香港特區關係的條款，即使一些明顯屬於香港特區自治範圍內的條款也可以隨時按人大常委會的意願解釋。這樣會導致《基本法》對香港高度自治的保障一下子變得十分虛無，畢竟無論這些保障寫得如何細緻，也可以隨時被人大常委會以解釋的名義推翻。如是者，每當香港出現重大爭議，無論是否和中港關係直接相關，大家就不會再關心本地行政、立法和司法之間的相互制衡，而直接問人大常委會會否以釋法做最後定論，本地的輿論和政治過程隨之被架空，也就脫離了「一國兩制、港人治港」的原意。

對於《基本法》中的釋法條文可以被中國政府任意引用，有意見認為這是《中英聯合聲明》的過失。《中英聯合聲明》對香港很多基本政治制度都有所着墨，後來變成《基本法》的條文。然而對於《基本法》的解釋權本身，《中英聯合聲明》卻沒有規範。有輿論認為草簽者當時沒有意識到《基本法》本身要面對中國法制和普通法制度之間的矛盾。

在普通法之下，香港法院獨立於政府運作，從法律文本去解釋條文（包括受爭議的條文和它與其他條文的關係），過程中不應做政治考慮，更不會增添條文本身沒有或不能包含的意思。在中國的法制下，中國《憲法》明文規定人大常委會有權解釋所有法律，

香港五次人大釋法

年分	事件	提出機構
1999	居港權	行政長官
2004	政治改革機制	人大常委
2005	行政長官任期	署理行政長官
2011	外交豁免權	終審法院
2016	宣誓儀式	人大常委

五次釋法當中只有一次按《基本法》列明的程序發生（製圖：梁啟智）

而人大常委會做為一個政治而不是司法機構，則會考慮立法時的原意，考慮法律條文以外的資料，也可以因應法律制定後出現了的新情況為法律條文添加新的意思。

釋法之爭是程序之爭，但程序後面也是價值之爭。法治的價值，並不僅限於「合法就是法治」，畢竟美國的種族隔離政策曾幾何時也是合法安排。法治所追求的，還有法律制訂的過程能否自我完善和達致公義。前文提及香港的行政權和立法權本身已有諸多制度缺陷，法庭做為制度內最後守門員的角色，已經相當繁重和困難。當法庭的地位因釋法而被進一步削弱，社會對整個政治制度的信心就會進一步降低。

釋法之爭帶來一個十分令人擔憂的趨勢。社會中有不同意見和爭議，本來正常不過。如果香港有一個充分的民主制度，大可透過行政長官普選去決定社會要走的方向。當行政長官未能以民主選舉方式產生，市民便轉向靠立法會議員來表達不滿。當立法會也未能有效運作，市民便唯有通過司法覆核等方式請求司法機構主持公道。到了連司法機構也失去其應有地位，是否就代表社會不會再有爭議？當然不是。相反，當爭議無法在制度內得到有效處理，便會在制度外尋求出口，形成更難解決的社會矛盾。中國歷史常常提到鯀禹治水，鯀重堵截而禹重疏導，喻意堵截帶來災難而疏導帶來盛世。特區的政治制度，至今卻是在每一個關口堵截民意，社會不穩自有其因。

延伸閱讀

Chan, JMM., HL Fu and Yash Ghai eds (2000). *Hong Kong's Constitutional Debate: Conflict over Interpretation*. Hong Kong: Hong Kong University Press.

Gittings, D (2016). Interpretation and Amendment, *Introduction to the Hong Kong Basic Law* (2nd Edition). Hong Kong University Press.

Tai, BYT (2012). Judiciary, *Contemporary Hong Kong Government and Politics* (Expanded Edition). Hong Kong University Press.

區議員的職責不就是服務街坊？為何要政治化？

在反《逃犯條例》修訂引發的抗爭浪潮下，非建制陣營於二〇一九年區議會選舉中大勝，有不少盤據地區多年的建制陣營區議員，被高舉民主改革旗幟首次參選的素人趕下台。表面上，過往以居民服務為主題的區議會選舉被當下的政治議題所蓋過。不過，區議員的職責其實不只於街坊服務，還有很多政治功能。而公眾以為區議員的職責只不過是服務街坊，忽略他們的政治功能，本身就是一個高度政治化操作的結果，後面涉及龐大的政治和金錢利益。

香港目前有兩級議會，即立法會和區議會。立法會議員的政治工作，例如監察政府施政和辯論公共議題，公眾很多時候都能在主流傳媒的報道中看得到。不過立法會議員只有七十名，區議員卻有四百多名，而且分開十八個區議會開會，主流傳媒便少有機會報道他們的議會工作。與此同時，因為區議會的選區比較小，公眾在日常生活接觸區議員的機會比較多，於是乎便很容易誤以為區議員的工作限於服務當區居民，例如舉辦敬老活動或巡視街道衛生等。

區議員的政治工作

現實上，區議員有很多直接和全港政治相關的工作。首先，二〇一二年選舉行政長官的一千二百名選委會成員當中，有一百一十七人由區議員互選產生，占整體接近十分之一，人數也是選委會各組成界別當中最多的。由於這些委員是互選產生，也就是說只要某政治陣營能夠連結全港半數的區議員，就可以一次過在選委會拿走一百一十七票。這種對行政長官舉足輕重的影響力，在區議會選舉很少會被提及，也很少選民在區議會投票時會想到他們正在間接參與行政長官選舉。

此外，政府近年經常利用「區議會包圍立法會」的策略，把一些和當區不相關的全港議題交給各個區議會討論，然後以「得到十八區區議會支持」來說明政府已得到民意支持。近年以此策略在區議會層面動員支持的做法，包括支持廣深港高鐵於西九龍站實施「一地兩檢」，以及支持人大常委會就行政長官普選辦法的決定（即「八．三一決定」）。此外，每當政府要為一些全港政策做大型諮詢，也會到各區區議會聽取意見，例如優化土地供應策略或自願醫保計畫等等。和行政長官選舉一樣，區議會選舉的候選人在這些全港議題的立場很少會被關注，但他們當選後卻可代表市民在這些題目上協助政府製造民意支持。

直接點說，區議員有很明確的政治功能，而當選民投票選區議員的時候忽視這些政治功能，就等於為他們日後如何運用其政治影響力開了一張沒有銀碼（面額）的支票，讓他們隨意利用自己的政治角色。

選民服務：非政治化的政治

為什麼公眾會以為區議員的工作不涉政治？這點既和選舉制度有關，也有政治力量的刻意安排。香港分十八個區議會，每區再分十多到三十多個小選區，每小選區人口約一萬多，以簡單多數制選出一名區議員。每次選舉中會去投票的，一般是三千到六千人左右。簡單多數制會鼓勵每區只得兩名候選人競爭，以免出現漁人得利的情況。因此，區議會選舉的勝負

區議會提出的地區小型工程往往功效成疑（圖片提供：立場新聞）

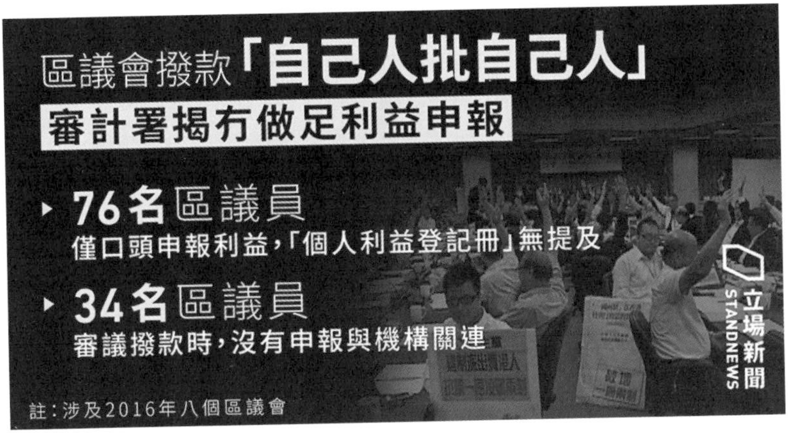

區議會的地區活動經費被指審批不當（圖片提供：立場新聞）

往往只有數百票之差，於是選戰很容易會變成人際關係的比拚。由於香港人口稠密，每個選區可能只有四、五個街區或一條公共屋邨的規模，加上前面提到主流傳媒很少會報道個別區議員的工作，選民是否直接看得見候選人本身就變得很重要，為選民提供個人服務就成為了競選工程的必然起點。

所謂選民服務，很多時候是指為老人量血壓、幫學生拍證件照，又或搞街坊旅行團等活動，後面的目的都是要蒐集選民的聯絡方式，以便建立關係和日後拉票。因為成年人大多要外出工作，加上香港工時長而且往往上班路途遙遠，所以留在社區中的時間未必很多。相反，退休老人在社區的時間明顯較多，順理成章成為區議員拉關係的重點對象。不少區議員都會針對老年人的需要，按時節派發各種禮物，例如端午節派糉（粽子）或者中秋節派月餅，以俗稱的「蛇齋餅糉」（蛇宴、齋宴、月餅、糉）來建立支持者網絡。而區議會的活動經費，則往往會用來辦一些內容沒有多大分別的「交通安全嘉年華」或「滅罪嘉年華」，結果都是找個理由搭起舞臺然後弄些表演節目給老年人看，有前區議員稱之為「舞臺社區」。

接下來，就是一連串劣幣驅逐良幣的過程。想花心思做社區充權的人往往會敵不過「蛇齋餅糉」的攻勢，而教育水平相對較高的選民則反過來以為區議員就只懂得「蛇齋餅糉」，以為區議會的功能只限於選民服務，或只是一些很皮毛的社區建議（例如成功爭取增設飲品自動販賣機），於是就覺得他們的政治立場和議政能力不重要，也就不去投票。惡性循環下，選民以為區議員的工作不涉政治的印象就愈來愈深。

事實上，要為選民提供各式各樣的服務或優惠，後面需要龐大的資源和社會網絡支持。加上選民期望區議員做好選民服務，即使潛在候選人也要整天在社區中打滾才能取得選民認同，於是便往往要在選舉前兩年便要辭去原來的工作，在社區中當全職的「社區幹事」。這名潛在候選人在這段時間的生活開支，往往就需要有政黨以工資的方式支付。於是乎，財雄勢大的政黨在區議會選舉中就有先天的優勢。由於在香港的畸型政治體制下，在朝的永遠在朝，在野的永遠在野，於是政治捐獻就會一面倒地傾向建制陣營。如是者，當區議員的工作被理解為只限於選民服務，整個競選邏輯就會變得對建制陣營有利。

這就是「非政治化的政治」。選民以為區議員的工作不涉政治，本身會帶來政治後果。而當這個政治後果對個別政治陣營有利時，他們就會很主動地鼓勵選民繼續誤以為區議員的工作不涉政治。現實的結果是，近年愈來愈多的區議會席位由建制陣營所獲得。以葵青區為例，在一九九一年的區議會選舉中，十八個民選議席全部都由民主派取得；但來到二〇一五年的選舉，二十九個民選議席當中只有九席由非建制陣營獲得。環顧全港，該屆區議會建制陣營在十八個區議會都獲得主導權。

區議會「非政治化」的政治後果

區議會「非政治化」的政治後果，最直接的固然是前文提到對行政長官選舉的影響，以及協助政府假借民意代表之名來製造民意。不過區議員選舉模式被扭曲的影響還不只這些。區議員的工作除了服務自己本區的居民，以及不為人注意的全港政治角色，還包括整個區議會範圍的社區規劃和服務。例如一名由沙田禾輋選區選出的區議員，很大部分的工作其實是要為整個沙田區的發展提供意見。問題是一個善於服務選區居民的區議員不會自然就善於宏觀的社區規劃，在政府面前便往往淪為橡皮圖章。政府為各項工程在立法會尋求撥款時，可以大條道理聲稱已經獲得區議會同意，所以已有民意支持。

更麻煩的情況，在於那些區議會自己可以審批的項目。例如很多地區小型工程的質素，近年來都為人詬病。在東區就出現了造價二十一萬港元的避雨亭，因為亭下巨墩已占去七成空間而被譏為「不能避雨亭」。各區區議會又樂於設立各種雕塑地標，例如荃灣區議會為了宣傳深井燒鵝，就在當地放置了一只白色巨鵝雕塑，被公眾批評品味拙劣。

硬件設施的問題尚可讓公眾看到，活動經費的問題就往往難以察覺了。有傳媒調查發現，葵青區議會於二〇一四年審批活動經費的過程中，懷疑製造了龐大的利益輸送。該區區議會首先會為各活動推選主委，然後由他們不經公開招標安排坊間團體承辦。奇怪的是這些坊間團體多數剛好又和這些主委關係密切，例如主委身兼該團體的主席或總幹事。數以百萬計的活動撥款就這樣進去各個關連團體的口袋當中。

區議員的審批能力和利益衝突問題，近年終在「區區一億」事件中被廣泛關注。二〇一三年，政府在《施政報告》中提出每區預留一億港元推行「社區重點項目計畫」，結果多數項目均受到社區和專業界別的廣泛質疑，被認為缺乏諮詢和浪費資源。例如觀塘區建議花五千萬港元興建海濱音樂噴泉，被公眾批為破壞原有寧靜環境的大白象工程[1]；大埔區議會建議花五千萬港元提升林村的旅遊設施，除了被當地居民批評無視現有旅客數目已超過交通負荷外，更被揭發有甄選小組成員本身就是興建及營運林村項目公司的董事，最後區議會要在爭議聲中撤回項目。

上述的種種問題揭示的其實是民主失效：負責審批的區議員雖然背負民意代表之名，但他們其實沒有能力做好這代表工作，因為民意在授權時並沒有注意到他們原來有這些「蛇齋餅糭」以外的職能。樂觀一點去看，只要選民在投票時重新思考區議會的功能和區議員的責任，則上述的問題均可被解決。回看各屆區議會選舉的結果，投票率一般都比立法會選舉為低。再細看選票下跌的幅度，建制陣營的跌幅不大，投票率下跌的主因相信是非建制陣營的支持者沒有出來投票。

以沙田瀝源選區為例，非建制陣營在二〇一六年立法會選舉中合共拿了二千二百九十五票，遠多於建制陣營的一千六百二十四票。然而在二〇一五年的區議會選舉中，非建制陣營候選人只得一千四百零六票，建制陣營候選人則得一千七百九十九票。也就是說，建制陣營可以在區議會選舉中勝出，並不是他們的候選人特別吸引，而是支持非建制陣營的選民不關心區議會選舉。同樣的情況在全港都有發生，即使建制陣營候選人的議會表現參差（有問題），仍能在區議會勝出。如果沒有投票的那些選民意識到區議會的真正影響力，願意出來投票，則區議會選舉可變得有競爭，區議員的質素便才提高。

自二〇一九年六月以來反《逃犯條例》修訂引發的抗爭，正正為區議會的重新政治化提供了機會。大量素人投入區議會選舉當中，投票人數創歷史新高，選民視選舉為一場對運動的變相公投，結果非建制陣營大勝。建制陣營和非建制陣營的議席數目比，從二百九十九對一百二十五，變成五十九對三百八十八。計及代表鄉事的當然議席後[2]，非建制陣營在十八區當中有十七區取得過半數。過去政府借「十八區區議會主席支持」來和立法會的非建制陣營對陣的做法，將不能重複。不少市民也在議論可以如何利用區議會的資源推動民主運動，例如把各種嘉年華會的經費轉為支持出版地區報和民主教育的活動。回到二〇〇三年，灣仔區議會的政治立場相對進步，在區內引發了反對重建利東街的抗爭。該次抗爭成為香港城市抗爭出現文化和社區轉向的先聲，之後引發出天星碼頭、皇后碼頭，還有反高鐵等一系列的抗爭。這次非建制陣營成功在絕大多數分區「執政」，會如何引發另一輪的民主實踐，值得關注。

區議會的案例說明了香港的一個重要問題：香港社會不是太政治化，而是未夠政治化。輿論有時會把民生和政治放在對立面，儘管現實上民生就是政治。即使在區議會的層面，所謂社區其實就是一張由街坊福利會、宗親會、地區團體、屋邨互助委員會

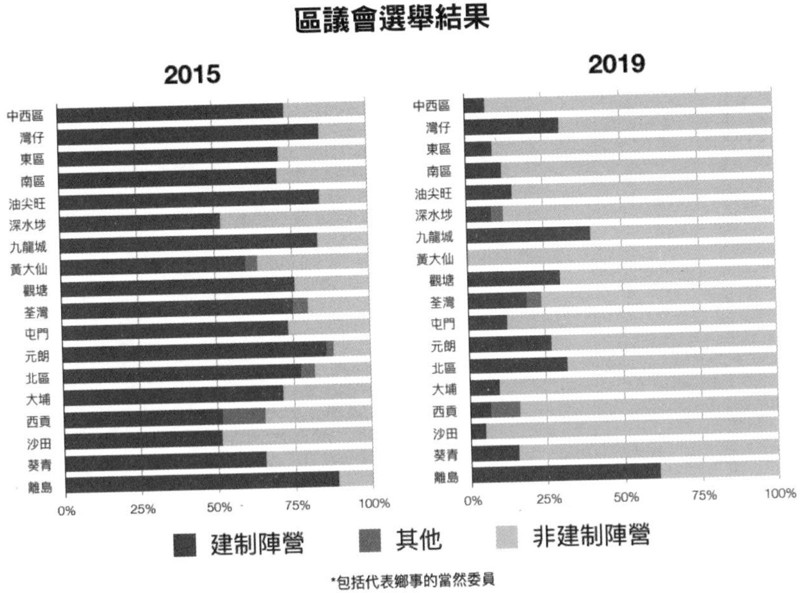

二〇一九年區議會選舉變天（製圖：梁啟智）

和大廈法團，以至政府前線部門如食物環境衞生署和公共事業（例如煤氣公司）等等所組成的關係網。他們之間的互動，各種規則的訂立和背後牽涉到的利益分配，全部都是政治。從社區的整體規畫和建設，到公共空間的管理和利用，到物業維修管理和相關聯的圍標問題，無論居民自己有沒有意識到，政治早就是生活的一部分。與其視而不見，不如好好把握。

延伸閱讀

費臣（二〇〇七）：〈區選無間道〉，《明報》，二〇〇七年十一月七日。

金佩瑋（二〇一三）：〈社區建設八大支柱〉，張少強、梁啟智、陳嘉銘編《香港・論述・傳媒》，香港：牛津大學出版社。

網上資源

立場報道（二〇一五）：〈「不能避雨亭」被拆走　民建聯區議員劃清界線〉：立場新聞，二〇一五年六月二十四日，https://www.thestandnews.com/society/不能避雨亭-被拆走-民建聯區議員劃清界線/。

立場報道（二〇一七）：〈34區議員傾撥款無申報利益　六成申報個案主席無裁決　有利益者會照開〉：立場新聞，二〇一七年四月二十六日，https://www.thestandnews.com/politics/審計報告-34區議員討論撥款時-無申報利益/。

1　指造價高卻沒有實際效用，或成本太高回報卻太少的工程項目。

2　位於新界的分區除了選舉產生的議員，還有代表鄉村原居民的當然議席，而他們一般都是建制陣營。

為什麼香港會有這麼多民意調查？

其實香港的民意調查已經不算多，在美國就可以每週有多個民調機構發布總統支持度的民調，香港的行政長官民調就沒有那麼頻密。不過，相對於其他地方，由於香港政制本身的缺陷，使得民調在香港扮演了不一樣的角色，甚至自己成為了政治爭議的主角。

即使在一個正常的民主社會，民調本身也有很重要的地位。如果政府民望持續低迷，民調可以警剔執政者盡快改善，不用等到選舉時被趕下臺才後悔。在野黨也可以按民意的走向準確出擊，更有效地向公眾揭露政府的失誤。民意調查可以讓一般人的聲音繞過菁英階層呈現，畢竟在未有民意調查的年代，官員或意見領袖可以輕易地自稱代表「沉默的大多數」，但在民調數據面前就不能這樣亂說。而從公共政策分析的角度來看，民調更可進一步解拆社會中不同階層類別（如年齡、性別和種族）對同一件事情的不同意見，無論對學術研究或政策制訂也十分重要。

落在香港，民調的角色卻有所爭議。由於選舉制度的問題，行政長官不是普選產生，固然不能自稱得到民意的授權。即使是立法會，也因為有功能界別的存在以致決議經常違反民意。如是者，一種意見認為民調在香港的作用不如正常民主社會，因為它不能直接影響政治過程，未能對執政者構成壓力。民望低迷的董建華也可在二〇〇二年在毫無對手下連任，就是一例。

屢受攻擊的「社會溫度計」

不過，正正因為選舉制度的缺陷，即使政府能在立法會「數夠票」通過，也不可以自以為得到民意的支持。直選產生的立法會議員也可以聲稱他們才代表民意，以此和政府抗衡。由於沒有公平選舉做為民意認受性的客觀仲裁者，民調就往往被理解成為決定「誰才真正代表民意」的間接方式。有意見甚至認為，由於香港政府不像一個正常的民選政府一樣得到民意授權，不能以曾經得到選票授權而強推短期內不受歡迎的政策，所以抵擋短期民意波動的能力反而較低，也使得政府反而不敢推行一些較具爭議的重要改革。

自特區成立以來，香港各個民調機構都有追蹤調查各種重要的社會指標，例如香港人的身分認同、對世界各地人民和政府的觀感，以及對一國兩制的信心等等。最為傳媒注意的，則是對行政長官的民望調查。如前文所述，各任行政長官的評分都離不開從上任起日漸走下坡的趨勢（見〈為什麼行政長官和特區政府總是民望低落？〉），使得民調報告有時會成為異議者攻擊政府的武器，也因而引來支持政府者的批評，質疑民調的可信性。符合社會科學嚴格標準的民調，如果因為結果不符合個別的政治立場而受到批評，本身是件十分可悲的事件。畢竟，民調在社會的功能就有如一個溫度計，只為準確反映天氣冷熱。如果對天氣不滿，而去責怪或抹黑溫度計本身，只不過是掩耳盜鈴，長遠對執政者沒有好處。

以反《逃犯條例》修訂引發的抗爭為例，香港中文大學傳播與民意調查中心的意見調查就詳細記錄了市民對警方的信任度如何崩盤，高峰時有七成市民表示不相信警察。可惜在此等民意面前，政府仍然不為所動，親政府輿論對民意調查更持蔑視態度。藝人陳百祥便曾在電視評論節目中聲稱不相信上述民調結果，卻又不提出反駁理據。

就民調和執政者之間的關係，特區成立以來最嚴峻的一役可謂「路祥安事件」。港大民研總監鍾庭耀在二〇〇〇年七月於報章撰文，指控行政長官透過某些渠道（管道）施壓，要求他停止有關行政長官和特區政府表現的民調，引發公眾譁然。鍾庭耀及後透露港大校長鄭耀宗曾透過副校長黃紹倫兩次向他傳話，表明董建華對他進行的民調不高興，還稱可能會「陰乾」（慢慢縮減）其研究經費。及後鄭耀宗承認行政長官的高級特別助理路祥安曾經約見他討論相關民調。就此，港大校委會通過公開調查聆訊，結論直指鄭耀宗干預學術自由。在校內和社會輿論的龐大壓力下，鄭耀宗和黃紹倫均於校委會討論是否接納報告前辭職。自此之後，民調的中立地位便成為輿論的關注對象。

另一方面，近年來又有民調機構被輿論批評為不中立和不公

《逃犯條例》風波開始以來市民表示對警隊「零信任」的比例

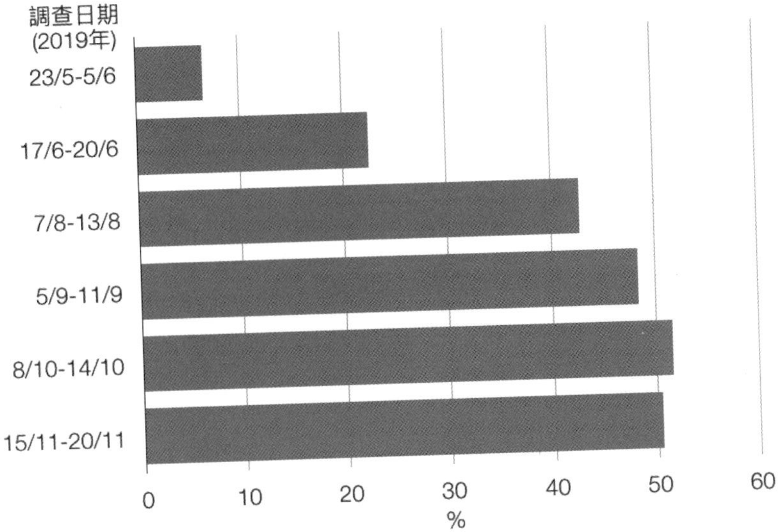

民意調查指市民對警方的信任度崩盤（製圖：梁啟智）

正。例如香港民意調查中心由於附屬被認為是親建制的一國兩制研究中心，當中心公布對政府有利的民調結果時就會受到公眾質疑，認為只是製造民意方便向中國大陸輸出假象。另一民調機構香港研究協會則常被質疑實為替建制派政黨服務，而該會每逢選舉日所做的票站調查有否被非法挪用為政黨配票的工具，更是每次選舉的常見話題。儘管這些指控往往難以證實，但傳言不斷已足以影響大學民調的正常運作。例如有輿論會因為要抵制親建制的民調，鼓吹每當遇到民意調查便應胡亂作答，或刻意回答建制陣營想聽到的答案，以圖擾亂調查結果，結果反而連大學的專業民調也受到干擾。

值得注意的是，除了民間做的民調之外，政府自己也會做各式各樣的民調和社會研究，以免與公眾情緒和訴求脫節。不過在缺乏政黨輪替壓力的前提下，政府和親政府輿論有多重視這些民調和社會研究就很難保證。過去就不乏政府和親政府輿論推銷一套觀點，但所做的調查卻否定了這些觀點。

例如就中學通識科對學生政治態度的影響，就有建制陣營的議員提出通識科使得學生更為支持本土觀點，應該整頓；但由中央政策組資助的學術調查卻顯示，喜愛通識科的學生不見得更為支持本土觀點，而且更認同接納新移民，可見學科鼓勵的明辨思考能使學生更為包容。又曾有建制陣營政黨邀請大學做民調，研究青少年的國民身分，結果發現青少年對中國大陸的批評並非出於無知。會出現這些和資助者相反的結論，是因為大學的研究單位和資助方簽訂合約的時候，通常規定對方不能選擇性發表結論，而要將全套結果如實發表。

香港民調面對的挑戰

儘管大學的研究單位一般都十分努力通過學術專業來保持其公信力，但仍然常常會受到質疑。其中一個原因，是它們基於自身的中立地位，不會拒絕接受非建制陣營的委託，成為一些非建制陣營活動的中立仲裁者，例如主持立法會選舉的非建制陣營初選。可是站在建制陣營輿論的立場，卻會認為這就是這些大學研究單位並不可信的「證據」。

面對此等壓力，香港的大學能否繼續支持民調，

有民調機構被認為發放了不準確的結果，影響輿情。（圖片提供：立場新聞）

漸成疑問。民調的一個特性，是往往要長時期地連續監察，例如同一條問題每半年問一次，連續問二十年，才能在研究上發揮效用。要持續地支持民調運作，由大學視民調為社會基礎研究來支持，是比較可行的安排。最近值得注意的發展，就是港大民研隨着總監鍾庭耀退休之後，能否維持其特色和獨特性的問題。現時的安排，是把港大民研從大學獨立出來，成立「香港民意研究所」，以眾籌方式生存。

民調是理解社會的重要工具，但要善用民調，應同時理解其功能和限制。概念上，民調所述的僅為公眾在有限選項間的綜合態度，不代表公眾本身在回答民調問題時對這些議題和選項有充分理解，而這些選項本身也可能有所不足，問題設定本身和對人口參數的各種假設可以大幅影響結果。民調本身十分昂貴，一般民間組織難以負擔，即使對官方所述的民意有所質疑也未必能另做民調核實。近年來愈來愈少市民設有家居電話，平時只用手提電話通信，使得民調機構也要學習調整調查方法來保持代表性。近年更興起網上輿情監察，但其研究方法和代表性尚未見成熟。

最後，有數據不一定有真相。就算數據蒐集的過程能做到客觀公正，片面的解讀卻會製造更多問題。例如近年社會輿論走向兩極化，對一些重大議題的態度往往是極不同意和極同意的較多，如果有不誠實的分析只看總平均數，削去兩極化的特性，便會忽視了民意的多元。民調是一個很有用的社會分析工具，但如何利用這個工具和想達到什麼目的，則是一個政治問題，而這點又離不開香港本身政治制度的缺陷了。

延伸閱讀

趙永佳、沈國祥、葉天生（二〇一七）：〈特區政府的民望調查〉，載於張妙青、趙永佳編《香港特區二十年》，香港：香港中文大學香港亞太研究所。

Currie J, C. J. Peterson and Ka Ho Mok (2006). The Robert Chung Affair, *Academic Freedom in Hong Kong*. Oxford: Lexington Books.

網上資源

立場報道（二〇一七）：〈香港研究協會民調：林鄭領先曾俊華〉：立場新聞，二〇一七年三月十三日，https://thestandnews.com/politics/平行時空-香港研究協會民調-林鄭領先曾俊華/。

立場報道（二〇一九）：〈2019區議會選舉專頁〉：立場新聞，二〇一九年十一月二十五日，https://dce2019.thestandnews.com/。

為什麼無線電視會被稱為ＣＣＴＶＢ？

因為無線電視（ＴＶＢ）近年的節目（特別是新聞時段）的編採方針脫離了不少人對傳媒監察權力的期望，甚至被認為變成了政府的喉舌，和中國大陸的中央電視臺（ＣＣＴＶ）無異，所以被謔稱為ＣＣＴＶＢ。無線電視的問題並非獨有案例，香港傳媒的轉變和社會政治經濟結構的關係，以及對言論和新聞自由的影響，是香港近年來其中一個最重要的問題。

傳媒本身值得關注，是因為它可以影響社會輿論。它們的影響體現在四方面：首先，它們可設定議題和討論框架，帶領公眾的注意力。例如二〇〇六年反對清拆天星碼頭的抗議活動中，示威者主張民主規劃，但傳媒關心的卻是示威者都十分年輕，而且勇於以直接行動阻擋清拆，於是社會輿論很快便被引導向「為何這一代的年輕人會以激烈手段抗爭」之上，沒有注意到他們的真正訴求。

第二，傳媒有廣泛傳播的功能，例如無線電視的收視再差，也能在同一時間讓數以十萬計的觀眾看到，相對來說社交網絡的帖子能有數十萬的收視已算極為成功。小眾偶像要變成全港話題，很大程度要靠傳媒的曝光機會。如是者，傳媒還有第三和第四個功能：合理化和忽視。一些本來被視為是社會禁忌的行為（視乎不同社會，可以是支持同性戀也可以是歧視少數族裔）經主流傳媒曝光後，會讓其他人覺得這些禁忌原來可以被打破，然後有樣學樣；反過來，如果傳媒刻意不提及某些觀點，認同這些觀點的人便可能會以為自己只是社會中的少數，就未必願意公開承認支持這些觀點了。

香港傳媒「為民發聲」的角色

正因為傳媒對社會輿論影響力大，它們特別是在政治壓力面前能否做到公平公正，就十分重要。回看香港歷史，傳媒和政治的關係經歷了很多個不同階段。回到一九六〇年代或以前，香港的中文報章受意識形態主導，成為國共對抗的輿論戰場。港英政府對此並不反感，因為當輿論忙於互相攻擊，就少了時間監督政府。事實上，當時的香港仍處於難民社會時期，政府管治強勢而民間參與的機會十分有限，傳媒監督的空間也不多。

到了七、八〇年代，隨着社會變得小康，本土社會訴求和社會運動也日益增加，而政府面對中英談判也開始開放管治，傳媒的監察角色變得重要。到了「八九民運」和及後在香港引發的民主浪潮，香港的新聞從業員不單止成為歷史的見證者，甚至有時變成歷史的參與者，也就觸動了一整代的傳媒人決志以社會關懷為己任。

不過，當外在的政治環境在特區成立後逐漸轉變，傳媒生態和傳媒人的工作環境也變得很不一樣。學者陳韜文以「代議民主」（Surrogate Democracy）的概念來解釋特區下的傳媒角色：政治制度本身的缺陷使得正規政治（無論是政府或議會）未能代表民意，所以傳媒在香港「為民發聲」的角色就顯得十分重要，甚至比一個正常的民主社會更為重要，輿論對新聞和言論自由也更為敏感。實際上，當議會未能對政府構成實際制衡，傳媒意見領袖的批判有時會顯得更直接和有力。

特區成立早期的「峰煙節目」是本地學者的一個重要的傳媒研究案例。「峰煙」是英文"Phone-in"的諧音，即是容許聽眾打電話到直播節目中和主持人甚至是被訪者直接對話，其中最有名的要數商業電臺晨早直播節目《風波裡的茶杯》（一般於早上七時三十分至十時播出）。《風波裡的茶杯》以回應時事熱點為主題，適逢市民對政府高官的不滿，加上主持人鄭經翰辛辣敢言的作風，收聽率因而長期高企。該節目於早上播出，而在節目中被攻擊的對象往往會成為當日新聞輿論的焦點，使得政府內部也要規定凡有任何社會熱點，官員必須於早上十時，即該節目完結前發表公開回應。因此，鄭經翰獲得「十點前特首」的稱號，即節目期間他才是眾高官的真正問責者。

不過，要坐在鄭經翰的位置並不容易。他在一九九八年於往電臺上班途中被襲，身中八刀，手筋被砍斷，一度垂危而要在醫院休養兩個月，輿論懷疑和他在節目中攻擊了既得利益者有關。到了二〇〇三和二〇〇四年期間，商臺正與政府協商續牌（換發執照），鄭經翰在休假後被突然解僱。數年後他創立了香港數碼廣播公司（DBC），可以重新主持節目，但其後又因股東爭拗而再度停播。

鄭經翰的案例經常被用來探討傳媒從業員與管理層及持有人之間的關係，如何影響傳媒發聲的空間。中文大學新聞與傳播學院前院長馮應謙曾詳細分析自特區成立以來香港各傳媒機構擁有權的轉變，認為親建制陣營的商人有透過收購傳媒來得到好處的趨勢。這些投資者不在乎收購後能否在那些傳媒機構賺錢，更重要的是他們可利用香港傳媒持有人的身分為其在中國大陸的投資尋求保障。例如他們可以在特區政府有需要的時候，通過收緊旗下傳媒的言論尺度，甚至以連續多日頭版攻擊非建制陣營，來向中國政府表達效忠，而中國政府則在其他利益範疇予以回報。近年來傳媒易手或被質疑自我審查的案例，有《明報》、《星島日報》、《南華早報》、《成報》和亞洲電視等。

無線電視和「三中商」

回到無線電視的例子，雖然香港法例規定免費電視的持牌人必須是香港永久性居民，但有分析指現時無線電視的真正掌權者為中國大陸的國家資本。無線電視的大股東財團，背後包括由國家開發銀行、招商局，和上海國資委持有的公司出資成立的基金。而證券及期貨事務監察委員會（證監會）的文件揭露，該基金會的董事長對財團的董事任免上有絕對權力。因此，有評論認為無線電視其實已經「染紅」，成為國家資本的一部分。

在實際操作上，無線電視的新聞節目近年經常被批評刻意為政權粉飾太平，例如即使有大規模的遊行集會也不會放在新聞頭條或不做報道。於占領運動期間發生的「七警案」（見〈為什麼香港警察近年屢受批評？〉）雖然是由無線新聞揭發，但在首次播出後便被管理層要求刪減報道內容。七警涉嫌犯案片段播出後的當日下午，二十八名無線電視的新聞工作者發表公開信，表明不同意管理層處理手法。及後負責第一個版本稿件的當席（值班）採訪主任被調職，而當日發出公開信的新聞工作者有一半於半年內因不同理由辭職。「七警案」只是近年來無線電視眾多被質疑未能做到公平公正的案例之一，CCTVB的謔稱也是由此而起。按香港中文大學的調查，香港市民對無線電視公信力的評價，已由二〇〇六年的七·一七分（第二位），大幅下降至二〇一九年的四·四五分（第六位），在所有電子傳媒中排名最低。

新聞審查不一定要以管理層直接指令這種粗暴的方式發生。學者區家麟指出，很多時候一些間接的新聞審查可以更為有力，也更難被察覺和引起反感。例如管理層可利用「平衡報道」的名義，把一些不符事實或很次要的觀點拿出來和重要的事實同時呈現，使

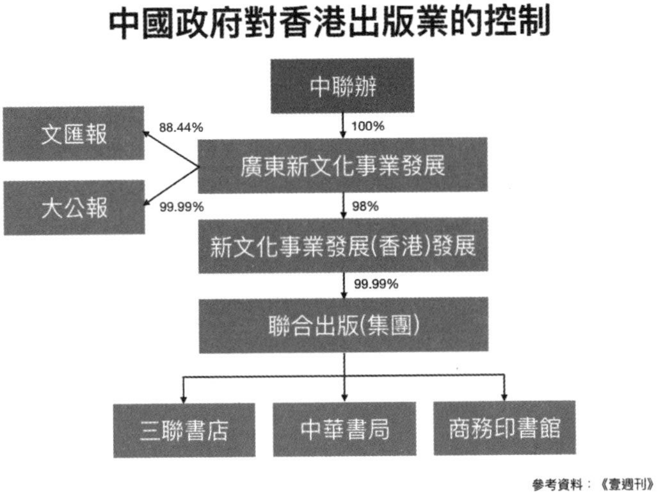

中央政府通過國有資本的力量影響輿論。（製圖：梁啟智）

一些本來是非對錯十分清楚的情況變成只是觀點不同之爭，又或把明明輿論立場一面倒的情況變成看起來好像是意見紛紜。此外，管理層可通過大幅縮減開支，使有經驗的新聞工作者沒有晉升機會，以不友善的工作環境迫使他們離開；而留下來的除了未必有足夠經驗和能力處理複雜的議題，亦會因為工作繁忙而即使想深究也未有機會。於是乎，新聞工作者很容易便會被官方說法或主流論述牽着鼻子走，未能通過針對性的質疑擊中要害，發揮傳播監察社會的責任。

除了新聞界之外，擁有權的問題在出版界也十分明顯。現時香港的大型書店市場基本上被三聯書店、中華書局、商務印書館（即「三中商」）所壟斷，而三者背後的聯合出版集團實際上是由中聯辦通過另一間公司持有。比較「三中商」和一些獨立書店的書架，可發現一些題材涉及敏感政治內容的書籍，在「三中商」幾乎找不到，就算有也進貨極少，會被放在不顯眼的位置，而且很快下架。由於「三中商」出售的書籍已占全港市場的七至八成，因此一般人接觸不同觀點的機會就很容易會被「三中商」過濾。有輿論認為中聯辦直接控制香港大多數的書店，已經變相違反了《基本法》第二十二條規定中央政府「不得干預香港特別行政區根據本法自行管理的事務」的規定。

香港傳媒的困局

除了業界本身，政府在引導輿論方面同樣有不少改變。各式各樣政治傳訊（甚至有說是「政治化妝」）的策略，近年變得愈來愈普遍。例如因應二十四小時新聞和即時新聞的出現，新聞週期變得愈來愈短，政府便把一些壞消息留在半夜十二時才以新聞稿的方式發放，使得媒體要立即報道的同時卻無法找到即時回應，到了第二天卻很可能又會有其他新聞覆蓋了這段消息。另一個做法就是一次過把大量有爭議的消息放在同一天內公布，這樣不單傳媒機構不會有足夠人手同時深入調查，亦不會有版面做詳細報道，讀者也容易因為信息過於密集而變得麻木。

社會本身的改變，也會使得引導輿論的工作變得容易。社交媒體的興起使得傳播模式由大眾變成分眾，不同興趣立場的人各自去看自己喜歡看的新聞，社會就容易失去共同討論的基礎。而當不同派別的聲音都可以找到討好自己的傳媒，無論是建制或非建制陣營的輿論也容易變得極端；社交媒體也會因為收視爭奪戰而變得即時量化，使得煽動情緒的條目就愈來愈多，慎思明辨和社會責任的考慮就變得次要。

總的來說，CCTVB所揭示的問題不限於無線電視這一家企業，而是整個傳媒行業面對的困局。近年漸有新興傳媒出現，意圖以訂閱制或眾籌方式，在中國資本強權下尋找另類的生存空間。然而在資源不足的前提下，要發展出專業的新聞團隊來彌補主流媒體的不足，並不容易。

傳媒行業的困局，本身是整個香港的政治和社會困局的一部分。正如前文所述，當行政權無法代表民意時，公眾便只好向立法權求助；當立法權也無法代表民意時，公眾便再向司法權求助；當司法權也未能滿足民意期望時，公眾便投向大眾傳媒，希望它們能為民喉舌。現在連大眾傳媒也失效，是否代表民意的壓力就會隨之而消失？另一個可能，是他們會尋求脫離正規政治的方法發聲，例如走上街頭。

延伸閱讀

Fung, YHA (2007). Political Economy of Hong Kong Media: Producing a Hegemonic Voice, *Asian Journal of Communication* 17:2, p159-171.

Lee, FLF (2018). Opinion Media: From Talk Radio to Internet Alternative Websites, *Routledge Handbook of Contemporary Hong Kong*. New York: Routledge.

區家麟（二〇一七）：《二十道陰影下的自由：香港新聞審查日常》。香港：中文大學出版社。

梁麗娟（二〇一二）：〈大眾傳媒與社會運動的前世今生〉，張少強，梁啟智，陳嘉銘編《香港・論述・傳媒》，香港：牛津大學出版社。

為什麼香港一天到晚都有示威遊行？

因為正常代表民意的選舉和議會失效，就連傳媒也愈來愈不能反映社會的多元意見。當人們無法在體制內表達不滿，不代表他們的訴求就會消失，他們也可能選擇在體制以外發聲。香港變成「示威之都」，側面顯示出民意反映制度本身的失效。

香港集體行動的成果

按香港警務處的統計，香港每年的公眾遊行和集會已由二〇〇八年的四千多宗增加至二〇一八年的一萬一千多宗，或每日超過三十二宗。民間流行說的「三日一遊行，五日一示威」已是嚴重低估。有外國傳媒比較世界各地的數字，發現香港是世界上公眾抗議最頻密的城市，而且遠遠拋離第二位的墨西哥城。

遊行集會愈來愈多的原因有兩種可能。第一，參與者找不到更好的方法表達他們的訴求；第二，參與者起碼相信他們的表達有可能帶來一些改變（即使這些改變未必即時直接）。香港的情況符合上述兩點。議會在正常的情況下不能反映民意，不過在強大的壓力之下，如果有關鍵少數建制內的菁英願意裡應外合，或最少這些菁英發現利用當下的民意對他們有利，則仍有帶來改變的可能。

二〇〇三年超過五十萬人上街的七一大遊行過後，本屬「執政聯盟」的自由黨毅然倒戈，使得政府不再有足夠票數通過國家安全立法，因而被迫撤回法案。自此之後，每年的七一遊行都會

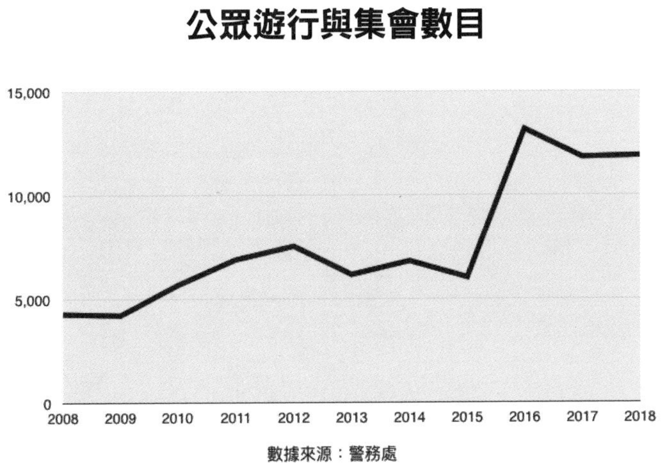

遊行集會的數目愈來愈多（製圖：梁啟智）

成為民間社會總動員的大日子，不同議題的組織都會趁當日出來表達訴求，和其他組織互相砥礪扶持，以及籌募經費維持運作。

而由於香港的正規政治未能反映民意，有意見認為，香港政府因此反而更受當下的民意所影響（見〈為什麼香港會有這麼多民意調查？〉）。這個民意並不是傳統意義下的「大多數人的意見」（反正政府不是由選舉產生），而是當下最能吸引大多數人注意力的聲音，可說是「響亮少數」。例如在清拆天星碼頭和皇后碼頭的爭議當中，雖然碼頭最終被拆，但政府及後更為強調歷史建築的「保育」，在公眾眼中也可視為「響亮少數」爭取所得的成果。這些經驗都說明了在「半民主」的政治體制下，集體行動與民意和正規政治之間的互動可帶來一定成果。

半民主體制下發聲的困難

雖然遊行集會在香港已變得日漸普遍，但並不代表沒有困難。相反，無論在具體安排、發揮影響力，以及保持公眾關注這三方面，以遊行集會等抗議行動來表達訴求的困難可謂愈來愈多。

先說具體安排。按現行的《公安條例》，五十人或以上的公眾集會或三十人或以上的公眾遊行應事先通知警務處處長，得到「不反對通知書」後方可舉行。任何未經批准下進行公眾集會或公眾遊行即屬非法。而任何三人或以上集結在一起，意圖破壞社會安寧或者激使其他人破壞社會安寧，即屬非法集結。此等制度源於英殖時期的高壓管治，當時社會上已有意見認為未能保障公眾的表達自由，管制過於嚴苛。特區成立後修訂《公安條例》時，法律學者陳文敏批評法例還原了殖民地的高壓管治，對維持社會安定沒有好處。

另一具體安排問題，是由誰來發起遊行集會。香港的遊行集會往往強調參與者的自發性，以免被親建制陣營的輿論批評參與者只是「被政客誤導」。事實上，調查顯示參與者通常都是自發動員，不傾向由組織或團體動員。不過，實際上任何集體行動都需要一定程度的組織工作，例如布置場地和與警察溝通，這些都要由各個非政府組織去做。香港法例保障結社自由，也有大量關注不同議題的非政府組織，他們都是組織集體行動的重要支柱。然而現時香港大多數的非政府組織都經營困難，而且難以成長。

談及此問題的成因，要回到香港政治制度的缺陷當中去解釋。在一個正常的民主社會當中，由於有政黨輪替，不同利益都要用各種方法保持對政府的影響力，民間的壓力和遊說團體有重要角色；但在香港的情況，由於執政集團永遠執政，民間團體的影響力就難以得到證實，也就難以得到資源支持其工作，進以陷入欠缺資源和影響力的惡性循環。而由於在野的永遠在野，民間團體也和非建制陣營的政黨一樣面對碎片化的壓力。如是者，香港的民間社會便發展出很多微型團體，只能在重大議題時建立起反對政府的鬆散聯盟，卻難以發展成更強大持久的制衡力量。

互信不足帶來的問題在近年更為明顯。舉個例，要辦一場大型活動難免會涉及一定開支，例如印刷場刊、場地租用、搭建舞臺或租用擴音設備等。然而如果在會場籌款補貼這些開支，很容易就會被攻擊為「借社會運動發財」。即使組織者盡可能做到公開透明接受監督，但基於資源所限也難以滿足所有人的要求。因此，很多微型團體就被困在沒有資源就做不到良好的內部管治，做不到良好的內部管治就得不到更多資源的怪圈當中。

此外，香港於結社自由方面本來遠比中國大陸寬鬆，只要有三個人簽名提交一份兩頁紙的申請書就可註冊成為社團，又或直接去開一個商業公司登記，然後便可去銀行開立帳戶，沒有在中國大陸成立民辦非企業單位時要遇到的限制。不過，近年特區政府開始運用各種行政手段，為民間團體的運作製造困難。近年有多個民間組織如香港眾志和香港民族黨等因其政治立場而未能成功註冊成為社團，惟香港尚未就相關議題立法，政府拒絕註冊的法理基礎不明。後來政府更引用《社團條例》中「維護國家安全」的條文要求禁止香港民族黨運作，然而羅列出來的證據僅為其召集人的個人言論，沒有實際行動支持，因而被批評為濫用相關條文和思想入罪。

遊行集會的影響力有多少？

至於遊行集會的影響力，近年也面對不少質疑。抗議行動特別是和平的抗議行動，出席人數往往是能構成多少公眾關注和壓力的重要指標，但是人數估算本身又往往會引起爭議，而參與者往往會質疑警方低估人數，而另一邊則會質疑主辦單位高估人數。警方對二〇一四年和二〇一六年就六四晚會的參與人數估計分別為九萬九千五百人和二萬一千八百人，惟兩次集會中人潮所占的集會空間明顯沒有倍數之差，便引發了不少輿論質疑。為了客觀估算集會和遊行的出席人數，有學者會用各種方法如會場人口密度來推算人數，港大民研更多年來在七一遊行路線上架設攝錄鏡頭，然後人手點算經過人數，再推算出總出席人數。

其實任何有過萬人參加者的公眾集會，本質上已經應視為重大社會事件。不過有鑑於香港政治制度的缺陷，選舉結果本身不能準確反映民意，於是不少人會感到走上街頭表態然後讓各方點算得到他的出席，更能有效反映訴求。而傳媒也習慣以同一活動出席人數比去年的升跌，做為民意升溫或降溫的重要指標，進而引發出各方對點算人數的爭議和執着。就連政府或建制陣營於遊行同日舉辦大型嘉年華會，也會被視為要和遊行爭奪場地和出席人數。

另一個關於影響力的問題是當遊行集會愈來愈頻繁，會反過來變得難以保持公眾關注。學者李立峯和陳韜文以「社運社會」來形容集體行動在香港的常規化。他們指出，社會運動做為爭取權益的模式，已被愈來愈多的公民和團體採用，大眾對社會運動日漸變得習慣，或可說社會運動已被馴化，而這又反過來使社會運動失去了打破常規的能力，從而減少了對社會的影響力。

在一個很少人敢於發言的社會，如果有人走出來，即使表達的是最輕微的異議，例如到政府辦公的地方遞交意見書，已能突破社會常規，吸引公眾關注。可是當同樣的做法愈來愈多，關注也就難以持續，畢竟新聞關心的是有什麼「新」的東西。於是乎，異議者就要想出一些新的方法去吸引注意，例如在遞交意見時準備一些什麼道具，讓新聞畫面變得吸引一點。而最能突破社會常規的，當然就是一些相對激進的抗爭手法。在此，組織者往往要面對兩難：選擇公眾較為接受的形式，則其議題會被淹沒在其他形式相近的抗爭之中；選擇公眾未能接受的形式，雖然能達到吸引注意的效果，但其着眼點又可能會變成形式本身而非本來的議題。公眾可能會只顧譴責這些形式，而忽視為什麼這些人要出來表達意見。

與此同時，當行動不能帶來參與者預期的回報時，帶來的無力感也會打擊下一次參與的意欲。有意見認為二〇〇三年七一遊行的成功，拉高了公眾對參與遊行集會的期望。然而當二〇一四年的占領運動未能帶來普選後，不同的運動參與者便互相指摘對方不夠或過於激進，使得運動失敗。相關問題一直纏擾香港的公民社會，直到二〇一九年的《逃犯條例》修訂爭議出現，「成效」之爭才開始被放下，回到「應做就去做」的初心。

《逃犯條例》修訂引發的衝突更挑戰了政府管制遊行集會的能力。正所謂「法不治眾」，政策法規的力量說到底總是要靠人民自願服從來體現。隨著《逃犯條例》修訂引發的衝突變得激烈，警察不斷收緊對遊行集會的控制，甚至索性拒絕發出「不反對通知書」，然而數以萬計市民卻多次無視禁令照樣上街，在沒有警察協助下自行封路繼續遊行。如是者，警察對遊行集會的不合作態度，反過來削弱了他們在社會中的權威。

最後，建制陣營也發展出一種應對遊行集會的方式：反動員操作。他們理解到上述各種舉辦遊行集會的困難和公眾的懷疑，便舉辦大量低質素的遊行集會來擴大這些質疑，使輿論對不論任何訴求的遊行集會都一律感到反感。例如他們在六四晚會或七一遊行期間也會安排反動員的集會，又或在立法會審議法案的時候發動群眾到場支持等等。

這些活動的組織者的言行舉止往往比非建制和傳統建制陣營的更為激進，而參與者在傳媒面前卻又往往表現得連自己在參與什麼活動都不知道。不過，這些問題無損這些反動員活動，因為它們的目的並不是真的要表達支持或說服他人，而是要把表達意見這行為本身污名化。當一般人對政治議題和集體行動感到反感或至少厭煩，宏觀上就能達到維持現狀的目的，既得利益就可以持續。

延伸閱讀

八十後自我研究青年（二〇一三）：《反抗就是罪名：政治檢控與盼望》，香港：香港基督徒學生運動。

李立峰、陳韜文（二〇一三）：〈初探香港「社運社會」——分析香港社會集體抗爭行動的形態和發展〉，張少強，梁啟智，陳嘉銘編《香港・論述・傳媒》，香港：牛津大學出版社。

陳韜文、李立峰（二〇〇九）：〈從民意激盪中重構香港政治文化：七一大遊行公共論述分析〉，馬傑偉、吳俊雄、呂大樂編《香港文化政治》，香港：香港大學出版社。

Ma, N (2007). Civil Society in Self-Defense, *Political Development in Hong Kong: State, Political Society, and Civil Society*. Hong Kong: Hong Kong University Press.

為什麼香港警察近年屢受批評？

因為不少市民認為香港警察濫權，執法不公，而且有選擇性。如果警察執法的過程本身不守法，又或執法的嚴謹程度有雙重標準，未能做到一視同仁，就會影響到警察在市民心目中的地位。當警察執法，例如拘捕疑犯或是管理遊行集會秩序的時候，對親政府和反政府者的反應完全不一樣，公眾便會開始質疑他們未必是出於專業判斷而是政治立場，警察的公信力便會日漸低落，對政府管治也會構成極壞的影響。

香港警察的公眾形象經歷過不少起跌。回到六、七十年代廉政公署成立前，香港貪污問題十分嚴重，並以警隊尤為明顯。當時幾宗重要的貪汙案件，如葛柏案和四大探長等都涉及警隊高層。及後港英政府打擊貪汙，警隊和其他紀律部隊的聲譽日益改善。港產片和電視劇集中常見警察類型題材，無論是動作片還是喜劇，均深受觀眾喜愛。

然而，近年警察形象急轉直下。至今，不少市民已慣常對警察醜聞表示幸災樂禍，視警察為公眾笑柄。港大民研／香港民研自特區成立以來，一直追蹤調查香港人對警務處的滿意度。警務處本來表現不俗，滿意淨值於首十年的平均數為正，於二〇〇七年中更曾一度升至正八〇．五%的高點。不過，數據自此便一路往下走，在二〇一四年起更大幅下降，並在《逃犯條例》修訂引發的警民衝突下在二〇一九年底下跌至負三十八%的最低點。

執法不公

冰封三尺亦非一日之寒，輿論批評警察的工作由維持治安變成政權維穩，由來已久。近年警察對遊行集會的管理愈來愈嚴格，甚至被批為踐踏人權。例如二〇一一年時任國務院副總理李克強訪問香港期間，曾到一個大型屋苑家訪，有該屋苑居民穿着印有「平反六四」字樣的T恤衫到李前往家訪的地點附近圍觀，隨即被多名沒有出示警察委任證的人員強行押走。有記者上前拍攝，亦被阻擋攝影機鏡頭。警方後來聲稱該市民進入了「核心保安區」，卻遭大律師公會強烈批評香港法律根本沒此概念，就算有保安需要也應按法例設立禁區，而警方亦未能解釋阻擋市民合法表達權利和記者採訪自由的依據。

尊重人權一直是香港社會對警察專業操守的主要期望之一。電影中警察拘捕疑犯時的一句「你有權保持緘默」並不只是一句對白，而是說明警察本身也要守法，權力受到限制。然而警察本身不守法的問題日益嚴重，二〇一四年占領運動期間警察的表現嚴重脫離了公眾期望，徹底改變了警察的公眾形象。

在二〇一四年九月二十九日凌晨，也就是占領運動的第一晚，市民在沒有約定下自發占領了旺角一帶的街道。警方對此毫無準備，緊急撤離在前線的少數警察，還留下了一輛無人看守的警車。占領者看到這輛警車不但沒有推翻或破壞，反而把這輛警車用繩圍起來，簡陋地用紙筆留言勸喻其他參與

警務處近年變得不受歡迎（圖片提供：立場新聞）

者千萬不要觸碰這輛警車，以示這場運動的文明進步。由此可見，他們當時並沒有視警察為敵，認為警察只是受命工作而被夾在政府和市民中間。

到了十月三日，大批自稱反對占領人士到旺角包圍和攻擊占領者，有支持占領者被打至頭破血流，然而警方卻未有嚴正執法，甚至護送滋事者離開。有反對占領人士手持水果刀割壞現場帳篷，被傳媒追訪時聲稱「這把刀我到全世界都帶在身上，我很喜歡吃水果，到每個國家都要吃」，卻沒有因為刑事毀壞和在公眾地方有攻擊性武器而被警方追究。從當天起各種對不公平執法的質疑，大大打擊了市民對警察專業公正的信心。

占領者以為警察會保護他們，後面是對香港法治和人權的信任。《基本法》規定香港居民一律平等，沒有說只有支持政府的才會受到保護，反對政府的就不會受到保護。基於對法治的尊重，在香港即使是殺人犯也有人權。法庭可以判犯人坐牢，但在坐牢的過程中仍應被照顧健康和飲食，更不應被隨意毆打。再舉一例，如有食客在餐廳抽菸，則雖然違反了《吸煙（公眾衞生）條例》，卻不等於其他食客可以拿刀砍他，而在場警察更不能因為該食客「違法在先」便袖手旁觀。同一邏輯，在旺角的占領者雖然在參與反對政府的行動，但他們同時認為受襲時警察應該保護他們，本來合理不過。

濫權濫暴

接下來的「七警案」，則更把公眾對警察的憤怒推向另一個高峰。十月十五日，七名警察在金鐘把一名之前曾潑水挑釁警察的占領者抬到暗角拳打腳踢，過程剛好被電視新聞拍攝報道。當時占領者已被反綁雙手，沒有攻擊能力，及後在醫院檢查時發現多處明顯傷痕。涉案七警雖然被停職，卻事發相隔一年後才被落案控告，警方被質疑刻意拖延，警警相衛。七警終於兩年多後被判罪名成立（及後其中兩人上訴獲判無罪），但在宣判後卻有支持警察團體和多個警察協會發起集會支持七警。這些集會都沒有按《公安條例》申請公眾集會的「不反對通知書」，不過警方都沒有採取行動。相對於警察對其他示威活動的嚴格限制，此雙重標準的表現進一步引發公眾對警察互相包庇的質疑。

相對其他社會爭議，警察暴行是最不容辯解的。警察的權力由人民賦予，所以必然有限。警察使用暴力的唯一情況，必然是為了保護其他市民，因而才使用恰如其分的武力把動武者制服。換句話說，當對方沒有攻擊能力的時候，警察的武力必須立即停止，因為從那一刻起他已沒有攻擊其他人的可能。如果繼續動用武力，就是警察暴行和濫用私刑。至於對方之前做了些什麼，有沒有破壞公物或者辱罵警察，與判斷警察暴行本身是沒有任何關係的。

這點和平時理解社會爭議總得先分析前因後果很不同，判斷警察暴行時是沒有這個需要的，只要見到有警察攻擊任何沒有還擊能力的人時，就可斷定警察濫權。

很不幸，由於占領運動中的警察暴行沒有被政府嚴肅正視，更普遍的濫權似乎已變成為警察文化的一部分。在《逃犯條例》修訂引發的衝突中，警察暴行的普遍程度比占領運動時有過之而無不及。警察於二〇一九年六月十二日的清場行動期間，對在休息並表明行動不便的路人不停噴射胡椒液體驅趕；有已經倒地的示威者被多名警察包圍毆打；警察向示威者發射布袋彈和橡膠子彈時，並沒有按指引射向對方的下半身，更有多宗面部中彈的個案；多名記者在表明身分和沒有阻礙警察行動的情況下，仍然中彈、被毆，或被噴射胡椒液體。

警察濫暴的問題在衝突中不斷升級，從向和平示威或正在撤退中的示威者發射催淚彈，升級至向沒有示威者的地方甚至地鐵站內發射催淚彈，嚴重違反行動指引，傷害大量沒有參與示威的無辜市民。按官方公布的數字，警察曾最多一天之內發射三千二百枚的催淚彈，半年來則合共發射了一萬五千多枚。從實際效果來看，並不見得能帶來甚麼戰術效果，卻引來輿論譴責警察出於報復心理所以濫發催淚彈。

與此同時，又傳出其他警察失控的指控，然而警察的回應卻無法說服公眾，反而越描越黑。例如被捕者拘留期間被性侵犯的指控不斷，警察回應時明顯閃爍其辭。有網民製作網上資料庫，廣列十五類警察暴行，從仇恨言論到阻礙救援工作不等。凡此種種，已和過去香港警察引以為傲的專業形象相距極遠。更不幸的，是警察對示威者強力打壓的同時，對親政府的違法者卻視而不見。二〇一九年七月二十一日有數以百計的黑幫在元朗港鐵站持械無差別襲擊途人和列車乘客，導致多人重傷送院，然而警方在市民報案後卻沒有即時制止，被認為是刻意縱容和警黑勾結。由於事發前已有各方傳言指有黑幫將會以暴力「懲戒」反政府示威，輿論普遍認為警方當晚基於政治目的而沒有執法，任由市民被黑幫打到頭破血流。公眾普遍質疑因為警察已變成政治打壓的工具，所以政府不願意監督警察暴行濫權。即使超過八成民意要求通過法定調查來回應公眾對警察的質疑，政府仍然無動於衷。

公訴制度不公

認為政治已經蓋過法治的質疑，並不限於警察本身，也包括對政府公訴制度的不滿。《基本法》第六十三條規定「香港特別行政區律政司主管刑事檢察工作，不受任何干涉。」然而不少輿論認為這條條文只是虛文。和近年遊行集會相關的，就有警察濫捕和律政司濫控的質疑。近年因遊行集會而被捕和被控的人數大幅增加，惟不少最後卻被撤銷起訴，或被法庭判處無罪，政府被質疑是濫用司法程序以恐嚇示威者。

對檢控工作未能做到公平公正的質疑，自特區成立以來已多次出現，當中以一九九八年的胡仙案為第一例。案件原為星島集團旗下報章被揭發誇大發行量，涉嫌詐騙廣告客戶。集團主席胡仙被指有份串謀，卻被當時的律政司豁免起訴，理由竟然是不想見到集團倒閉，擔心「引致更廣泛的裁員」。這樣的說法無異於赤裸裸地聲稱，在香港有經濟影響力的人和一般市民並不一樣，面對刑事檢控享有超然特殊的地位。這完全違反了《基本法》第二十五條「香港居民在法律面前一律平等」的規定，引發公眾譁然。

特區初年引發檢控決定爭議的還有張子強案。張子強於九七前後曾綁架香港首富李嘉誠的長子李澤鉅，以及第二首富郭炳湘。及後他於中國大陸被捕，被控非法買賣爆炸品及綁架等罪。當時他辯稱身為香港居民而且犯案地點在香港，向香港政府求助要求引渡返回香港受審。由於中國大陸設有死刑而香港沒有，案件在何處審查對結果有實際後果。《基本法》第十九條規定香港法院「對香港特別行政區所有的案件均有審判權」，當時香港政府有正當理由提出引渡。不過，香港政府不單沒有提出要求，更積極向中國法院提供證供，最終張子強於廣州被判罪槍決。香港政府處理此案的手法和動機，當時引起了不少質疑。

來到近年，對執法不公的質疑則往往集中於對親政府和反對政府者之間是否有不一樣的執法尺度，有沒有使檢控成為政治打壓的工具，前文提到占領運動期間的衝突就是一例。至於上述的「七警案」當中，涉案者身為公職人員在執行公務期間犯案，被控以「有意圖而導致身體受嚴重傷害」而不是刑罰較重的「酷刑罪」，輿論也質疑是否有偏袒之嫌。此外，坊間就個別事件的質疑，例如說政府官員違反交通規則卻沒有被控的案例，更是時有所聞。這些案件技術上是否足以構成檢控，固然都可以討論。不過官官相衛的公眾印象能夠廣泛流傳，則起碼反映了社會對政府執法的高度不信任。來到《逃犯條例》修訂引發的抗爭浪潮，更有自稱政府檢控人員以律政司信箋向傳媒發出匿

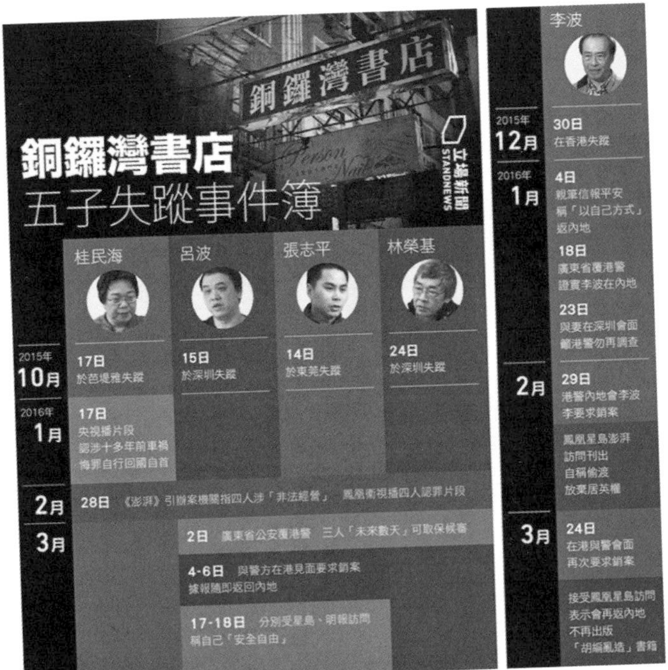

「銅鑼灣五子」疑團至今未解（圖片提供：立場新聞）

名信，公開頂證律政司處理相關案件時實以政治立場為優先考量，無視這些缺乏實質證據和定罪機會。

最後，近年尚有一個關於執法的憂慮，矛頭直指中國政府。近年常見公眾質疑有和中國大陸相關的力量在香港進行各種違法行為，包括中國公安、軍隊或被收買的黑幫分子，香港政府卻未能查明。二〇一五年至二〇一六年期間，多名銅鑼灣書店店員失蹤，就引起了廣泛關注。銅鑼灣書店是香港著名售賣中國大陸禁書的書店，其中店主李波於二〇一五年十二月底於香港失蹤，出入境口岸沒有離境紀錄。數日後，他以親筆信稱「以自己方式」返回中國大陸，一個多月後在中國大陸與香港警察會面時要求銷案。同樣一度失蹤的店員林榮基，則表示自己曾被深圳公安人員關押及被迫受訪「認罪」，更指李波透露他是非自願從香港被帶走。面對此等疑團和強烈指控，香港政府至今仍未能解釋事情的來龍去脈，輿論質疑是否案件只要是和中國政府相關，就不用遵守香港法律。

「法律面前人人平等」降格為「犯法就不對」

上述各種質疑如果屬實，從法治的角度固然是明顯倒退。就算無法逐一證實各種指控，這些質疑能夠廣泛流傳，本身已是一個嚴重的社會警號。回到政權認受性的討論（見〈中港對特區政治制度的最大分歧是什麼？〉），一個政權如果要靠武力來維持管治，是相當沒有效率和不穩定的。最起碼，被統治者要感到政權對武力的運用及其背後的制度是合理而非隨意，才會自願和政權合作。相反，當被統治者不再信任政權的武力運用及其背後的制度，政府的管治成本會大為增加，社會也會變得不穩定。

當公眾都認定政府慣於選擇性執法，各種與執法相關的社會議題都會成為政治問題。例如有農地或舊樓在有業權或發展糾紛的時候剛好發生火警，如果警方未能立即查明真相，則很快便會有人質疑是和發展商相關的人刻意放火生事，然後警方包庇縱容。就算警方查明火警只是意外，也會有人說只是為了掩蓋真相，各種陰謀論流傳不退。這些猜測，都會打擊政府的公信力，使管治變得更為困難。然而拘控「造謠者」只是治標，更重要的是解決政府失信於民的問題。因此，一個正常的政府和一支正常的警隊，本來是應該盡可能改善警民關係，讓公眾相信警察不偏不倚的。

評論人陳雲曾以「如何毀滅一隊警察」為題，指出政府執法失去市民信任的嚴重後果。他提到執法者以最嚴厲的方式對待抗爭者時，抗爭不會因而停止，反而會變得更極端。如果「示威者稍有異動，都會被控告襲警，反正罪名一樣，為何不真打起來呢？」陳雲這篇文章刊於二〇一〇年初，很不幸預示了往後香港的警民關係。

警察地位的改變，後面涉及香港人和特區政府對法治的理解落差。回到港英時代，政府考慮到香港處於冷戰前沿的地緣交界，自戰後逐步建立起對法治的尊重，如對共產黨與國民黨勢力一視同仁地管理，以贏取社會對管治者的信任。面對中國大陸的各式政治運動，法治所強調的制度理性和穩定成為了香港人與中國大陸區分開的重要身分認同依據。來到後九七時期，法治則成為了香港人在沒有全面民主下對抗專制任意性的最後堡壘。這些想法無疑有過度神化和浪漫化的面向，卻曾經在大眾心目中有着至高無上的地位。當對法治的理解從「法律面前人人平等」的價值追求，日漸降格為「總之犯法就不對」的機械式操作，引發的社會震盪自然不可小覷。

延伸閱讀

吳達明（二〇〇二）：〈法治的理想與現實〉，謝均才編《我們的地方 我們的時間 香港社會新編》，香港：牛津大學出版社。
陳雲（二〇一〇）：〈如何毀滅一隊警察〉，《信報》二〇一〇年一月二十六日。

蔡俊威，李家翹（二〇一八）：〈假戲真做 弄假成真 政治的法律化：法治做為意識形態〉，《明報》，二〇一八年十月十四日。

網上資源

立場報道（二〇一六）：《銅鑼灣書店五子失蹤事件簿》：立場新聞，二〇一六年三月二十四日，http://www.thestand.news/politics/ 銅鑼灣書店五子失蹤事件簿 /。

立場報道（二〇一九）：〈民調：市民對警隊滿意淨值創新低　急跌 60 個百分點　四成市民給 0 分〉：立場新聞，二〇一九年十二月六日，https://www.thestandnews.com/politics/ 民調 - 市民對警隊滿意淨值創新低 - 急跌 -60- 個百分點 - 紀律部隊中包尾 - 消防居首 /。

HKREV.INFO（2019）：《警察濫權實錄》https://tl.hkrev.info/police-timeline/。

「七警案」新聞片段：https://youtu.be/EAMXIVD8tGs

《立場新聞》統計占領運動後的檢控情況：https://youtu.be/Vq2FEapkoqA

為什麼香港的抗爭近年愈來愈暴力激進？

自二〇一九年六月開始由反《逃犯條例》修訂引發的抗爭，打破了香港過去數十年來被視為香港抗爭的行動共識，如對「和平、理性、非暴力」（簡稱「和理非」）的堅持不再被視為必然。掟汽油彈、掟磚，襲擊警察等的暴力抗爭方式變成社會常態。更重要的，是實行這些手段的激進抗爭者並沒有社會唾棄。相反，平時熱愛和平的主流大眾會用各種方法保護他們，例如義載他們撤離現場，逃避警方的追捕。這個看起來突然出現的範式轉移，後面其實經歷了多年的醞釀趨化，包括不少不符合「和理非」原則的大規模抗爭行動在前面鋪陳。冰封三尺非一日之寒，在評論抗爭走向暴力激進之前，得先理解過去成就「和理非」原則的社會背景，為何在今天漸漸被認為不合時宜。

從歷史去看，香港的社會抗爭曾有十分激烈的歷史。說回戰前，一九二〇年代的海員大罷工和省港大罷工都曾對港英管治帶來威脅。到戰後，一九五六年的雙十暴動與一九六七年的左派暴動，都造成嚴重的社會混亂和平民傷亡。不過在「六七暴動」後，暴力抗爭成為香港社會禁忌。從一九八〇年代末到二〇一〇年代中期，各種抗爭行動的組織者為免被貼上「搞亂香港」的標籤，一般都會很有意識地避免激烈衝突，即使在個別示威中與警方有所推撞，也是以點到即止的形式發生，目的是為了爭取傳媒注意，多於真的要衝破警方防線。

至於一些大型的群眾活動，則更往往以其自律約束做為道德感召力的依據。例如每年維園六四晚會過後，都會有參與者自發留下幫忙清理垃圾。而二〇〇三年的七一遊行

占領運動初期，有市民自發在占領區呼籲冷靜和不要視警察為敵人。（圖片提供：梁啟智）

過後，不少評論均以「五十萬人上街卻沒有打翻一個垃圾筒」和「沿途商舖毫不擔心照常營業」等的觀察來讚賞參與者的克制。到了二〇一四年占領運動，事件最受到國際輿論讚揚的角度正是參與者均有禮待人，占領區有市民自發設置資源回收點，有大學講師和中學教師在占領區架起書桌為學生免費補習，外國記者紛紛表示從來沒有報道過如此和平及讓他們感到安全的大型反抗運動。

「和理非」和「勇武」

組織者對「和理非」（有時還要加上「非粗口」，即「和理非非」）的堅持，很大程度上出於他們相信如能號召愈多的市民參與其中，成功的機會就愈大；而要讓更多的人參與，就要使用大多數人都接受的方式。回顧過去案例，二〇〇三年七一遊行的參與人數遠超預期，成功拉倒了《基本法》第二十三條的立法。香港組織者也會援引美國一九六〇年代黑人平權運動等的案例，以支持對非暴力抗爭的堅持。此外，「八九民運」以武力鎮壓結束，也讓不少組織者深信要透過堅持非暴力來避免流血衝突，不給予政府藉口強制介入。

也有一些組織者不甘於主動避免任何衝突，例如二〇〇六年至二〇〇七年期間的保留舊中環天星碼頭和皇后碼頭事件，就有行動者以直接行動的方式阻擋清拆工程。在天星碼頭事件中，行動者直接闖入地盤阻止工程車輛運行；在皇后碼頭事件，行動者則在該處露宿留守超過半年，阻延政府動工清拆。不過嚴格來說，他們採取的直接行動只限於對場地的占領，沒有攻擊任何人，不算暴力抗爭。可是他們的行為在當時社會環境當中仍受到不少質疑，大眾對他們抗爭方式的議論甚至蓋過了目的本身。

社會形勢改變迅速，比天星皇后更激烈的抗爭行動相繼出現，當年被認為走得太前的組織者在新形勢下反而被批評為不夠激進。近年明顯被認為是激進甚至是暴力的抗爭行動，有二〇一二年起多次的光復行動，以及二〇一六年農曆年期間的旺角騷亂。

二〇一二年起多次的光復行動，都發生在中國大陸遊客和水貨客與香港本地居民日常生活衝突較多的地方，包括沙田、上水、屯門和元朗。組織者認為中國大陸遊客和水貨客過多，使得本地居民的日常生活受嚴重威脅，因此要把這些地方從外來影響中「光復」過來。具體的抗爭行為，包括阻礙專門服務中國大陸遊客和水貨客的商店，貼身追蹤他們懷疑是中國大陸遊客或水貨客的個人，向對方辱罵甚至破壞他們的隨身物品，如踢翻行李箱。這些針對個人的攻擊行為過去甚少在香港的抗爭中出現，因此在當時受到主流傳媒廣泛討論及批評。

說到激烈衝突引發的社會震盪，最具代表性者莫過於二〇一六年農曆年期間的旺角騷亂。農曆年期間無牌熟食小販在街頭擺檔，是一個香港庶民文化傳統。不過近年政府執法趨嚴，在本土思潮下往往被理解為文化打壓。二〇一六年農曆年初一晚上，政府管理人員和支持小販的組織和市民之間發生衝突，演變成近年罕見的騷亂場面。期間有人向警察投擲雜物，有警察向天開槍示警；又有人搬起路障和堆放雜物縱火，混亂持續至第二天早上。事件引發公眾譁然，既有批評參與者使用暴力，也有譴責警方的處理手法。事後警方大規模搜捕涉案人士，多名參與者被判暴動罪成。

光復行動和旺角騷亂，在香港的眾多抗爭行動之中算是異數，絕大多數運動仍然堅持以「和理非」的方式進行。不過從論述層面來說，社會中對抗爭行動的理解近年來確實有所改變，「和理非」不再是絕大多數組織者都堅持的底線，甚至成為新一批組織者所嘲諷的對象。「勇武」一說的流行，使相對激烈的抗爭方式愈來愈被人們接受，特別是年輕人。

對於這些改變，非建制陣營中傳統的政治代表初時選擇了劃清界線，也就是所謂的「割席」，因而引發非建制陣營的進一步分裂。在比例代表制的選舉制度下，由於市民對抗爭活動應否走向激進也意見不一，政治人物的不同取態實為立法會本身碎片化的一個表徵（見〈為什麼立法會議員變得愈來愈激進？〉）。不過，也有個別的政治人物和評論者在不認同激烈抗爭方式的同時，對有人會選擇這些方式表示諒解，並願意為他們面對司法後果時提供支援。可想像，這種立場不易把握，甚至不時會變成裡外不是人。

「和理非」感召力減退

總的來說，激進抗爭的出現和前文提及的議會激進化有不少相似之處。在議會中，由於在野政團持久處於在野位置，愈來愈難說服支持者審慎妥協可帶來改變，政團之間的團結誘因也逐步降低。在議會以外，同樣的過程也在抗爭組織之間發生，參與者有意或無意間不再相信合作可以壯大抗爭運動，約束各組織者的不成文共識愈來愈容易被打破。新出現的組織者也不覺得有需要和過去的組織者協調，甚至認為他們過去的共識正正是他們未能成功的原因，於是鼓吹要「拆大臺」，要求抗爭運動全面的去中心化。換言之，要理解激進抗爭的出現，不能只把焦點僅僅放在行動者本身，也要看他們如何理解所處的時代背景。

說到「和理非」受到挑戰的時代背景，學者沈旭暉早於二〇一一年便在一篇文章中論及。當時他回應時任政務司長唐英年對年輕人走向激進的批評，認為應理解過去香港強調「和平理性」並非「與生俱來」，而是有其獨特的時代背景。他提到「六七暴動」後，港督麥理浩推行福利社會，為香港人信任漸進改革帶來基礎；社會發展迅速加上政府尊重專業，也讓香港人相信制度和願意在制度內尋求改變。反過來說，當社會寧願在制度外做激烈抗爭，其實代表原有制度內的通道已被阻塞。

沈文出版之時，對「和理非」的批評其實尚未成形，部分抗爭者對「和理非」的失望要到往後其他事件發生後才變得普遍，其中二〇一四年的占領運動對此很可能起了關鍵作用。占領運動源自「讓愛與和平占領中環」的倡議，起始組織者十分強調以和平方式感召更多人參與，和避免其他人混入破壞。到了占領運動全面爆發，參與者本來尚以「和理非」抗爭為榮，惟及後與警方的衝突變得激烈，警方濫權的情況引發公憤（如「七警案」，見〈為什麼香港警察近年屢受批評？〉），而歷時七十九日的占領運動未能迫使中央政府撤回為普選設限的「八．三一決定」，也使得「和理非」抗爭對一些抗爭者的感召力大為減退。

由此開始，社會對何謂暴力抗爭的理解也逐漸改變。帶同攻擊性武器主動攻擊別人，當然算是暴力；但帶同防護裝備讓自己在被警方驅趕時可做抵禦，又應如何理解？如果一個活動本來沒有預謀或意圖引致混亂，但在警方或保安反應的過程中引發混亂，甚至有人受傷，那麼行動者本身是否需要負責？如果行動者只針對濫權的警隊，而且行動前主動呼籲其他市民離開，又能否接受？當警察暴行愈來愈猖狂，不少行動者都認為做出一定防護是必然的選擇，甚至主動攻擊也可視為義之所在。

此外，激烈抗爭本身的沉重代價，無論是肉體上損傷或是數以年計的牢獄生涯，亦成為另一種的抗爭精神感召。過去數年來，每次衝突當中各種微細但重要的差別，引發不少對於何謂暴力的社會討論，一方面讓支持激進手段的行動者有機會反思其方式，另一方面社會整體對激進抗爭的接受程度亦慢慢改變。

時勢造激進

這些改變會帶來什麼後果？第一種可能，是「和理非」和「勇武」的支持者互不信任，認為對方拖了自己的後腿。號召衝擊的，會被溫和一方指摘是受北京指使的臥底（即「鬼」），要刻意搞散運動；在集會唱歌打氣的，會被激進一方指摘是搞「卡拉OK社運」，把抗爭現場變成嘉年華會。由這些互相攻擊所引發的矛盾，是占領運動後香港公民社會陷入低潮的一個主要原因。

第二個可能，是雙方慢慢理解到各自在運動中有其角色，在「互不割席」的前提下實行「各有各做」，甚至實現某種程度的互相補足。這種默契在反《逃犯條例》修訂的抗爭中十分明顯，無論選擇在警察面前拿雨傘擋胡椒液體，還是連續整晚唱詩歌緩和氣氛，都被接納為運動的一部分。有評論指占領運動後經過數年的沉澱，公民社會對成效問題有較成熟的取態。而由於警察暴行的惡劣程度遠遠不乎比例，使「和理非」和「勇武」有條件站在同一陣線予以譴責。

總的來說，激進甚至暴力抗爭的出現是社會失衡的徵兆，而正如譴責一個病人發燒是不能協助他更快痊癒，我們要問的是香港為何出現了一系列的管治失效。前文提到行政長官的管治認受性本身就有先天缺陷，然而本來用來補救的措施如管治聯盟和政治任命官員等又未能有效運用，反過來進一步拖低政府的管治威信。過去政府會通過吸納專家學者來增加管治認受性，但在效忠先行的年代，愈來愈多專業人士卻被推向制度以外。

行政權失效，正常來說公眾可通過立法權來監督，但同樣正如前文所述，立法權也明顯地被逐步肢解，無論實權或威信都在一步一步流失。來到司法權，無論是執法機關和檢控（檢調）部門的中立性和專業性都愈來愈受質疑，法庭本身的仲裁地位又因輿論擔憂會否觸發釋法而被削弱。從制度內走到制度外，主流傳媒和傳統公民社會團體的監督能力又不斷被壓制。

上述的眾多機制，本來都是吸納社會壓力和將之轉化為改革動力的方式。這些機制逐一

一般被認為立場溫和的民主黨主席胡志偉於「反送中」抗爭街頭（圖片提供：立場新聞）

立法會內「是你教我和平遊行是沒用」塗鴉（圖片提供：立場新聞）

失效，不代表背後的社會壓力就會消失。相反，因為社會壓力無法轉化成對社會有益的改革動力，則往往只好以更激烈的方式出現。直接點說，激烈抗爭的出現，很大程度上是時勢迫出來的。例如在《逃犯條例》修訂的抗爭運動當中，社會大眾對抗爭行為的接受程度比以往大幅提高，後面就涉及多宗重大社會爭議，包括過去數年立法會在違反程序的指控下強行通過多項具爭議的法案，加上多名民主陣營的議員被取消資格，使得很多香港人對在體制內向政府爭取改變感到死心。

回顧反《逃犯條例》修訂所引發的抗爭，輿論往往以六月九日的一百萬人大遊行做為「反送中運動」的起點。如果香港的政治體制正常運作的話，政府理應在巨大民意下叫停立法，而就算政府一意孤行也可相信立法機關會把法案攔住。正正因為香港的政治體制不能代表民意，一百萬人大遊行未能得到即時回應，引來民意更大的不滿。香港中文大學於十月分的調查顯示有近六成市民同意「當大型和平示威都未能令政府回應時，示威者有激烈行動是可以理的」。七月一日示威者攻入立法會後，也留下了「是你教我和平遊行是沒用」的抗議字句。

最後，應注意走向激進暴力的並不限於抗爭行動，建制陣營也學會了發動所謂的群眾運動去支持自己，甚至不介意動用激烈的言語甚至行為來攻擊其他人。例如在二〇一七年初，時任立法會議員羅冠聰就在香港機場被多名自稱親中人士推撞襲擊，身上多處受傷。各個比傳統建制陣營更為激進的「愛國團體」相繼湧現，目的不一定是要說服別人加入他們的陣營，只要能讓公眾對所有的政治參與生厭，已足以達到維持現狀的目的。說到這兒，可見建制陣營雖然聲稱反對激烈的抗爭方式，實際上卻可能樂見社會出現這種走向。畢竟，當抗爭方式走向激烈，打壓的方式也可以來得更粗糙，增加普羅大眾參與政治的成本。

延伸閱讀

沈旭暉（二〇一一）：〈八月飛霜 如何再造和平理性的土壤？〉，《明報》，二〇一一年九月五日。

Garrett, D and WC Ho (2014). Hong Kong at the Brink: Emerging Forms of Political Participation in the New Social Movement, in Cheng JYS (ed) *New Trends of Political Participation in Hong Kong*. p347-384

網上資源

林怡廷（二〇一五）：〈旺角少年，不被理解的戰鬥〉：《端傳媒》，二〇一五年九月二十六日，https://theinitium.com/article/20150921-hongkong-occupycentraloneyear02/。

立場報道（二〇一九）：〈金鐘攻防戰　雨傘口罩抗橡膠彈催淚彈〉：立場新聞，二〇一九年六月十二日，http://thestand.news/politics/6-12-占領-圖輯二-金鐘攻防戰-雨傘口罩抗橡膠彈催淚彈/。

明叔（二〇一九）：〈從情緒創傷理論看「抗爭者」如何被逼瘋了〉：《立場新聞》，二〇一九年七月二日。

第三部　往何處去

為什麼香港人在九七後才忽然熱衷爭取民主？

香港人在九七前已經爭取民主。事實上，如果不是中國政府的阻撓，香港在九七前的民主進程可以走得更快。

英殖時期香港的民主化，可由一九四六年的楊慕琦計畫（The Young Plan）說起。二次大戰結束，英國重新接管香港，總督楊慕琦（Sir Mark Aitchison Young）提出香港推行自治。二戰後英國在世界各地的殖民地都有自治以至獨立運動，港英政府當時相信在香港推行自治可收籠絡民心之效，建議包括成立一個以直選議席為主的市議會，負責管理市政事務。

不過，隨著國共內戰倒向共產黨的一方，中華人民共和國於一九四九年成立，並於一九五〇年與英國建交，中方向英方表明雖然不會急於收回香港，卻同時不會接受英方在香港推動民主，認為香港自治等於邁向獨立。於是乎，港英政府失去了政治改革的動機，及後三十年都沒有再推動，直到一九八〇年代中英就香港前途問題談判才重新開始政改。有說香港的民主發展就像是「活化石」一樣，成為了英國最富庶卻同時是民主發展極為遲緩的屬地。

英殖時期的香港公民參與

雖然如此，早期香港也有各式團體推動參政，例如香港革新會、香港華人革新會，和香港公民協會。與此同時，如前文所述，一九七〇年代起香港本土意識開始形成，一批香港長大的年輕人熱心參與社會和為弱勢發聲，各式抗爭事件如中文運動、反貪汙運動和艇戶事件等，為後來的民主運動奠下基礎。而為了回應「六七暴動」，政府也在同期開始鼓勵市民參與鄰里事務，例如清潔香港運動和撲滅罪行運動，並在公共屋邨組織互助委員會，成為公民參與的雛形。

到了一九八〇年代，面對香港前途問題談判，培養香港人參與政治就變得更為重要。當時香港學界出現「民主回歸」的說法，即一方面否定英殖政府在香港的地位，同時認為中國收回香港是有條件的，特別是要對香港的民主發展有所貢獻。近年有不少評論重新反思這段歷史，認為當時的學界錯誤接受了中共的統戰，誤信中共管治下的「港人治港」可以糾正英殖封閉管治的問題，背離了當時香港普遍不接受中共管治的主流意見。

無論如何，《中英聯合聲明》簽署後，為迎接九七後的「港人治港」，香港政制的民主化變得不能迴避。港英政府先於一九八一年發表《地方行政白皮書》（*White Paper on District Administration in Hong Kong*），並於一九八二年開始區議會選舉。政府又於一九八四年發表《代議政制綠皮書》（全名為《代議政制綠皮書——代議政制在香港的進一步發展》），並於一九八五年首次舉行立法局間接選舉。值得一提的是，區議會剛成立的時候，香港民間曾有不同觀點。一些壓力團體不相信政府真的會開放參與，認為區議會只是另一種「吸納政治」，參選會被收編。不過也有另一派認為無論區議會本身有多少權力，議席本身所帶來的資源和公眾地位已很值得爭取，而選舉過程本身也可以成為動員公眾關心政治的手段。

此外，市政局和區域市政局也為香港民主化做出過重要貢獻。市政局源於一八八三年成立的潔淨局，當時十名委員當中就有兩名由選舉產生。不過即使到了一九三五年改為市政局後，所謂的選舉仍然相當小眾，市民也不熱衷。當時政府規定必須要有一定教育、收入或專業程度的市民才可以成為選民，有估計到了一九七九年時仍只有四十四萬人合資格，即當時香港人口的十分之一；這些人當中只有三萬五千人登記為選民，而在一九八一年的選舉中只有六千多人投票。

不過，到了市政局隨著一九八〇年代的代議政制發展而變得開放，也和區議會一樣成為培養政治人才的地方。一九八三年選出的市政局議員當中，既有元老人物如杜葉錫恩，也有當時的政界新星如譚惠珠、馮檢基和李植悅等。隨著新市鎮的發展，在新界負責相同功能的區域市政局也在一九八六年成立。[1]

基層選舉的出現對香港的民主發展十分重要。殖民地早期的立法局完全由官方主導，後來通過把商界菁英（包括華人領袖）委任為非官守議員來加強管治認受性，也就是前文提過的「行政吸納政治」套路（見〈英國人留下來的制度為何九七後就行不通〉）。回到一九七〇年代的立法局，主席由港督兼任，一半的議

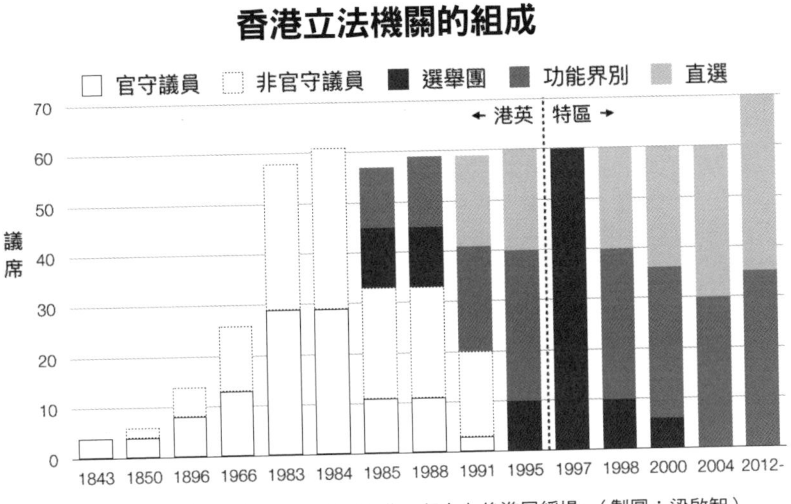

香港立法機關的組成在九七前有快速的民主化，但九七後進展緩慢。（製圖：梁啟智）

員由政府官員出任，另一半則由港督委任，換言之只有政府認可的人才能成為議員。

到了一九八五年，立法局的組成改為官守議員（ex officio member）[2]十一名，委任議員[3]二十二名，功能界別議員[4]十二名，以及由市政局、區域市政局和區議員互選產生的十二名選舉團議員。[5]雖然官守議員和委任議員仍占過半數，不過因為市政局、區域市政局和區議員本身已有直選產生的議員，所以選舉團的互選就間接成為一般市民晉身立法局的途徑（不過由於區議會等本身也有很多委任議員，加上相對接近官方的街坊組織，親政府的勢力在選舉團仍有優勢）。

在一九八五年到一九九一年期間，立法局內常有六、七名議員提出相對批判的意見，如司徒華和李柱銘等。當立法局有了反對的聲音，儘管只是少數，立法局的議事文化也隨之而改變。以前可以數小時內把法案三讀通過的運作模式變得過時，而傳媒對反對聲音的關注也成為一種面向整個社會的民主教育。

以民主化回應「九七大限」

與此同時，香港民間也意識到民主化可以是回應「九七大限」的一種積極手段，也就是所謂「民主限共」或「民主抗共」的說法。注意當時的香港和今天的形勢十分不同，立法局還未有直選議席，民主選舉是一件十分新鮮的事情，社會對其潛力與限制尚在摸索之中。與此同時，中國大陸剛剛走出文革，號召改革開放，《基本法》則尚在草擬階段，所以當時不少意見領袖都視「民主限共」或「民主抗共」為合理的政治路線。

來到一九八六年，各民主派組織和社會團體於高山劇場舉行「高山大會」，討論《基本法》的起草和香港的政制發展，並在後來成立了民主政制促進聯委會（民促會）。民促會首個目標，是在一九八八年的立法局選舉當中引入直選議席。政府當時發表了《綠皮書：一九八七年代議政制發展檢討》，就一九八八年立法局選舉引入直選諮詢公眾意見，民促會在維多利亞公園舉辦了萬人集會支持引入直選。儘管當時的民意普遍支持「八八直選」，政府公布的諮詢結果卻稱反對意見較多。後來經學者分析，發現當時政府刻意扭曲處理收到的意見，來達致民意不支持直選的結論。

按後來解密的英方檔案和末代港督彭定康在其回憶錄內所述，是次扭曲民意之舉的背後是中方和英方的祕密協議。中方認為當時《基本法》尚在草擬階段，如果英方在期間在立法局推行直選，等於製造既定事實，限制《基本法》的草擬。結果英方決定拒絕「八八直選」，換來中方保證把直選寫進《基本法》當中。

至於《基本法》於一九八〇年代後期的草擬，香港各界已對當中的政制安排提出各種意見，足證香港人對香港民主的追求絕非九七後才忽然出現。而民促會推薦的「一九〇人政制方案」，當中的直選要求到今天仍然未能實現。所謂「一九〇人方案」，是指由一百九十名不同界別人士於一九八六年聯合提出的政制方案。他們要求立法機關不少於一半議席由一人一票直選產生，不少於四分之一由區議會構成的選舉團間接產生，不多於四分之一由功能界別產生。至於行政長官選舉，則由不少於十分之一的立法機關議員提名，全港市民一人一票直選產生。如果按照這個方案的話，香港在一九九七年七月一日特區成立的第一天，便應已有普選產生的行政長官。

基本法諮詢委員會沒有接受這個方案。當時獲接受的是「雙查方案」[6]，即首三屆行政長官選舉由選舉團方式產生，也就是現時《基本法》所列的選委會。不過，「雙查方案」和最終《基本法》的定稿有一個重要分別。按一九八九年一月通過的《基本法》草案第二稿，原有規定在第三任行政長官和第四屆立法會任內，須舉行全民投票決定是否以普選形式產生行政長官和全體立法會議員。這建議在當時已經被視為過於緩慢和保守，不過在經歷「八九民運」之後，到了一九九〇年四月正式通過《基本法》時，就連規定全民投票的條文也不復見。

「八九民運」也為香港的民主化帶來另一影響：英方意識到有需要加快香港的民主化。由於《基本法》已規定特區的首屆立法會將會有二十席的直選議席，港英政府順理成章於一九九一年在立法局引入直選以做銜接。該屆選舉既為香港首次容許立法機關有議席由直選產生，加上距離「八九民運」只有兩年，於是民主派大獲全勝，十八席直選議席當中取得十六席。該屆選舉為雙議席雙票制[7]，原來的估計是選民會一票投給民主派，另一票投給其他候選人，結果選民卻大多把兩票都投給民主派（即「西瓜效應」）。

隨著直選出現和民主派的勢力增加，立法局的運作模式進一步改變：內務委員會（內會）不再是閉門會議、內會主席由議員互選產生、行政和立法分家、委員會制度常規化等等，逐漸增加了立法局的監督能力，甚至可以影響政策。例如由胡紅玉議員提出的反歧視法案

香港政制的建議與現實

	190方案 (1988年)	1998年的香港政制	2019年的香港政制
行政長官	1/10立法機關成員提名 全港選民一人一票選出	400人選舉委會員提名 及投票產生	1200人選舉委會員提名 及投票產生
立法會	不少於1/2直選 不多於1/4區議員互選 不多於1/4功能組別	1/3直選 1/2功能組別 1/6選舉委會員	1/2直選 1/2功能組別

二〇一九年香港政治制度的民主程度仍不如一九八八年的民間建議（製圖：梁啟智）

雖然被否決，卻最終促使政府提出其版本的條例，並成立了平等機會委員會。

到了一九九五年的立法局選舉，所有議席首次全數由選舉產生，而且民主成分按彭定康的政改方案大幅增加。新增的九個功能團體席位被設定成「變相直選」，而二十席直選則以單議席單票制選出，讓民主派得到很大優勢，結果選出香港歷史上唯一一次民主派占多數的立法機關。不過，由於中方拒絕承認這次選舉，選出的議員無法按原定安排於一九九七年七月一日順利過渡成為首屆立法會的議員（見〈香港人當年是否害怕九七？〉），並由臨時立法會取而代之。

儘管如此，這屆只有兩年任期的末代立法局仍然十分重要。首先，隨著官守和委任議員退場，立法局主席也不再由港督兼任。這屆立法局在有限任期內通過了不少重要的法例，特別是由議員自行提出的私人法案，例如禁止在維多利亞港填海的《保護海港條例》，以及給予工會法定談判權的《集體談判權條例》。在這兩年間，議員共提出了五十三條私人條例草案，當中二十六條獲得通過。

不過，《集體談判權條例》在一九九七年六月二十六日通過後，隨即於七月十六日被臨時立法會所凍結，並於十一月正式廢除。當年推動此法的香港職工會聯盟祕書長李卓人稱《集體談判權條例》可能是全世界最短命的法例之一。除此之外，臨時立法會還推翻了很多過去的決定。例如《公安條例》對遊行集會的發牌制度原於一九九五年因牴觸《公民權利和政治權利國際公約》而被廢除，卻在一九九七年由臨時立法會重訂為今天的「不反對通知書」（Letter of No Objection）制度（見〈為什麼香港一天到晚都有示威遊行？〉）。而立法會地區直選的選舉方法本身，也從一九九一年的雙議席雙票制改為一九九五年的單議席單票制後，再於一九九八年改為比例代表制的最大餘額法，儘管當時民意調查顯示市民喜歡以個人而非政黨做為選擇基礎。比例代表制最大餘額法的實踐結果是演變成多議席單票制，種下日後立法會政黨碎片化的根源（見〈為什麼立法會議員變得愈來愈激進？〉）。

港人民主訴求非九七後才出現

總括來說，香港人對民主化的訴求並非九七後才忽然出現。事實上，隨著各社會和壓力團體在一九七〇年代開始活躍，香港的民主化在九七前已有長足發展。而如果不是中方對香港民主化有所避諱的話，過渡期間的民主化進程甚至可以走得更快。而隨著臨時立法會的成立，香港的民主發展更有所倒退。

最後，若要衡量九七對香港人爭取民主的影響，則是香港人發現對民主制度的需求在九七後更為迫切。英殖時代的香港雖然只有有限民主，但英國本身是一個民主國家，英國社會對法治和人權的重視也有悠久的歷史，並且隨之延伸至香港，例如香港政府廢除華人社會中的「妹仔」（蓄婢）制度，就是源於英國下議院的相關討論。此外，由於英殖時期的香港處於冷戰前沿，港英政府有意識要保持香港社會穩定，以免中共藉機在港生事，所以即使沒有制度上的民主，港英政府仍然十分重視保持其管治認受性。

上述兩點都隨著九七來臨而消失，中國政府本身不是一個民主政府，管治制度與文化和香港格格不入；中國政府亦以為自己在香港的管治認受性不證自明。如是者，不少香港人會感到民主制度在九七前可有可無，但到了九七後卻變得必不可少，因為香港的宏觀處境已不再一樣。港人發現，當香港沒有民主制度的話，就很難保障其他方面（如法治和人權）的制度穩健。

更重要的，是九七前的香港社會一直面臨「九七大限」，不少人把香港稱之為「借來的時間、借來的地方」，即使個人生活層面也是「搵（賺）快錢至上」，更別說要為整個香港的未來想得太遠。畢竟在港英之下爭取民主，也要面對九七後被全盤推翻的可能；然而到了九七之後，按照港人治港的原則，香港理應是「我們的時間、我們的地方」。香港人在九七後對香港政府的認受性問題比九七前更為重視，只不過是要兌現中國政府本來的承諾，實屬正常不過。

延伸閱讀

馬嶽（二〇一〇）：《香港政治：發展歷程與核心課程》，香港：香港中文大學香港亞太研究所。

馬嶽（二〇一二）：《香港80年代民主運動口述歷史》，香港：香港城市大學出版社。

Sing, M. (2004). *Hong Kong's Tortuous Democratization: A Comparative Analysis*. New York: RoutledgeCurzon.

延伸閱讀

公民教育宣傳歌曲〈蚌的啟示〉，一九八六年，關正傑、區瑞強、盧冠廷主唱：https://youtu.be/3BJe2qpNvn4

公民教育宣傳歌曲〈這區這裡〉，一九八八年，張學友主唱：https://youtu.be/rKQ_WZ31a9c

1 「議員」二字在香港的應用很廣泛。除了立法會外，行政會議、區議會，還有過去的市政局和區域市政局的成員，都稱為議員。他們雖然不如立法會議員一樣有立法權，但實際權力不限於單純的諮詢功能，有時也會有一定的財政審批和政策影響力。

2 在議會中因擔任公職而自動變成議員的人。

3 指非經過議員選舉，而是由香港總督指派的議員。

4 即代表個別專業或特殊利益的議員。

5 「選舉團」泛指由一個特定人群選出的代表。過去英殖時代是由地方層面的議員組成，代表性比較高。特區年代則改由個別專業和特殊利益的代表組成，和功能組別議員產生的方法相若，代表性比較低。

6 一九八八年十一月由作家查良鏞（金庸）與查濟民提出，故名雙查方案。

7 每個選區選出兩席，每個選民有兩張票，每區獲最高票數的前兩位候選人當選。

九七後的香港政制不是比九七前更民主嗎？

要評價一個政治體制是否民主，第一要看政府和民意代表是否選舉產生，第二要看選舉的制度和過程是否公開公正。從前者看，已不難發現九七後香港的民主有退步；說到後者，近年來整個制度的實行更明顯地比九七前不民主。

各級選舉的倒退

「九七前的港督由英國委派，九七後的行政長官由選舉產生，首次由香港人擔任」是建制陣營經常使用的說法，以支持他們認為九七後的香港更為民主。這說法有一個明顯的漏洞：要評價一個制度是否民主，重點不是領袖的族裔，也不是有沒有選舉，而是這個選舉是要如何執行的。我們不妨來一個想像實驗：假設當日英國指派一個香港人做總督，是否就代表香港已有民主？不是。除非這個人選是由公平公正的選舉產生，英國的委任只屬禮節性安排，否則英治仍然會被視為殖民統治。

事實上，正如很少人會同意朝鮮的選舉為真正的選舉，所謂的特區行政長官選舉也不應被視為選舉。由於絕大多數的選委會成員都不是由普及的選舉產生，而且和中央政府關係密切，中央政府的支持比香港民意更能決定誰人當選（見〈為什麼行政長官選舉會被批評為假選舉？〉）。林鄭月娥沒曾俊華那麼受歡迎，卻能勝出擔任行政長官，就是實在的證明。再者，九七前被委派的港督尚且會與英國政府持不同意見，今天的行政長官卻只會為站在中央政府的立場向港人說話，以行政長官選舉來說明香港政制變得更為民主，明顯欠缺說服力。

立法機關方面，九七前最後一屆的立法局選舉中，有三十席由功能界別選出，二十席由地區直選選出，另有十席由選舉團產生。一九九八年特區首屆立法會的組成表面上一樣，但內容卻大為不同。首先，功能界別的選民基礎大幅收窄，不少組別都由個人票改為團體票，可操控性大幅增加。選舉團方面，一九九五年時由區議員組成，而由於該屆區議會絕大多數議員都是直選產生，可算是一種間接選舉；到了一九九八年時選舉團卻改為由工商界主導的八百人組成，全港大多數選民被一次過（全部）排除在選民基礎以外。此外，選舉團議席以全票制而非按得票比例產生，使建制陣營可以囊括所有選舉團議席。這些改變使得首屆立法會的代表性明顯比九七前有所倒退。在傾斜的制度下，建制陣營在選舉中取得優勢，而由於他們往往對政府採取合作態度，立法會監察政府的力度也有所降低。由選舉團選出立法會議席的安排，要到了二〇〇四年的第三屆立法會才完全取消。

區議員方面，區議會在九七後也恢復了委任制。區議會在一九八二年剛成立的時候，民選議員只占少數，多數為官守和委任議員。到了一九八五年時，官守議席已取消，政府在一九九四年也放棄行使委任議員的權力。因此除了極少數代表鄉事委員會的當然議員外，其餘所有的區議員都由直選產生。九七後的首屆區議會選舉，特區政府重新恢復委任議員，使區議會的民主成分明顯倒退。區議會委任制要到了二〇一六年的區議會選舉中才全面取消。

最後，特區政府於一九九九年解散市政局和區域市政局，嚴重打擊了香港的政制民主。香港原本實行三級議會制，市政局和區域市政局原為中間的一層，處於立法機關和區議會之間。它們負責文娛康樂和環境衞生，例如圖書館管理和街道清潔等功能，擁有自主財政實權及土地使用權。相對於有制度缺陷的立法會和沒有實權的區議會，市政局和區域市政局有更大的空間實踐民主管治。

特區政府取消兩局後，原來由民選議員負責的職務改由政府部門（康樂及文化事務署和食物環境衛生署）負責，本身就是一大民主倒退。此外，市政局和區域市政局曾經是民選議員歷練的重要階梯，區議員可以通過競選市政局或區域市政局議員，爭取更多曝光和議政經驗，再晉身立法機關。當市政局和區域市政局被取消後，建制陣營和非建制陣營都因而面對青黃不接的問題。而由於可供競選的議席數目忽然減少，也增加了各黨的內部矛盾，當中以資源明顯較少的非建制陣營更受打擊。

以上僅是從機關、議席數目和選舉制度來衡量九七後的民主倒退，如果從制度配套的宏觀視野出發，則倒退更為明顯。

不民主的選舉

選舉是民主政治的重要組成部分，但不是有選舉就等於有民主。一場選舉要符合民主原則，應符合數個主要標準：一、容許不同政見者參選；二、容許普及而平等的投票權；三、選舉設置應恆常、祕密和安全；四、提供公平的競爭環境。很可惜，這四方面在九七後都沒有明顯進展，甚至有嚴重倒退。

參選權方面，近年香港的倒退可謂最為明顯和令人意外的。一直以來，香港的參選權均相當簡單和清晰，只要符合年齡和居留資格，繳交足夠選民連署和按金（保證金）即可參選，而且一直都有政見明顯處於社會邊緣的人士成為候選人。不過，自二〇一六年立法會換屆選舉開始，不斷有參選人因政治立場而無法參選，而且審批過程明顯地不公開和不連貫。

二〇一六年立法會換屆選舉，五名參選人各因不同的政治立場而被取消資格。其中新界東參選人梁天琦因為選舉主任不相信他「真正改變了他過去主張及支持香港獨立的立場」而被裁定提名無效，儘管他曾以更為明確的港獨立場參與二〇一六年初的立法會新界東補選，而當時卻能成功參選為正式候選人。與此同時，政治團體香港眾志在二〇一六年換屆選舉時派出羅冠聰參選，獲確認為正式候選人而且成功當選；但到了二〇一八年的立法會港島區補選，同屬香港眾志的周庭卻被取消資格，理由是香港眾志認為香港可通過公投自決是否獨立，儘管這個立場在二〇一六年羅冠聰參選時已經存在。

自二〇一六年以來多次的取消參選資格事件，在社會中引起廣泛質疑。首先，香港政府自己也承認香港現行法例中並無一項稱為「分裂國家」的特定罪行（《基本法》第一條有規定香港是中國一部分，但《基本法》是憲法性文件，用來規範一般人的行為時要通過本地立法落實；《基本法》第二十三條規定禁止分裂國家法應由香港自行立法，而此法至今仍未訂立）。政府以沒有法例規管的言論界線做為剝奪公民政治權利的基礎，對民主制度已是巨大打擊。假如這些參選人本身已因「促使國家分裂」等罪名被定罪，政府再按既有不容許曾判重刑者參選的制度來否定他們的參選資格，制度上的爭議會少很多。

而且，政府多次禁止過去持相同政見卻成功參選的人士或團體再次參選，也顯示了此做法的不連貫性，同樣有違民主制度講求可以預料的原則。即使政府認為近年香港政治出現新的狀況而要加設限制，也應通過正常的立法途經實施，好讓社會公開辯論是否有此需要，而非由行政部門以鬆緊不明的規則設限。僅是參選權這一項，已可明確得出香港民主倒退的結論。

說到普及而平等的投票權，前文提到的選舉制度問題使大量選民被排除在選舉之外，近年輿論也開始擔心政府會否通過行政安排來限制選民的投票權利。例如政府曾建議縮短投票時間，但由於香港長工時為患，加上低下階層因為工作時間缺乏彈性而未必能在公餘時間前往投票，因此政府此舉就被認為會變相剝奪這些人的投票權。在二〇一六年立法會換屆選舉的投票期間，有個別投票站由於空間不足，選民要排隊數個小時才能投票，最後要等到凌晨二時半，即原定投票結束時間四個小時後才能完成投票，變相排拒時間有限的選民。以類似的方式打壓個別政黨票倉的投票率，在外國有先例可考，輿論也十分關注會否在香港出現。

至於恆常、祕密和安全的選舉，每一方面近年來都受到挑戰。說恆常，過去立法會議員出缺後很快便會安排補選，例如前議員馬力於二〇〇七年八月八日病逝，補選即安排於二〇〇七年十二月二日舉行，相距四個月；前議員湯家驊於二〇一五年十月一日辭職，補選即安排於二〇一六年二月二十八日舉行，相距四個月。不過二〇一八年三月的補選安排，則被輿論批評為政府故意拖延，甚至有政治考慮。觸發該次補選的議員取消資格案，終極上訴已於二〇一七年八月二十五日審結，但補選卻安排於二〇一八年三月十一日進行，相距超過六個月，使得相關選區和界別選民的政治權利長期受損。更不幸的是，有建制陣營的代表提議進一步延遲選舉日期，以便他們的成員於北京出席會議，赤裸裸地以黨派利益向選舉程序施壓。

祕密投票方面，儘管香港法例規定投票保密，亦不可使用通訊或拍攝器材，然而每次選舉都會傳出有投票人被要求在投票前把已蓋章的選票拍攝下來，以做為投票支持個別候選人的證明。這些傳言固然難以證實，但變相記名投票確實在第二屆行政長官選舉和第二屆行政長官繼任選舉中發生。兩次選舉都是由八百人的選委會產生，並規定參選人要取得一百人公開提名方能成為候選人。

結果，董建華和曾蔭權分別取得了七百一十四人和七百一十人公開提名，在完全排除其他參選人的出線機會下自動當選。當時輿論批評這樣的結果等於把選舉變成記名投票，選委被迫通過公開提名北京認同的參選人來表示忠誠（見〈為什麼行政長官選舉會被批評為假選舉？〉）。有意見提出要為參選人提交的提名數目設立上限，但政府至今仍未修改相關規定。唯一的修改，是在只有一名候選人的情況之下，仍然要投「支持」和「不支持」，候選人的「支持」票要過半才能當選。

安全選舉方面的倒退，同樣是近年香港政治一個十分意外的發展。所謂安全，是指無論投票、參選或競選活動都可在安全的環境下進行。例如如果通往投票站的路上有軍人、警察或流氓恐嚇選民，就不能稱為民主選舉。香港的情況，集中在候選人和競選活動的安全問題。針對政治人物宣傳品如海報和橫額的破壞，早已司空見慣。在二〇一六年的立法會選舉，更接連發生了候選人被恐嚇的事件：新界西候選人周永勤於在競選期間於電視論壇宣布棄選，理由是不想支持他的人「惹上較高層次的麻煩」或付上代價。及後他在記者會中表示，他在棄選前一天曾到深圳與三名來自北京的人士會面，被警告要立即停止選舉工程，以免其親朋要付上沉重代價。這些人更讀出其親友的詳細個人資料，以施加壓力。同屆另一名候選人朱凱廸，則懷疑因競選期間針對討論新界土地和黑幫的問題，而被黑幫發出死亡恐嚇，警方派出探員全天候保護其家人，並拘捕多名黑幫成員。到了二〇一九年的區議會選舉，更有多名候選人在公眾地方受襲，其中代表民主派的岑子杰更被圍毆到頭破血流。

至於不公平競爭，則主要體現在政治捐獻之上。傳媒近年多次揭發中聯辦以各種方式協調資源支持建制陣營的政治團體，例如聯繫資助衛星組織和強迫中資機構員工參與助選等。最赤裸裸的做法，則要說到中聯辦官員直接協助建制陣營政黨籌款。例如時任中聯辦主任張曉明曾兩度捐出字畫予民建聯拍賣，籌獲三千多萬港元的捐款。這兩幅字畫的賣價之高（同場拍賣已故國學大師饒宗頤墨寶只售三百萬港元），使捐款被質疑為變相政治交易。而中聯辦高調協助政黨募捐，也被批評為違反《基本法》第二十二條列明中央機構不得干預香港事務的規定。縱觀全港，民建聯每年經費過億港元，相對於非建制陣營政黨每年僅數百萬甚至數十萬港

二〇一六年立法會選舉爆出被迫退選事件（圖片提供：立場新聞）

元的預算，完全不成比例。擁有龐大資源，建制陣營政黨就可以提供大量貼身的選民服務，在社區中建立動員網絡。香港沒有政黨法，對政治獻金的監管也極不嚴謹，而且缺乏政黨輪替的制衡，是不公平競爭的制度原因。

除捐款外，更直接的干預則是通過利益輸送安排候選人在競爭激烈的選戰中參選，以圖分散非建制陣營的票源。於二〇一五年區議會選舉舞弊案中，網臺主持鄭永健被控利誘本土派組織參選，打擊傳統民主派的選情。雖然被告被判罪名成立，但審訊過程中有證供指幕後主腦及金主有中方背景，至今仍未查明。

此外，前文提到大眾媒體在九七後的自我審查和政治歸邊，也影響到公平競爭（見〈為什麼無線電視會被稱為ＣＣＴＶＢ？〉）。例如傳媒可以刻意誇大一些社會議題，然後將之扣為個別政治人物的責任，持續每日跟進報道，借新聞採訪的名義行抹黑之實。這些做法有針對非建制陣營的，也有針對建制陣營的。不過考慮到九七以來多數傳媒明顯向建制陣營靠攏，傳媒戰場的不公平競爭同樣明顯，也可視為民主倒退。近年有傳媒持續煽動社會對難民和南亞裔的仇恨，然後經常協助弱勢社群的議員張超雄便被保守輿論攻擊為「難民之父」，正是近年媒體攻擊的例子。

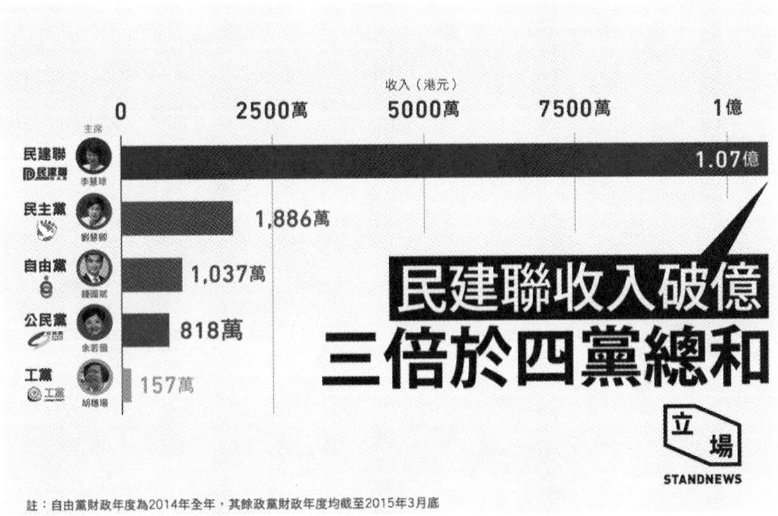

畸型政治格局下政黨面對嚴重資源不均（圖片提供：立場新聞）

九七後的香港民主倒退

選舉制度	**立法會**：選舉團由民選議員改為工商代表為主、大幅收窄選民基礎，改以全票制選出 **市政局及局域市政局**：廢除，職能改由政府部門取代 **區議會**：恢復委任議員
實際運作	**參選權**：不公開和不連貫的參選資格審批 **投票權**：對行政安排增加投票困難的擔憂 **選舉時程**：選舉日程變得不確定和受政治壓力 **秘密投票**：行政長官選舉變成變相記名選舉 **選舉安全**：候選人被恐嚇和被迫退選 **不公平競爭**：中聯辦協助建制陣營籌募巨額灰色選舉經費

九七後香港民主在制度和實行上都有明顯倒退（製表：梁啟智）

香港政制落後社會實際需要

　　最後，現時香港政治問題的核心不僅是九七後的政制是否比九七前更民主，而是當前香港的政制是否落後於社會的實際需要。這點至今已經難以否定。香港社會不少反反覆覆無法解決的問題，無論是住屋、醫療或養老等等，背後都涉及政府缺乏認受性，無法讓公眾信服，從而展開有力的實質改革。特區成立已有二十二年，社會對政府問責的訴求已經大為提高。無論如何批評九七前的制度不足，也不能合理化今天的政治問題，更不能協助政府解決當前的挑戰。

延伸閱讀

Fong, B (2016). *In-between liberal authoritarianism and electoral authoritarianism: Hong Kong's democratization under Chinese sovereignty, 1997–2016*, Democratization DOI: 10.1080/13510347.2016.1232249

Poon, K (2018). The Impasse Over Constitutional Reform: Negotiating Democracy in Hong Kong, in B. Fong, and TL Lui (eds) *Hong Kong 20 Years after the Handover: Emerging Social and Institutional Fractures After 1997*, p.3-20.

網上資源

立場報道（二〇一六）：〈民建聯一年收入有幾勁？　三倍於民主黨等四黨總收入〉：立場新聞，二〇一六年二月六日，https://thestandnews.com/politics/ 政黨財力比併 - 民建聯一年收入有幾勁 - 三倍於民主黨等四黨總收入 /。

立場報道（二〇一六）：〈周永勤：北京來人掌握家人支持者個人資料　威脅「不聽話」棄選就「立即行動」〉：立場新聞，二〇一六年九月七日，https://www.thestandnews.com/politics/ 周永勤—北京來人說出多名支持者個人資料 - 威脅 - 不聽話 - 棄選就 - 立即行動 /。

為什麼香港到現在還未有普選？

按人大常委會於二〇〇七的決定，香港本來最早可於二〇一七年實施行政長官普選，之後可實施立法會普選。不過，由於二〇一四／一五年的政改方案未獲通過，行政長官和立法會至今仍然沿用二〇一二年的選舉模式，普選遙遙無期。要理解香港實現普選之難，得先回顧特區成立以來各次政改所遇到的波折。

香港特色的普選路

香港的普選之路相對於其他地方的民主化歷程有幾個明顯特點。首先，香港選舉政治的歷程較短，從區議會成立起算的話只有三十多年歷史。而在這過程中，選舉制度本身經常因政治環境而改變。例如在一九九一年至一九九八年期間，立法機關的三次選舉就用了三種不同的地方直選制度（雙議席雙票、單議席單票、比例代表制）。選舉制度缺乏時間鞏固和建立傳承，既有共識很容易被打破，近年接連出現參選人因政治因素被拒成為候選人就是一例，以致連怎樣的選舉才算是普選也可以成為爭議。

第二，香港各級選舉的普選和民主化並非同時進行，而且由外在力量決定。很多國家的民主化都涉及當地專制政府倒臺，及後各級議會便會同時民主化。在香港，民主化的步伐先由英國政府推動，繼而再由中國政府決定。就算香港人出盡全力向香港政府施加壓力，對中國政府的實際影響仍相當有限。如是者，香港的普選和民主化就很大程度上受限於中國政府的政治選擇；它可以一方面取消區議會的委任制，又把市政局和區域市政局撤除，對立法會和行政長官的選舉制度則寸步不讓。

不過，中國政府限制香港的民主化時，得面對香港社會本身相對自由的基礎。首先，香港做為一個商港的歷史和角色，使得法治和法律程序的正當運用被視為金科玉律。這點使得公權力的運用和制度的變遷不能過於隨意，因而保障了公民自由在香港受到一定程度的保障。不過香港在缺乏民主管治的同時強調言論和新聞自由，就形成很大的內在矛盾。

香港的普選和民主化和其他地方還有一個很重要的分別：《基本法》列明香港最終會實施普選。換言之，《基本法》確立了香港目前的制度只應是暫時性的，而且不符合普選的定義，在恰當的時候是要改變的。相對來說，一些專制國家可以聲稱自己已經很民主，或聲稱已經以恰當的方式實現了民主的說法，在香港就不管用。香港人可以按《基本法》義正辭嚴地申明普選是一個承諾，他們爭取普選只是拿回本來應得的權利。當然，反過來說，《基本法》並沒有明文定義所述的普選其實是指什麼，而考慮到《基本法》的最終解釋權在於人大常委會，香港的普選和民主化就要面對一個無法迴避的問題：人大常委會所理解的普選，和香港人所爭取的普選，兩者所指未必相同，而這個困難正正體現在過去十多年來多次的政治改革爭議當中。

香港實施普選的憲制基礎載於《基本法》第四十五條第二款「行政長官的產生辦法根據香港特別行政區的實際情況和循序漸進的原則而規定，最終達至由一個有廣泛代表性的提名委員會按民主程序提名後普選產生的目標」，和第六十八條第三款「立法會的產生辦法根據香港特別行政區的實際情況和循序漸進的原則而規定，最終達至全部議員由普選產生的目標」。至於這「雙普選」的啟動程序，則載於附件一第七項「二〇〇七年以後各任行政長官的產生辦法如須修改，須經立法會全體議員三分之二多數通過，行政長官同意，並報全國人民代表大會常務委員會批准」，和附件二第三項「二〇〇七年以後香港特別行政區立法會的產生辦法和法案、議案的表決程序，如須對本附件的規定進行修改，須經立法會全體議員三分之二多數通過，行政長官同意，並報全國人民代表大會常務委員會備案」。

回到特區成立初期的理解，社會普遍認為二〇〇七年的行政長官選舉和二〇〇八年的立法會選舉，就是香港最早可以實施「雙普選」的時機。對於行政長官普選的方案，應順序經過三個關卡，即立法會、行政長官和人大常委會；至於立法會的普選方案，則只要順序經過兩個關卡，即立法會和行政長官，人大常委會只做備案。

政改三部曲變五部曲

人大常委會於二〇〇四年四月六日就上述附件的解釋，推翻了這個普遍理解。該解釋所斟酌的字眼，在於條文中「如須修改」這四個字。人大常委會的解釋把四個字擴展為「是否需要進行修改，香港特別行政區行政長官應向全國人民代表大會常務委員會提出報告，由全國人民代表大會常務委員會依照《中華人民共和國香港特別行政區基本法》第四十五條和第六十八條規定，根據香港特別行政區的實際情況和循序漸進的原則確定。修改行政長官產生辦法和立法會產生辦法及立法會法案、議案表決程序的法案及其修正案，應由香港特別行政區政府向立法會提出」。

這個解釋帶來了兩個新增的限制。第一，所謂「如須修改」的意思是可以修改也可以不修改，而是否有需要則是人大常委會說了算，香港本身的內部共識不能作準。對於行政長官選舉來說，本來三步走的理解就變成了「五部曲」，加多了行政長官報告和人大常委會回覆這兩個步驟，當中人大常委會的角色除了最後批准外，還有對整個過程本身的啟動做出批准。

對於立法會選舉，改變則更為翻天覆地：人大常委會從原來沒有否決權，變成尚未開始就可以決定終止。第二，具體方案的提出權被特區政府所壟斷。原來的條文並沒有否定立法會議員自行提出方案，通過後才交由行政長官審批的可能。經人大常委會的解釋後，政改方案必定要由政府提出，免除立法會通過一個行政長官未必想接受的方案的可能。

按照人大常委會的解釋，時任行政長官董建華於四月十五日向人大常委會提交報告，認為二〇〇七年行政長官和二〇〇八年立法會的產生辦法應予以修改，報請人大常委會確定是否可以修改。

人大常委會於四月二十六日回覆了董建華的報告。注意董建華在報告中只是簡單詢問了產生辦法「是否可以修改」，但人大常委會的回覆卻複雜得多：行政長官和立法會的產生辦法只可在兩個前提下修改。這些前提包括二〇〇七年行政長官和二〇〇八年立法會的選舉不實行普選，而立法會功能團體和分區直選產生的議員各占半數的比例維持不變。

至此，人大常委會的角色又再一次擴展，從事先決定可否修改變成事先決定修改的範圍為何。更奇怪的是，董建華的報告並沒有問及立法會的表決程序可否修改，但人大常委會卻回答了這條行政長官沒有問的問題，決定表決程序維持不變。如前文所述，「分組點票」正正是破壞香港議會文化

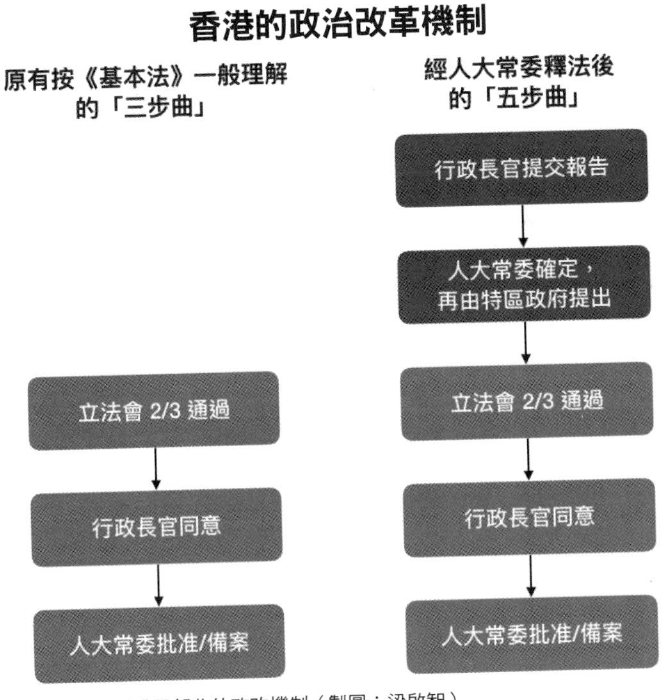

由三部曲變成五部曲的政改機制（製圖：梁啟智）

的其中一個根源，人大常委會的回覆卻把改革這個制度的路封死（見〈為什麼立法會議員只懂批評不會建設？〉）。

經此一役，香港政治改革的機制已明顯地和原來的理解相距很遠，中央政府可以完全限制香港民主化的時程和空間。自此以後，每隔數年香港就會經歷一次政改爭議：中央政府會訂下該次政改的框架，然後香港社會為是否接受這個框架爭執不休。

二〇一二年政改方案

就二〇〇七年行政長官和二〇〇八年立法會的產生辦法，繼任行政長官的曾蔭權於二〇〇五年十月在人大常委會的框架下提出方案。行政長官選舉方面，建議選委會從八百人增加至一千六百人，當中多數新增席位交予全體區議員出任。立法會選舉方面，建議議席從六十席增加至七十席，其中五席為地區直選，另外五席則把功能界別中的區議會界別由一席增至五席。

對此方案，民間出現兩種意見。贊成的意見認為在二〇〇七／〇八年的選舉邁出踏向普選的第一步，有助與中央政府建立良性互動，十分重要。反對的意見則指出方案不包括立即取消區議會委任制，會衍生出由行政長官委任的區議員可直接在下一屆的行政長官選舉中投票的怪現象，為爭取連任者製造種票機會，即行政長官為了連任會委任和自己友好人士為區議員，他們則會在選舉時提名和投票給他做為報答，使得連任者比其他候選人有制度上的優勢，導致選舉不公。新增立法會的區議會界別議席也沒有說明選舉方式，如以全票制選出的話便會全部送給建制陣營。此外，不少意見認為這一步走得太少，缺乏誠意，在沒有普選路線圖（進程）和時間表的前提下，不能接受。在非建制陣營團結反對下，該方案於二〇〇五年十二月在立法會因未得全體三分之二議員支持而被否決。

普選路線圖和時間的問題，在下一次的政改諮詢中得到處理。二〇〇七年十二月，曾蔭權向人大常委會提交報告，當中列明香港社會普遍希望能早日訂出普選時間表，為香港的政制發展定出方向。數日後，人大常委會回覆行政長官最早可於二〇一七年普選產生，之後立法會也可普選產生。二〇一二年的行政長官和立法會則不以普選產生，而立法會的功能界別和地區直選的比例維持各半。

到了二〇一〇年四月，特區政府提出方案，內容與上次否決的版本大同小異，唯確立了政府會在通過方案之後提出取消區議會委任制。加上早前訂立的普選路線圖和時間表，上次觸發否決的三個主因已有兩個被解決。至於新增區議會界別議席的選舉方式，民主黨提議交由本來在功能界別沒有投票權的選民選出，此建議經一輪爭拗後終獲中央政府接受。不過，其他非建制陣營對這方案卻有不同意見，其中一大的爭議是應該接受先走一步還是堅持沒有清晰普選方案便寧願否決。方案最終在民主黨和民協的支持下獲得立法會全體三分之二議員支持而通過。儘管政改終於首次獲得通過，非建制陣營卻因此賠上嚴重分裂的代價。

當時除了民主黨和民協之外，也有不少學者和評論人認為應該讓方案通過。他們認為雖然方案未如理想，但仍希望透過通過方案來與中央政府建立良性互動，為將來二〇一七年普選行政長官創造有利條件。很不幸，這個願望在二〇一四年被人大常委會的「八・三一決定」所打破，引發的震撼直接導致占領運動的發生。而在相關的政改方案被否決後，除非「八・三一決定」有所改變，否則在可見將來香港要實現普選恐怕遙遙無期。

人大八・三一決定

「八・三一決定」是指中央政府對香港普選方案做出的具體規限。自從人大常委會決定香港最早可於二〇一七年實施普選後，各界隨即開始討論具體落實的方案。《基本法》第四十五條規定「行政長官的產生辦法根據香港特別行政區的實際情況和循序漸進的原則而規定，最終達至由一個有廣泛代表性的提名委員會按民主程序提名後普選產生的目標」，當中「提名委員會」（提委會）和「按民主程序提名」成為爭議的焦點。畢竟，現時政府施政不暢的其中一個主因，是由於行政長官由選委會選出，而選委會本身不能代表民意（見〈為什麼行政長官選舉會被批評為假選舉？〉）。爭取普選的其中一個主因，就是要解決由此而來的管治認受性問題。因此，如果日後的提委會同樣不能代表民意，卻可限制誰能獲得提名，則選出的行政長官仍然要面對管治認受性的挑戰，所謂的「普選」就只會徒具形式，卻不能解決實際問題。

要解決此困難，可有兩種解決方法。第一種是確保提委會的代表性，例如由立法會擔當提委會的角色，只要有數名議員連署即可成為行政長官候選人。不過無論是坊間提出的方案（如陳弘毅方案、香港二〇二〇方案和十八學者方案），或是特區政府向中央政府提交的報告，都傾向提委會沿用既有選委會的方式產生，或只做小幅修改。

第二種進路，則是放棄把提委會民主化，而直接要求在提委會以外另立提名機制，提委會必須確認出線者為正式候選人。由多個非建制派政黨和團體成立的真普選聯盟所提出的方案，即要求在提委會提名外，另立政黨提名（於最近一次立法會選舉中，獲得直選組別全香港總有效票數五％或以上的政黨或政治團體，單獨或聯合提名一名參選人）和公民提名（獲得一%登記選民具名連署提名)。對此,政府表明任何其他推薦手法都不得妨礙提委會行使唯一實質的提名權。

按「五部曲」的要求,特區政府於二〇一四年七月向中央政府提交報告,而人大常委會則在八月三十一日就二〇一六年的立法會選舉和二〇一七年的行政長官選舉做出決定,也就是所謂的「八・三一決定」。值得注意的,是按照過往的做法,人大常委會在這一階段極其量只會說明哪一部分的選舉辦法需要修改,哪一部分則不需要修改。然而這次決定卻再進一步,直接規定了選舉辦法應該如何修改。按決定所述,提委會的人數、構成和委員產生辦法應按照上一屆的選委會來規定,再由他們產生二至三名行政長官候選人,每名候選人均須獲得提委會全體委員半數以上的支持。全港選民只可以在這些獲提名的候選人之間選擇,而選出後的當選人要再由中央政府任命。

「八・三一決定」的問題,在於從公眾參與的角度來說,在此框架下產生的方案都不可能比之前更為民主,甚至會有所倒退。普選的原意是要把選出行政長官的權力從選委會交回市民手中,框架下選委會變成了提委會,而當選行政長官的其中一個要求是得到過半數提委會支持,也就是說原選委會的權力沒有減少過。與此同時,過去參選者只要得到八分之一的選委員成員提名即可能成為正式候選人,即使是與中央政府政見不同者,也能以此身分在各正式場合發表政見公開辯論，但框架下提名門檻從八分之一提升到二分之一，日後就會排除了這個可能。

站在中央政府的角度出發，二分之一的提名門檻可保證能夠成為正式候選人的參選者都是中央政府認可的人選。不過站在確保選舉能做到普及而平等的立場，現有選委會做為特權階層的角色將會持續，他們和行政長官之間的利益關係將揮之不去，原來希望通過普選理順香港管治問題的願望就會落空。

對此，香港不少輿論都認為「八．三一決定」不符合香港的實際情況。畢竟，普選選出的行政長官仍然要由中央政府任命，也就是說普選從來都不會影響到中央政府對人

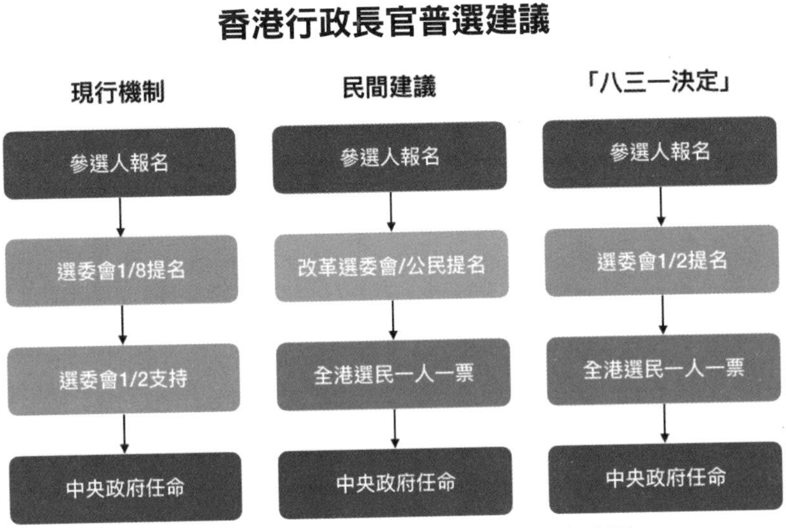

「八．三一決定」沒有解決選委會認受性不足帶來的問題（製圖：梁啟智）

選的否決權，香港輿論普遍接受如果中央拒絕任命選出的人選，到時大可以重新再選一次，畢竟現在的制度正正是這樣規定的。現有規定亦已明文禁止曾犯若干罪行（如叛逆罪）的人士參選，所以說要以提委會為國家安全把關的說法也於理不合，因為它並不是一個司法機關。以一個沒有民意認受性的提委會去決定參選資格，結果只會增加香港政治的不可測和不穩定性，不符香港做為一個現代化國際大都會的需要。

普選爭議未了

「八・三一決定」直接觸發了大專學界於當年九月中旬發動罷課，並最終演變成持續七十九日的占領運動。儘管占領運動未能迫使中央政府收回決定，但在巨大的民意壓力下非建制陣營也就團結一致將之否決。不過，這並不代表普選爭議就此便會告終。香港人爭取普選源於現在政治制度有結構性的缺陷，必須要通過實施普選來修正。當人大常委會堵住了這個出路，香港人便只剩下兩個選擇：要求人大常委會改變其決定，或索性尋求香港脫離人大常委會的控制，也即是尋求香港獨立。

理論上，要解決普選爭議，還有一個可能的結局：非建制陣營失去在立法會三分之一的否決權，使得政府無論提出什麼樣的方案都會獲得通過，然後中央政府就可以聲稱香港已經達到《基本法》規定的普選目標。然而現實上，就算這事情真的發生，也不代表爭議就會真的告終。正如前文一直強調，普選是一個工具，目的是要解決管治問題。假普選就算被稱之為普選，也不會解決管治問題。民意的壓力就像是擠氣球一樣，壓緊一端的話便在另一端走出來；當權者固然也可以試試把每一端都困死，但結果只會是氣球爆開，同歸於盡。

延伸閱讀

Pun, K (2008). The British legacy, *The Political Future of Hong Kong: Democracy within Communist China.* p1-25. London ; New York : Routledge.

Chan, SCK (2015). Delay no more: struggles to re-imagine Hong Kong (for the next 30 years), *Inter-Asia Cultural Studies* 16:3, 327–347.

普選可以解決香港所有問題嗎？

普選是解決香港政制問題的其中一個必須條件。普選和香港政制就好像水和生命的關係：不是說有水就一定能健康生活，但沒有的話就肯定維持不了。同樣的，普選不足以解決香港所有的政制問題，但沒有普選則無法解決其中一個最關鍵的問題：政府缺乏認受性和沒有輪替機會。當然，即使有普選，選舉制度設計和政黨制度的完備，以及整個公民社會的成熟，同樣十分重要。

香港民主化的需求

在現存的政治制度下，無論政府的提議是好是壞，最起碼地區直選產生的立法會議員不會有太多誘因主動支持。他們的選民基礎比行政長官遠遠要闊，其認受性基礎更大。行政長官的選民基礎和立法會議員的基本不重疊，他們不用擔心反對行政長官等同得罪了曾投他一票的選民。因此，特區政府施政不順，其實是整個政治制度本身使然。

香港政制一方面不容許反對者有執政的機會，同時在立法機關又設下重重限制使它失去建設功能，只餘下抗議的角色。這個設計在制度上產生了一些極壞的傾向：無論是執政者或反對者都沒有誘因提高其執政和議政的能力，也沒有誘因相互合作和建立信任。要理順朝野關係，讓雙方不會把對方迫死，甚至促使互相學習，最直接的方法就是輪替。當在朝的知道自己會有在野的一天，在野的知道自己會有在朝的機會，雙方的行為規範就會改變。不過在香港，在普選遙遙無期的前設下，雙方都心知肚明角色互換的機會甚低。長期的糾纏關係，最終形成一個雙輸局面：弱行政機關對弱立法機關，香港自然停滯不前。而正如前文所述，這個結果很可能是中央政府刻意阻延普選的目的，以強化其在香港的影響力。

學者馬嶽認為香港政制內在矛盾的根本，在於中央政府「要說服香港人，非民選的行政機關才是公眾利益的真正代表，而不是部分民選的立法會；它要說服香港人，香港人有足夠的聰明才智去行使他們的社會和經濟自由，但過於愚蠢去選出自己的領袖；它要說服香港人，即使沒有民主制度也可以保護高度自治，因為中央政府在干預的時候會知所進退」。很明顯，這些要求存有明顯的自相矛盾，也只有普選，香港才有機會走出這些矛盾。

從現實的政策倡議去看，可看到缺乏認受性的政府處處舉步維艱。以「強積金[1]對沖」等涉及商界和勞工利益的政策為例，由於選出行政長官的選委會由商界主導，當政府提出一些對商界有利的建議時，輿論便會立即質疑政府是要借機會回報商界的支持，而非真正為社會整體利益著想。這些質疑使得政府在推動各種政策時往往事倍功半。

同樣道理，由於選委會的大多數成員都聽命於中央政府，使得很多市民無法相信行政長官在處理一些中央政府和香港利益出現衝突的情況時，會認真考慮香港一方的需要。例如《基本法》第二十三條的立法問題，由於涉及國家安全和個人自由之間的取捨，就有政黨認為如果政府沒有普選的制約，容易以國家安全為藉口利用相關法規打壓政敵，因此提出只有在政府實施普選後才可推行立法工作。

香港民主化的基礎和所需配套

解決香港的政治困局，普選是第一步，而這一步早就應該要踏出。特區成立二十二年來，香港不單早已經準備好實施普選，而且有多項改革都因沒有普選而難以推行，這已是各界共識。過去曾有輿論認為普選雖然重要，但香港不適合或還未準備好普選，並引用外國民主化後未能鞏固引發社會混亂的案例為由，贊成拖延普選進程。對此，本地政治學者已有不少專著反駁，強調香港恐怕是世界上眾多尚未全面民主化的地方當中，準備最為充分和條件最為成熟的地方。

以經濟因素為例，政治學者對於民主發展是否需要一定的經濟基礎，曾有很多爭論。現時的主流意見認為兩者沒有必然的因果關係（經濟好的地方不一定會追求民主，經濟差的地方一樣有可能鞏固民主），不過經濟發展水平高的地方因為社會不穩的因素比較少，民主制度在設立後較易持續。考慮到香港的人均生產總值位處世界前列，經濟基礎的問題對香港並非重要考慮。也有學者認為一個社會的經濟基礎廣闊，例如民眾不是都服務同一個雇主的話，帶來的生計自由也有利民主鞏固。對此，香港奉行市場經濟，政府對經濟的干預也相對較少，為民主發展帶來良好基礎。

另一個過去常見的爭議，是所謂的華人社會或儒家思想不利民主（例如強調長幼有序而不是人人平等，強調群體利益而不是個人權利）。此等說法有兩個主要問題：其一是無視了文化內涵的多樣性（例如儒家思想強調「選賢與能」，也可理解為和民主原則相呼應）；其二是無視了文化本身不斷改變，文化也可以是政治制度的產物。最後，同受儒家思想影響深遠的臺灣社會已發展出穩定的民主政治，經歷多次政黨輪替和政治危機後仍能維持民主制度，華人社會不能建立民主的說法已不再有說服力。

要在香港實施普選，除了中國政府的因素外，目前最需要的是社會和制度配套。學術研究普遍認為，活躍的公民社會是民主鞏固的重要關鍵，社會中的各種非政府組織，如商會、智庫、專業組織、倡議組織，以至街坊互助會等，都是防範政府濫權的重要力量。對此，香港本來已有相當活潑的公民社會，只因政治壓制而未能有所發揮（見〈為什麼香港一天到晚都有示威遊行？〉）。民主政治和公民社會有相輔相成的關係，缺一不可。

同樣和民主政治有共生關係的是管治上的改革。首先，政府要成立獨立專業的機構負責選舉事務，以免當權者利用不公平的選舉來讓自己可以永續當選。議會也要訂立《政黨法》和《政治獻金法》，以規範政黨運作和避免金權政治。而要讓議會和公眾能有效監督政府運作，訂立《檔案法》和《信息公開法》也是必不可少。這些應和普選並行的改革，近年在香港政界已有不少議論，可惜都因為普選本身未能落實而舉步維艱。

到了香港實現普選，並通過上述的各種配套完善各種制度和培育民間力量後，香港現時的行政立法僵局才有機會理順，很多拖延已久的公共政策問題，包括房屋、土地、城市規畫、勞工、醫療、社會保障和教育等，才可以得到認真處理。當香港政治不用再空轉，很多結構性問題都能得到解決。

從期盼民主中國到港獨思潮萌芽

實現普選，也是處理香港政制終極問題的起點：特區的政治地位問題。

前文提到，香港做為一個自治政體，表面上擁有極高的自治權力，實際的權力卻可能比美國聯邦制下的一個州還要少（見〈香港真的實行高度自治嗎？〉）。當中的核心問題，是中華人民共和國本身是一個專制政權，而一個專制政權能夠成功做到中央與地方分權，保障地方政府的權益，歷史上並無先例。當中的關鍵，在於要從制度上保障地方政府的權益，必先有獨立仲裁中央與地方關係的機制。然而在一個專制政權之下，獨立於中央政府的權力機關（如獨立的最高法院），並不可能存在。

放在香港，當中港關係出現矛盾時，現時制度上的處理方法是香港的終審法院向全國人大常委會尋求解釋《基本法》，而現實上人大常委會則經常在終審法院沒有要求的情況下，自行解釋《基本法》。這樣的安排，為香港的政治制度帶來了很多問題，因為人大常委會在中港關係當中不可能擔當獨立仲裁的角色（見〈為什麼會有香港人反對人大釋法？〉）。這個香港政制的根本問題，即使普選行政長官和普選立法會也不能解決。普選可帶來的改變，是屆時的行政長官和立法會可以有足夠的認受性，去和中央政府討論這個問題。

至於具體的解決方法，近年有香港輿論提出重訂《基本法》，把當中向中國大陸傾斜的條文拿走。理論上這可以是一個出路，但後面卻帶出一些更根本的問題：《基本法》本身是全國人大按中國《憲法》第三十一條訂立的。人大代表如何履行他們的權力？重訂《基本法》之後中國政府是否就必定會遵守？不遵守的話會否得到糾正？在現行的中國政治制度之下，這些問題全部都沒有保證。

如是者，問題便回到從一九八〇年代「民主回歸論」開始，一個香港政界糾纏不休的爭議：是否中國沒有民主，香港就一定沒有民主？這個說法背後的理據十分簡單：香港受中國管治，如果中國本身沒有民主的話，基於自身政權的考量，也就沒有誘因在香港推動民主，反而有很大的誘因打壓香港的民主，以免香港的民主訴求擴散到中國大陸，撼動中央政權。因此，自一九八〇年代起很長的一段時間內，「中國應當民主化」可以說是香港民主運動的一個基本共識。

不過，這個共識在近年受到明顯挑戰，如在六四紀念晚會是否該繼續喊「建設民主中國」的口號已成為爭議。首先，近年中國政府對中國大陸公民社會的打壓變得更為激烈，中國民主化的期望對很多香港人來說漸漸變得遙不可及。中國大陸近年的快速經濟增長，表面上也為中共政權帶來強大的表現認受性，香港人看不到中共政權短期內會有倒臺的可能，甚至認為大陸民眾其實十分擁護中共政權。中國政府近年對香港民主運動的打壓也變得強硬，使得一些民主運動的參與者感到支援中國的民主運動已不是他們能力所及的事情。最後，也有意見認為民主的中國不一定會是一個分權的中國，即使中國民主化後也不一定會尊重香港的自主性，甚至擔憂中國的民主化只會帶來多數人的暴政，危害香港自主。

凡此種種，使得香港輿論近年出現了一種新的聲音：如果香港在專制中國之下不可能尋求自主，而民主中國又變得不能期盼，則香港只剩獨立一途。

目前來說，把這種想法付諸實行的，只占香港社會的極少數。然而香港獨立的訴求之所以會出現，代表不少香港人感到一國兩制已無出路，連過去「讓一國兩制重回正軌」的口號也不想再喊，轉而為中港關係的未來尋求新的可能。

延伸閱讀

馬嶽（二〇一六）：〈香港是否「條件成熟」推行民主？〉，馬嶽編《民主十問》，香港：香港城市大學出版社。

Ma, N (2007). An Institutionalist's Conclusion, *Political Development in Hong Kong: State, Political Society, and Civil Society*, Hong Kong University Press.

---

1 全名為強制性公積金計畫（MPF；Mandatory Provident Fund Schemes），是香港於二〇〇〇年十二月起正式實施的退休保障政策。強積金對沖是指當雇員有權依服務年資獲得雇主支付的遣散費或長期服務金時，雇主可在雇員的強積金供款中，抽取雇主供款部分及及其累算權益，以抵銷應向雇員支付的金額。

一國兩制還有將來嗎？

在回答一國兩制有沒有將來之前，得先回答另一個問題：一國兩制有沒有期限？坊間常有誤會，以為一國兩制到了特區成立第五十年，即是二〇四七年的時候便會自動撤銷。從法律條文來看，這並非事實。從政治現實來看，也不見得二〇四七年是必然的分界線。

這個誤解通常源於兩處。第一，是九七前中國政府對香港有「五十年不變」的承諾，帶來對港政策會否於二〇四七年完全改變的擔憂。這說法的具體呈現，是《基本法》第五條「香港特別行政區不實行社會主義制度和政策，保持原有的資本主義制度和生活方式，五十年不變」的條文。不少輿論見到此條文，便進一步肯定二〇四七年便是特區完結之時。對此，法律界認為這是對條文的誤解，《基本法》沒有「自動過期」的設定，憲制上香港特區和《基本法》在二〇四七年以後仍可繼續存在。

第二，是香港在九七前有大批按照《中英聯合聲明》附件三批出的土地契約，列明將會在二〇四七年六月三十日到期，考慮到「九七問題」在一九七〇年代被英方提出，正正是源於土地契約期限的問題，也讓不少香港人以為特區政府沒有能力承諾二〇四七年之後的事情，進而得出特區將於二〇四七年自動撤銷的推論。現實是，特區政府不單止有權承諾二〇四七年之後的事情，而且已經批出多份時限超越二〇四七年的土地契約，例如於一九九九年批出的香港廸士尼樂園土地條款的租期就長達一百年（五十年租期加五十年續租權）。至於現有將於二〇四七年到期的土地契約，預料特區政府會在適當的時候提出續期機制。

話雖如此，憲制上二〇四七年對香港仍有技術上的意義。《基本法》第一百五十九條規定其修改「不得同中華人民共和國對香港既定的基本方針政策相牴觸」，而《中英聯合聲明》第三條第十二款規定中國對香港的基本方針政策「五十年內不變」。那麼，理論上到了二〇四七年，《基本法》的修改就再沒有限制，可以從頭到尾改得面目全非，這也可以被理解為「特區終結的一天」。不過這件事不會自動發生，最起碼還要符合第一百五十九條的其他規定，例如立法會全體議員三分之二多數同意。當然，如果民主派在立法會的議席數目進一步下降至少於三分之一，這個門檻將會失去實際意義。

二次前途問題的思考

對於很多香港人來說，只要有改變的可能，就代表有機會變得更差，而這也是為何當初「五十年不變」的說法在九七前對香港人有吸引力。回頭去看，「五十年不變」的承諾可能一開始就不是一個好主意，因為港英政府的制度本身也有問題，而這些制度被特區政府挪用後帶來了更多問題（見〈英國人留下來的制度為何九七後就行不通？〉）。相對於凝固時空，積極一點去想，二〇四七年是否也是一個拆牆鬆綁的機會，來重構香港與中國的關係，為香港建立一個更能保障自主的政治安排？

由此路進，不少年輕人把二〇四七年理解為「二次前途問題」。到了二〇四七年，現在的少年人正值壯年，香港的政治地位屆時可否改變，對他們來說並不是一個抽象的問題，而是關係到他們應否把自己的青春投放在香港。有些年輕人就提議要為二〇四七年後的香港地位舉行公投，並認為屆時讓香港獨立可以是一個選項，也就是所謂的「自決」。

這種想法的基礎，是雖然《基本法》第一條列明香港是中國的一部分，但《基本法》是可以修改的，只要不違反中國對香港的「基本方針政策」就可以；而既然「香港成為一個特區」這個「基本方針政策」到二〇四七年就會到期，那麼邏輯上要求中國政府在二〇四七年容許香港獨立，條文上是不應被視為違反《基本法》和《中英聯合聲明》的。現實上中國政府屆時會否容許是一回事，但最起碼邏輯上說得過去。可以想像，香港政府並不同意這種理解。事實上，香港政府已經把認同這種理解的人視為不服從《基本法》，並以此為理據拒絕持此政見者參選立法會。

話雖如此，就算香港獨立的選項真的存在，又有多少香港人會支持呢？按香港民意研究所於二〇一九年反《逃犯條例》修訂抗爭期間的調查，只有一二%的受訪者支持香港獨立。這個比例近年來的變動不大。按香港中文大學傳播與民意調查中心於二〇一七年所做的調查，只有一一．四%的受訪者支持香港於二〇四七年後獨立，表示反對的卻有六〇．二%，可見港獨即使做為一個假設選項也沒有多大的支持度。支持屆時繼續一國兩制的，則有七一．二%，明顯是社會主流。不過，這並不代表民意認為現時香港的情況十分理想。相反，在同一調查當中，有六二．九%的受訪者認為「香港回歸後整體社會狀況」變差。由此看來，港獨目前不受歡迎，並不代表香港人很滿意現時的情況，也可能是他們覺得情況未差到要追求港獨，或支持港獨者未能提供一個更吸引人的說法。另一方面，即使多數人認同繼續一國兩制，《基本法》能否做出一些根本的修改，以更有效保障香港自主，公眾的討論也十分有限。

從學理上看，目前港獨的論述基礎尚未成形。按學者王慧麟的分析，無論以天然權利或補救性分離權利（即中央政府長期以極不公義的方式管治某個地區，則分離可視作最後的補救權利）的角度出發，港獨的法理基礎仍然薄弱（至於要求回歸英國的說法，更是直接忽視了英國早已於一九八五年通過的《香港法》，當中確立了於一九九七年七月一日終止對港主權，並不存在《南京條約》繼續有效的可能，更別說不承認不平等條約早已是國際法學界的共識）。相對來說，王慧麟認為循聯合國《公民權利和政治權利國際公約》以及《經濟、社會與文化權利的國際公約》去強調香港人的內部自決權利，更有基礎。

當然，上面只是從理念層面探討港獨。現實上，現代歷史中邊緣地區能脫離一個專制軍事大國成功獨立，只有一九九一年前蘇聯解體一個案例。然而把這個案例拿到香港卻有兩個問題：第一，當時蘇聯經濟崩潰而又正經歷熱切的民主浪潮，這兩點在當前的中國都不適用；第二，即使這些邊緣地區成功獨立，當俄羅斯重新走向專制後，不見得它們可以完全脫離俄羅斯的影響。如是者，在目前中國的經濟和政治形勢下，港獨並不是一個現實的選項。

雖然港獨的支持度有限，但香港社會明顯廣泛支持容許討論港獨，後面涉及言論自由做為香港核心價值的普遍認同。回到二〇〇三年就《基本法》第二十三條立法的討論，當時輿論普遍認為只要不涉及組織煽動暴力行為，則所謂的港獨活動不應受到規管。

值得注意的是，建制陣營比非建制陣營更喜歡談及港獨。畢竟，在當前的政治結構下，他們有很大誘因藉炒作港獨議題來向中央政府表達忠誠。前行政長官梁振英就經常被謔稱為「港獨之父」，因為他十分熱衷於批判港獨，而在他上任行政長官前主流輿論本來並不關注港獨討論。例如當他在二〇一五年的《施政報告》中點名批評由香港大學學生會出版的《香港民族論》後，該書隨即大賣特賣，廣受各界關注熱議，如同獲得免費廣告宣傳一樣。中國大陸媒體對於港獨議題也有明顯的政治操作，往往會把一些明顯不相關的香港政治爭議冠上港獨之名，使這些爭議在中國大陸民眾眼中失去正當性，免得他們同情甚至認同香港人的訴求。

一國兩制難解的本質矛盾

回到二〇四七年對香港的意義，從中央政府的觀點出發，理論上可以是一個進一步收緊對香港控制的機會。除了前文提及的修改《基本法》外，更極端的做法是把它直接廢除，畢竟它的實施在法理上僅源於一紙命令，待《中英聯合聲明》所載的保證過期後，也可經由一紙命令撤銷。當然，除非屆時國際關係和今天極為不同，否則如果中國政府真的以這種方式在二〇四七年改變香港的地位，將會對香港的繁榮和穩定帶來不可估量的打擊。

相對來說，對中方較為有利的做法，是在現有《基本法》的框架下以各種手段架空香港的行政權、立法權和司法權，使得港人治港變得有形無實，也同樣可帶來收緊對香港控制的效果。回到一九八四年，《中英聯合聲明》尚在草議，時任行政局首席非官守議員鍾士元與時任國家領導人鄧小平會面，曾當面提出三項憂慮：第一，是特區表面上港人治港，但治港的港人都由北京控制；第二，是處理中港關係的低級幹部不能落實中央政策，干預香港自治；第三，是將來出現走極左路線的國家領導人，改變國策，使得一國兩制無法有效實行。回顧特區成立以來的種種政治爭議，第一項憂慮早已成真，而第二和第三項在過去數年也變得十分明顯。換言之，中國政府要從實際上改變一國兩制，其實不用等到二〇四七年已可發生，或已經發生。

那麼一國兩制是否就沒有未來？讓我們回到起點：一國兩制的初衷，從香港的角度出發，一言蔽之就是中國大陸的制度和香港的不一樣，而且不適合香港。那麼兩套制度有什麼分別？過去的說法，是香港實施資本主義而中國大陸實施社會主義，但無論從學理上或事實上去討論，來到今天這已不是一個好的分類。最起碼，今天中國的經濟結構已和一國兩制最初提出的時候很不一樣。三十多年來沒有改變的，是香港人對自由的追求，和中國大陸政治上的封閉。中港兩套制度在對待自由的基本分別，才是當初中國需要向香港承諾兩制的根本原因。

然而，沒有自由的土壤，政權的承諾又可由誰來監督？於是乎，一國兩制從一開始就存有本質上的矛盾：如果中國的政治制度是開放的，兩制其實並非必須；但當中國的政治制度是封閉的，兩制就算設立了也沒有現實保障。回到《中英聯合聲明》訂立的時候，中國大陸剛剛走出文革陰影，向世界學習和接軌是中國社會的主流想法，一國兩制本質上的矛盾也就暫且被忽略。今天的中國已不是三十多年前的中國，矛盾也就徹底暴露了。

說到這兒，可見無論香港人喜歡或願意與否，一國兩制的未來和中國政治的前景難以分割。近年中國政治明顯變得更為封閉，經濟方面的「國進民退」被批評為違反改革開放的初衷，社會方面曾一度有所發展的公民社會近年受到嚴重打壓。與此同時，中國的外交策略也捨棄了過去的韜光養晦，「亮劍」等浮誇之詞變得普遍，世界各國各地人民對於應否接受一個專制政體成為超級大國變得有所警惕。面對這些阻力，中國政府則以民族主義措辭來誤導中國人民，令人民忽視問題的緣由。放在這宏觀格局中去看，香港政治在近年遇到的種種問題，以及香港人對中國大陸所產生的排拒並非偶然，而是香港處於當代中國變遷與世界碰撞的最前沿位置，衝擊自然來得最為突出。

延伸閱讀

二〇一三年度香港大學學生會學苑（二〇一四）：《香港民族論》，香港：香港大學學生會。

王慧麟（二〇一七）：〈失落的自決 自決的失落〉，王慧麟等編《本土論述 2015-2017》，香港：印象文字。

陳智傑、王慧麟（二〇一二）：〈香港人的國家認同態度〉，本土論述編輯委員會、新力量網絡編《本土論述 2012》臺北：漫遊者文化。

【結語】

論系統性敗壞

回到二〇一四年，占領運動爆發前一週，各大學剛開始罷課，有從中國大陸來港的學生說想去政府總部「罷課不罷學」的現場聽演說，但又擔心安全。我想他們在大陸長大，相信都沒參與過群眾運動，在《新聞聯播》上看到的都是剪裁過的外國騷亂場面，維穩話語下成長難免會對參與運動有戒心。當時我安慰他們說，香港的群眾運動都很和平，二〇〇三年的時候五十萬人上街也沒有打翻一個垃圾桶。

沒想到，和平的共識就在占領運動中被打破。數天後，因為警方的七十九枚催淚彈，香港史上最大規模的占領運動爆發。而讓我更意想不到的是，公務員獨立專業的神話在這場占領運動中完全破滅。「旺角黑夜」期間暴徒帶同利器攻擊和平集會的市民和學生，警察卻沒有把他們繩之於法。其後，警察失去了市民的信任，警民衝突不斷升級，香港「和平理性非暴力」的抗爭傳統也受到動搖。

香港變得反常識

這些年來，我在大學教香港社會與政治，最大的感觸是事物愈來愈變得違反常識。很多過去以為不用討論、與香港社會不相關的東西，忽然變得重要。例如討論司法制度的那節課，以前主要介紹居港權釋法案，也就是法庭的問題，放在檢控和警察的時間不多。近年來，先是占領運動，又有「銅鑼灣書店」事件，然後是「一地兩檢」爭議，還有最新近的《逃犯條例》修訂爭議和警察鎮壓公眾集會時所犯的暴行……關於香港司法需要討論的內容大幅增加，原來安排的課堂時間變得嚴重不足。

又例如談到民主化的時候，過去要講香港選舉的不足，主要集中在票值不均等的問題。至於學術文獻中談民主選舉時常提到的「恆常、祕密和安全」準則，以前只會輕輕帶過，說是落後國家才會有的問題。現在的香港，這三點都成為現實中的爭議。

這些改變，當然不止在課堂上感受得到。社會輿論近年常常提及的一個說法是「禮崩樂壞」，也就是說許多過去大多數香港人默認可信的社會制度，正逐一瓦解消失。曾經，香港人以為無論你是支持或反對政府，在暴力面前都會得到警察的公平對待。曾經，香港人以為無論你的立場如何荒謬絕倫或離經叛道，只要你找到一百個簽名支持和交得起五萬元的選舉按金，就可以去參選議員。這些，都已不再能視為當然。

香港病了。治病，得分開病徵和病因。有些病徵，表面上很煩人，但其實是身體發出的善意提醒，叫你是時候注意一下。強行壓下病徵而又忽視病因，固然不能治病，而且會帶來更大的傷害。可惜，病徵總比病因容易看見。議會亂象、街頭衝突，還有它們所代表的社會撕裂，成為許多人談論香港時的主要甚至是唯一關注。接下來，就會有人開出各種藥方，聲稱只要把在議會抗爭的人趕出議事廳，把在街頭鬧事的人都關進監獄，社會就會和諧，香港才能得以發展。這些想法，當然是太簡單、太天真。特區成立二十二年了，這些藥方使得香港愈病愈重，卻還有人繼續推銷，看起來更像是推卸責任。

關於香港各種社會現象背後的歷史和制度因由，前文已說了很多，不贅。這兒我想提出兩點猜想，做為這個寫作計畫的結語。

香港的系統性敗壞

第一，如果制度問題總是一環扣一環，推而廣之，整個社會的崩壞本身又是否一環扣一環？

回到一九八〇年代，當時的香港和今天的中國大陸一樣，以各式各樣的城市建設自豪，政府宣傳片常見地鐵、海底隧道和東區走廊等當代大型基建工程。可是近年來，基建卻成為香港社會之痛。地鐵沙中線和港珠澳大橋工程不單接連超支，更爆出嚴重工程監管問題，令曾經迷信專業至上的香港社會頓感錯愕。相對於民主普選，專業精神可能更應被稱為香港人最引以為傲的核心價值。當偷工減料和質量造假的醜聞接連發生，恐怕對不少香港人來說比各種政治爭拗更能預示「香港之死」。

這倒退是如何開始的呢？專業操守要穩住，既要外在監管也要專業自律。專業自律要發生，首要用人唯賢。如果各專業的領袖本身能力或名望不夠，又或不能做到公正持平，專業自律就會事倍功半。特區成立以來，社會流動階梯愈見忠誠先行，而非唯才是用。從行政長官算起，當每一個位置的任命都建基於對上級的服從多於個人能力，專業失效便遲早會發生。

那為什麼忠誠先行會變得愈來愈赤裸裸？因為權力制衡的基礎改變了。香港雖然沒有普選，但港英時代的香港處於中英二元權力結構當中，港英政府有壓力維持香港的善治。英國人離開了，中國強大了，二元權力結構消失。如是者，權力的邏輯變成由上而下，無論是政府官員或是社會領袖，擔心的只是更有權力者是否相信他們的忠誠。與此同時，專制政權例必不能接受任何獨立於自己的權力來源，德高望重卻又不聽話的民間領袖自然要被換走。如是者，一場劣幣驅逐良幣的浪潮便會捲至，有能力和講原則的只好離開社會上層，甚至離開香港。

一般市民未必天天關心各種政治爭議，卻同樣會被牽連其中。當政府失去管治能力，市民只好自行解決生活所需。政府做不好長幼照顧，就自己請外傭；高等教育學位不足，就去上補習班或者出國留學。然而因為只有擁有財力或社會資本的人才能自己解決問題，社會變得更為不平等、更為撕裂。而當大家都習慣把責任個人化，要求在制度上解決問題的壓力會反而降低。市民對政府失去期望，也就不參與公共事務，反對政治也就難以壯大。選舉的時候不投票，親政府的力量更能壟斷議會，不斷自我閹割會議規則；議會變得更無用，於是大家更懶得出來投票。當各種原有撐起香港的社會制度都變成鬧劇，絕望之下要重建這些制度就更為困難。惡性循環，變本加厲。

以上，我稱之為香港的系統性敗壞。說是系統性，是因為出問題的地方，不是某個個人、團體、政治派別或勢力所造成。是整個香港一起病了。

中國探索問題的空間萎縮

第二點猜想關於中國大陸。我記得曾經有一個來自中國大陸的同學在學期末的時候跟我說，上了我的課之後對香港感到很同情。其實同情不同情，從來不應該是重點。我在乎的，是同學有沒有通過研討香港問題，養成良好的答問習慣。畢竟，很多事情今天在香港爆發，可能只是比中國大陸早了幾步。同樣的問題，可能很快就要在中國大陸以困難百倍的方式發生，而我很擔心中國社會尚未準備好回答這些問題，甚至未能提供探索的空間。

事情往往以驚人相似的方式發生。中國大陸現在的急速發展，讓很多人過上比之前更好的生活，也為很多人帶來了當中國人的榮耀感。同樣的過程，香港比中國大陸更早發生，也為香港人帶來很多榮耀感。香港的經驗是：高速發展可以舒緩很多問題，但也會隱藏很多問題。到了高速發展結束的時候，這些問題就會一一浮現。

近年中國大陸的經濟成就，讓很多人變得有自信。自信很重要，但過多的自信會蒙蔽自我，這也是香港的經驗。今天的中國，浮游著一種唯經濟、唯發展、唯技術、唯實力的決定論，以為它們可解決一切問題。然而香港的經歷說明，這只是特定時空下的產物，終有一天會到達瓶頸。當社會流動開始減慢，當各種問題已不能再通過發展來解決，就不得不面對一些更深層次的問題：價值觀的問題、制度的問題，甚至是上面提出的系統性敗壞。

讓我們暫時放下繁華外衣，平心靜氣地問一問：今天的中國社會，有沒有專業失德的問題？帶來了怎樣的社會危害？原因和做不到唯才是用有沒有關係？後面和中國當前的政治和社會結構有沒有關係？當民眾發現政府不能解決他們的切身問題時，他們是選擇團結起來要求制度上的改革，還是把責任個人化，各自去托關係找出路？如果是後者，又有沒有進一步加深社會不平等和無力感？

這些問題，得交給比我懂的人回答。不過在答問之前，我想無論在中國大陸或在香港，都應離不開一個前設：要為回答留下空間。答問需要空間，因為任何權力本質上都不喜歡受到質疑，專制政權尤甚。答問是一種異議，因為專制只能容許他們認可的答案，不容其他解讀。專制審查外，也得認清自身局限。香港人經歷過太多次的自我欺騙，並因而耗費了許多光陰。現實是我們都是經驗有限的個體，面對愈宏大的問題，特別是國家民族或者各種思想主義等的問題，不應輕易確定已有簡單圓滿的答案。

不停和其他人的回答對比，是保持謙卑和守護答問空間的好方法。我比較幸運，在寫上面十多萬字之前，已有大量前人留下來的扎實的香港研究可供參考，讓我不用抽象瞎扯。

相對來說，過去數年的中國大陸，援引不同意見的空間卻愈見收窄，社會變得一言堂。

我擔心在這樣的環境下，大家都變得自信滿滿，中國會很容易會走歪路。我懷疑，今天中國面對逆轉的國際處境，持續改革開放遇到巨大阻力，反映中國過去數年確實走了歪路。而中港關係近年的急速惡化，只是這條歪路帶來的眾多問題的其中一例。

為發問留一扇窗

中港政治關係應該變成怎麼樣，我沒有很好的答案。不過無論你對中港政治關係未來的希冀為何，覆巢之下焉有完卵，香港沒有期望中國變得更保守的本錢。我不是說香港人能主動做什麼去改變中國。我甚至懷疑，香港能繼續存活下去已是一個很大的貢獻。因為香港的存在本身，對中國大陸也好，對臺灣也好，都很寶貴。

我在中國大陸聽過不少聲稱香港人沒有國家視野的批評。我其實頗同意這觀點。在中國大陸長大的年輕人，不少會想像整個中國都是他們打拚的舞臺，會問自己應該到國家何處發展，香港的年輕人則極少會有這種想法。可是沒有國家視野，不一定是件壞事。

中國大陸近年流行說「國家在下一盤很大的棋」，香港不少親中權貴也喜歡批評香港人沒有大局觀念，不懂得從國家的立場來思考香港定位。不過，人和棋子，總有些分別。棋子只管執行任務，隨時準備犧牲，必要時棄車保帥。因此，棋子不能有思想。然而人有思想，而且應該要有思想。就算人選擇要做棋子，要為集體利益付出，也得最少問一問下棋的那隻手是誰，為什麼他有資格，而我又可不可以參與決定下一步棋如何走。這些問題，香港人喜歡問。

我接受現在中國大陸問這些問題的人不多這情況。當發展的速度快，大家都好像得到發展的好處時，很少人會介意那個集體其實是什麼。反正只要餅大了，自己那一份應該也會變大，何必質疑自己有沒有權力參與決策過程，特別是這種質疑會為自己帶來麻煩。大家甚至會開始為這個所謂的集體辯護，如同為自己辯護，心甘情願地去說項。至於個人對集體的付出應否永遠不計條件，誰有權決定什麼才是集體的真正利益，不必深究。可是總有一天，當發展的速度沒有那麼快，不能再讓大家都分得到好處，制度性的不平等和不公義變得不能迴避時，一些艱難的價值觀問題就變得必須面對。

而這些，我懷疑就是這個「沒有國家視野」的香港在中國應扮演的角色：為答問一些讓人不舒服的問題，留下一點空間。當全國各省市區都在努力走同一條路的時候，香港對中國的意義就在於保留一個不同的可能。至於這個不同的可能最後用不用得著，合不合適，有誰知道？但留一扇窗，本身就有價值。

最後，我想借用中國研究的學界泰斗科大衛（David Faure）教授的一番話作結。除了在新聞與傳播學院任教社會分析，我也有在中文大學的中國研究中心任教中港關係，而科大衛教授正是我們的課程總監。記得有一年的開學禮，現場也有很多來自中國大陸的學生，科教授這樣說：「你們來自中國大陸，為什麼還要來香港學中國研究呢？我想我們和在中國大陸的同行有一個分別：香港有異議的傳統。你們來香港，只會留一年的時間。我不期望你會在一年之內完全改變，這也不應該發生，這會很可怕。不過我希望我們可教曉你們問問題的重要。」

我想，這就是探討香港眾多問題的意義。香港很獨特，但香港不孤單。身分該如何理解？歷史該如何記憶？權力是否必須服從？制度該如何改變？面對系統性敗壞時能如何力抗？這些問題，不只香港人在面對，也不只香港人在嘗試回答。對香港的未來，我不敢盲目樂觀。不過如果香港的故事能激發更多人勇於問問題，不急於下定論，慢慢去找答案，容許不同意見的存在，也算在世上留下了一個難能可貴的印記。

國家圖書館出版品預行編目（CIP）資料

香港第一課 / 梁啟智著 . -- 初版 . -- 臺北市：春山出版 , 2020.01
面； 公分 . --（春山之聲；13）
ISBN 978-986-98497-6-0（平裝）
1. 中國政治制度 2. 社會學 3. 文集
4. 香港特別行政區

573.938　　108021392

春山之聲 013
香港第一課

作者　梁啟智
總編輯　莊瑞琳
責任編輯　夏君佩
行銷企畫　甘彩蓉
業務　尹子麟
校對　陳晏華
封面設計　鄭宇斌
內文排版　極翔企業有限公司
法律顧問　鵬耀法律事務所戴智權律師

出版　春山出版有限公司
地址　116 臺北市文山區羅斯福路六段 297 號 10 樓
電話　（02）2931-8171
傳真　（02）8663-8233
總經銷　時報文化出版企業股份有限公司
電話　（02）23066842
地址　桃園市龜山區萬壽路二段 351 號
製版　瑞豐電腦製版印刷股份有限公司
印刷　搖籃本文化事業有限公司

填寫本書線上回函

初版一刷　2020 年 1 月
初版六刷　2023 年 5 月 23 日
定價　四二〇元